监管通关政策
实用指导手册

"关务通·监管通关系列"编委会◎编著

中国海关出版社

图书在版编目（CIP）数据

监管通关政策实用指导手册／“关务通·监管通关系列”编委会编著．—北京：中国海关出版社，2012.9
（“关务通·监管通关系列”丛书）
ISBN 978-7-80165-907-1

Ⅰ.①监… Ⅱ.①关… Ⅲ.①海关法－法律解释－中国
Ⅳ.①D922.221.5

中国版本图书馆CIP数据核字（2012）第221520号

监 管 通 关 政 策 实 用 指 导 手 册

JIANGUAN TONGGUAN ZHENGCE SHIYONG ZHIDAO SHOUCE

作　　者：“关务通·监管通关系列”编委会
总 策 划：谭　宁
策划团队：刘　倩　马　超　钟　刘
责任编辑：刘　倩　钟　刘
责任监制：王岫岩
出版发行：中国海关出版社
社　　址：北京市朝阳区东四环南路甲1号　　邮政编码：100023
网　　址：www.hgcbs.com.cn；www.hgbookvip.com
编 辑 部：01065194259（电话）　　01065194234（传真）
发 行 部：01065194221/4238/4246（电话）　　01065194233（传真）
社办书店：01065195616/5127（电话/传真）　　01065194262/63（邮购电话）
北京市建国门内大街6号海关总署东配楼一层
印　　刷：北京京都六环印刷厂　　经　　销：新华书店
开　　本：710mm×1000mm　1/16
印　　张：19.5　　字　　数：295千字
版　　次：2012年10月第1版
印　　次：2013年11月第5次印刷
书　　号：ISBN 978-7-80165-907-1
定　　价：78.00元

“关务通·监管通关系列”编委会

“关务通·监管通关系列”统审组

“关务通·监管通关系列”编写组

前 言

海关是国家进出境监督管理机关。近年来，海关不断顺应贸易实际，以风险式管理为基础，创新管理方式，优化监管服务，与之相应的法律法规修订调整也步入了快轨，其范围之大、程度之深为多年之未有。

本书由海关通关监管领域的众多一线专家执笔，他们总结自己长期的业务实践经验，从企业角度出发，将涉及企业通关的法律法规进行了系统化梳理，给进出口企业提供一个更加迅速、深入了解海关监管法律体系的窗口和渠道，力争使企业无需再去寻找适用的法律法规、阅读大量的专业法条就可以对海关监管法律体系有一个提纲挈领的认识，并能在此基础上及时掌握国家外贸管理的宏观调控政策，按图索骥地办理通关业务。

本书法规解读具有如下特点：

一是体现了一个“新”字。本书收录了截至 2012 年 8 月的通关、运输工具、监管场所、快件、进出境物品等法律法规和政策规定。

二是突出了一个“活”字。本书在重法理、析法条的同时，还插入了大量来自海关通关监管一线的实际案例。同时配以“小贴士”、“海关提醒”来补充完善信息，以轻松的形式告知企业需注意的事项并了解海关执法中的重点。

三是呈现了一个“实”字。本书的编写以实用、适用、易用为目的，不对法律做逐条解释，而是紧扣贸易实际，注重近年来海关一线实践经验的积累，总结企业应注意的事项以及在操作中易出错的问题，见解精到，针对性强，具有较强的参考作用。

编者希望通过本书，能够引导、帮助企业迅速了解海关监管规定，熟悉海关通关流程和所需单证材料，掌握企业在双方法律关系中的权利与义务，确保有效配合海关完成通关监管作业和各项行政许可事项，提高办事效率。同时，海关货运监管部门主要承担进出境运输工具、货物、物品等是否符合国家各项对外贸易政策法规的具体监管工作，通过本书对政策法规的解读，也可从另一视角审视寻找监管工作方位，研究监管和服务的重点，以利于提升业务能力，做好海关通关监管工作。

本书作为“关务通·监管通关系列”丛书中的一本，不仅可用于深入了解、把握通关政策的精髓，满足读者的工作需求，而且可供海关关员及高校相关专业学生参考，满足读者的学习需求。阅读本书时，建议与该系列丛书中的《通关实务操作与技巧——货物、运输工具篇》、《通关实务操作与技巧——进出境物品篇》、《通关疑难解惑720例》配套使用，可使读者在掌握政策方向的同时，能更好地掌握通关流程及相关业务知识，切实解决通关难题。

由于时间仓促和水平有限，书中难免有不妥和错漏之处，诚请读者在使用中批评指正，以便再版时修订完善，联系邮箱：guanwutong@mail.customs.gov.cn。

编　者

目　录

货物篇

第一章　申报 …… 3
第一节　申报环节的法律体系 …… 3
一、法律 …… 3
二、行政法规 …… 4
三、部门规章 …… 4
四、规范性文件 …… 5
第二节　《中华人民共和国海关法》中涉及申报的规定 …… 5
一、报关资格的规定 …… 5
二、办理货物申报的规定 …… 6
三、法律责任 …… 8
第三节　《中华人民共和国海关行政处罚实施条例》 …… 11
一、走私行为及其处罚 …… 11
二、违反海关监管规定的行为及其处罚 …… 12
第四节　《中华人民共和国海关进出口货物申报管理规定》 …… 13
一、申报的两种形式 …… 14
二、报关资格的规定 …… 14
三、相关权利和义务 …… 15
四、特殊申报的五种情形 …… 17
五、申报的单证要求 …… 18
第五节　《中华人民共和国海关征收进口货物滞报金办法》 …… 18

一、滞报金的计算与征收 …………………………………… 19
二、滞报金的减免 ………………………………………… 20
第六节 《中华人民共和国海关进出口货物集中申报管理办法》 … 21
一、背景意义 ……………………………………………… 21
二、主要内容 ……………………………………………… 22
第七节 《中华人民共和国海关进出口货物报关单填制规范》 …… 23
一、涉及规范的报关单栏目 ……………………………… 24
二、固定格式和填写、申报要求 ………………………… 25
第八节 《海关总署关于进出口货物补充申报有关问题的公告》 … 26
一、为什么要向海关补充申报 …………………………… 26
二、应当向海关补充申报的情形 ………………………… 27
三、补充申报的相关规定 ………………………………… 27

第二章 查验 ……………………………………………… 28
第一节 查验环节的法律体系 …………………………… 28
一、法律 …………………………………………………… 28
二、部门规章 ……………………………………………… 29
第二节 《中华人民共和国海关法》中涉及查验的规定 ………… 29
一、进出口货物收发货人应履行的义务 ………………… 29
二、查验的特殊情况 ……………………………………… 29
三、查验的内容和目的 …………………………………… 29
第三节 《中华人民共和国海关行政赔偿办法》 ……………… 30
一、查验造成损失的处理办法 …………………………… 30
二、赔偿的处理程序 ……………………………………… 31
第四节 《中华人民共和国海关进出口货物查验管理办法》 ……… 32
一、查验的七个基本要素 ………………………………… 33
二、查验的五种形式 ……………………………………… 34
三、查验的五个基本步骤 ………………………………… 35
四、查验造成损失的处理办法 …………………………… 37
五、进出口货物收发货人的权利与义务 ………………… 37

第三章 征税 …… 41
第一节 征税环节的法律体系 …… 41
一、法律 …… 41
二、行政法规 …… 42
三、部门规章 …… 42
第二节 《中华人民共和国海关法》中涉及征税的规定 …… 43
一、关税的征收主体及课税对象、纳税人 …… 43
二、完税价格的确定 …… 43
三、关税的减征与免征 …… 43
四、关税的缴纳期限及强制措施 …… 44
五、关税的保全措施 …… 45
六、关税的追征与补征 …… 45
七、关税的退还 …… 45
八、纳税争议及其救济措施 …… 46
第三节 《中华人民共和国进出口关税条例》 …… 46
一、进出口货物关税税率的设置与适用情形 …… 46
二、进出口货物完税价格的确定与估定 …… 48
三、进出口货物关税的征收 …… 52
四、补充条款 …… 59
第四节 《中华人民共和国海关进出口货物征税管理办法》 …… 59
一、进出口货物税款的征收 …… 60
二、特殊进出口货物税款的征收 …… 67
三、进出口货物税款的退还与补征 …… 73
四、进出口货物税款的减征与免征 …… 78
五、进出口货物的税款担保 …… 79

第四章 通关办结管理 …… 81
第一节 通关办结管理的法律体系 …… 81
一、法律 …… 81
二、行政法规 …… 82

三、部门规章 …… 82
第二节 《中华人民共和国海关法》中涉及通关办结管理的规定…… 82
一、报关单修改或撤销的法律规定 …… 83
二、海关事务担保的规定 …… 83
第三节 《中华人民共和国海关事务担保条例》 …… 83
一、申请担保提前放行货物的规定 …… 84
二、担保金额的规定 …… 85
第四节 《中华人民共和国海关进出口货物申报管理规定》 …… 86
一、报关单证明联与核销联的签发规定 …… 86
二、报关单证明联与核销联的补签规定 …… 86
第五节 《中华人民共和国海关进出口货物报关单修改和撤销管理办法》 …… 87
一、申请报关单修改或撤销的理由 …… 87
二、申请报关单修改或撤销须向海关提供的单证 …… 88
三、申请报关单修改或撤销的程序 …… 88

第五章 特殊货物管理 …… 90
第一节 特殊货物管理的法律体系 …… 90
第二节 《中华人民共和国海关关于超期未报关进口货物、误卸或者溢卸的进境货物和放弃进口货物的处理办法》 …… 90
一、相关处理规定 …… 91
二、货物变卖后的费用处置 …… 92
三、企业申请发还余款的规定 …… 92
四、特殊规定 …… 92
第三节 《中华人民共和国海关进口货物直接退运管理办法》 …… 93
一、适用范围 …… 93
二、申请程序 …… 94
三、报关单的申报程序 …… 95

第六章 进出境快件 …………………………………… 96
《中华人民共和国海关对进出境快件监管办法》 ………… 96
一、快件运营人准入的八个条件 ……………………… 96
二、快件运营人的业务范围 …………………………… 98
三、进出境快件的三种分类 …………………………… 98
四、进出境快件的申报要求 …………………………… 99
五、进出境快件的查验 ………………………………… 100
六、进出境专差快件 …………………………………… 101

运输工具篇

第七章 进出境运输工具 ……………………………… 105
第一节 相关法律体系 ………………………………… 105
一、行政法规 ………………………………………… 105
二、部门规章 ………………………………………… 105
第二节 《中华人民共和国船舶吨税暂行条例》 ………… 106
一、企业需要关注的五个要点 ……………………… 106
二、企业容易出错的四个方面 ……………………… 109
三、海关救济 ………………………………………… 110
第三节 《中华人民共和国海关关于来往香港、澳门小型船舶及所载货物、物品管理办法》 ………………… 112
一、企业需要关注的八个要点 ……………………… 112
二、企业容易出错的三个方面 ……………………… 115
三、法律责任 ………………………………………… 116
第四节 《中华人民共和国海关关于来往香港、澳门公路货运企业及其车辆和驾驶员的管理办法》 ………… 116
一、企业需要关注的五个要点 ……………………… 117
二、企业容易出错的六个方面 ……………………… 120
第五节 《中华人民共和国海关进出境运输工具监管办法》 …… 122

一、主要解决的问题 …… 122
二、企业需要关注的八个要点 …… 123
三、企业容易出错的六个方面 …… 127

第八章　境内承运海关监管货物的运输企业及其运输工具 …… 129
《中华人民共和国海关关于境内公路承运海关监管货物的运输企业及其车辆、驾驶员的管理办法》 …… 129
一、企业需要关注的七个要点 …… 130
二、企业容易出错的五个方面 …… 132

第九章　用于装载海关监管货物的集装箱和集装箱式货车车厢 …… 134
《中华人民共和国海关对用于装载海关监管货物的集装箱和集装箱式货车车厢的监管办法》 …… 134
一、企业需要关注的五个要点 …… 134
二、企业容易出错的五个方面 …… 136

第十章　舱单与转关 …… 138
第一节　相关法律体系 …… 138
一、法律 …… 138
二、行政法规 …… 138
三、部门规章 …… 139
四、规范性文件 …… 139
第二节　《中华人民共和国海关法》中涉及舱单的规定 …… 140
一、舱单申报主体 …… 140
二、法律责任 …… 140
第三节　《中华人民共和国海关进出境运输工具舱单管理办法》 …… 141
一、企业需要关注的七个要点 …… 142
二、企业容易出错的三个方面 …… 145
第四节　《中华人民共和国海关关于转关货物监管办法》 …… 148
一、明确转关货物 …… 148

二、申请转关应符合的六个条件 …… 149
三、对转关货物做出的限制性规定 …… 149
四、企业可以选择的三种转关方式 …… 150
五、转关运输的期限 …… 151
六、转关流程 …… 151

第十一章 监管场所 …… 155
第一节 《中华人民共和国海关监管场所管理办法》 …… 155
一、条文梳理 …… 156
二、企业需要关注的三个方面 …… 156
第二节 《中华人民共和国监管场所设置标准》 …… 157
一、条文梳理 …… 157
二、各类监管场所的设置标准 …… 159

行邮篇

第十二章 进出境旅客及行李物品 …… 163
第一节 相关法律体系 …… 163
一、法律 …… 163
二、行政法规 …… 164
三、部门规章 …… 165
四、规范性文件 …… 166
五、其他规范性文件 …… 167
第二节 《中华人民共和国海关对进出境旅客行李物品监管办法》 …… 168
一、行李物品的申报 …… 169
二、行李物品的查验 …… 170
三、行李物品的限额 …… 170
四、禁限物品处理 …… 171
五、高层次留学人才相关进出境规定 …… 171

第三节 《关于在全国各对外开放口岸实行新的进出境旅客申报制度的公告》 …… 172
一、需要申报的情形 …… 172
二、其他监管物品的申报注意事项及处置办法 …… 178
三、后续注意事项 …… 182

第十三章 特定人员 …… 184
第一节 相关法律体系 …… 184
一、法律 …… 184
二、行政法规 …… 185
三、部门规章 …… 185
四、规范性文件 …… 186
五、其他规范性文件 …… 187
第二节 《中华人民共和国海关对常驻机构进出境公用物品监管办法》 …… 188
一、主要内容 …… 189
二、常驻机构进境物品的监管 …… 189
三、常驻机构出境公用物品的监管 …… 191
四、进境免税机动车辆的后续监管 …… 192
五、法律责任 …… 193
六、附则主要内容 …… 193
七、海关总署令第193号相关修改内容 …… 194
第三节 《中华人民共和国海关对非居民长期旅客进出境自用物品监管办法》 …… 195
一、主要内容 …… 195
二、非居民长期旅客进境自用物品 …… 196
三、非居民长期旅客出境自用物品 …… 198
四、进境免税机动车辆的后续监管 …… 198
五、法律责任 …… 200
六、附则主要内容 …… 200

七、海关总署令第194号修改内容 …………………………… 201
第四节 《中华人民共和国海关对高层次留学人才回国和海外科技专家来华工作进出境物品管理办法》 …………………… 202
一、适用范围 ………………………………………………… 203
二、高层次人才身份认定的主管部门 ………………………… 203
三、高层次人才进出境教学、科研用品征免税规定 ………… 203
四、高层次人才进出境物品通关手续 ………………………… 204
五、特殊情况下高层次人才进出境物品的通关规定 ………… 204
六、高层次人才进境机动车辆的管理 ………………………… 205
七、应办理科教用减免税审批的物品及暂时进境物品 ……… 205
八、法律责任 ………………………………………………… 205
九、《高层次人才管理办法》附件内容 ……………………… 206
第五节 《驻外使领馆工作人员离任回国所携自用车辆进口税收的暂行规定》 ……………………………………………… 207
一、对馆员带进车辆作出的三点限定 ………………………… 207
二、离任馆员进境车辆的通关规定 …………………………… 208
三、离任馆员进境免税小汽车的后续监管 …………………… 208
四、解除监管和法律责任 ……………………………………… 209
第六节 《关于回国服务的在外留学人员用现汇购买个人自用国产小汽车有关问题的通知》 ………………………………… 210
一、留学回国人员 ……………………………………………… 210
二、购买免税国产汽车须具备的六个条件 …………………… 210
三、购买国产小汽车应注意的四点要求 ……………………… 211
四、购买车辆的种类范围 ……………………………………… 212
五、购买小汽车的免除税项 …………………………………… 212
六、申请购买国产汽车时须提交的五种单证 ………………… 213
七、申请购买国产免税汽车的流程 …………………………… 213

第十四章 行邮税 ………………………………………………… 215
第一节 相关法律体系 ………………………………………… 215

一、部门规章 …………………………………………………… 215
二、规范性文件 ………………………………………………… 215
第二节 《旅客进出境行李物品分类表》 ………………………… 216
第三节 《中华人民共和国进境物品进口税率表》 ……………… 217
一、税目调整 …………………………………………………… 217
二、行邮税计征 ………………………………………………… 218
第四节 《中华人民共和国进境物品归类表》和《中华人民共和国进境物品完税价格表》 ………………………………… 218
一、进境物品归类原则 ………………………………………… 219
二、进境物品完税价格的确定 ………………………………… 219
三、参考案例 …………………………………………………… 220

第十五章 邮递物品、印刷品、美术品 ……………………… 222
第一节 相关法律体系 …………………………………………… 222
一、部门规章 …………………………………………………… 222
二、规范性文件 ………………………………………………… 222
第二节 《中华人民共和国禁止进出境物品表》和《中华人民共和国限制进出境物品表》 ………………………………… 223
一、限制进境物品的范围 ……………………………………… 223
二、限制出境物品的范围 ……………………………………… 225
三、禁止进出境物品的范围 …………………………………… 226
第三节 《中华人民共和国海关进出境印刷品及音像制品监管办法》 ……………………………………………………… 229
一、适用范围 …………………………………………………… 230
二、监管要点 …………………………………………………… 230
三、特殊印刷品与音像制品进出境手续 ……………………… 234
四、海关对经营进口印刷品及音像制品的管理 ……………… 235
五、法律责任 …………………………………………………… 236
第四节 《美术品进出口管理暂行规定》 ………………………… 236
一、适用范围 …………………………………………………… 237

二、审批部门 …………………………………………………… 237
三、管理要求 …………………………………………………… 238
四、进出口审批流程 …………………………………………… 238
五、法律责任 …………………………………………………… 240
六、相关用表 …………………………………………………… 241
第五节 《关于调整进出境个人邮递物品管理措施有关事宜》 … 242
第六节 《音像制品进口管理办法》 ………………………… 244
一、适用范围 …………………………………………………… 244
二、管理部门 …………………………………………………… 244
三、管理要求 …………………………………………………… 245
四、音像制品进出口单位的管理要求 ……………………… 245
五、进口审查 …………………………………………………… 246
六、需要关注的九个要点 …………………………………… 248
七、法律责任 …………………………………………………… 249

第十六章 海南岛离岛免税及离境退税 …………………… 251
第一节 相关法律体系 ……………………………………… 251
第二节 《关于海南国际旅游岛境外旅客购物离境退税监管事宜》 … 252
一、境外旅客办理购物离境退税手续的三个前提条件 ……… 252
二、海关不予办理购物离境退税签章手续的情形 ………… 252
第三节 《中华人民共和国海关对海南省离岛旅客免税购物监管暂行办法》 ……………………………………………… 253
一、离岛旅客需要关注的“四限”要求 …………………… 253
二、提取免税品的两点注意事项 ………………………… 255
三、法律责任 …………………………………………………… 256

附 录 ………………………………………………………… 257
附件一 中华人民共和国海关监管场所设置标准 ………… 257
附件二 中华人民共和国进境物品归类表 ………………… 268
附件三 中华人民共和国进境物品完税价格表 …………… 273

货物篇

第一章　申报

本章介绍的“申报”，是指进出口货物的收发货人、受委托的报关企业，依照《中华人民共和国海关法》（以下简称《海关法》）以及有关法律、行政法规和规章的要求，在规定的期限、地点，采用电子数据报关单和纸质报关单形式，向海关报告实际进出口货物的情况，并接受海关审核的行为。

本章重点介绍的海关申报制度包括法律、行政法规、部门规章三个层次的法律体系框架。具体涉及的政策法规有《海关法》、《中华人民共和国海关行政处罚实施条例》、《中华人民共和国海关进出口货物申报管理规定》、《中华人民共和国海关征收进口货物滞报金办法》、《中华人民共和国海关进出口货物报关单填制规范》、《中华人民共和国海关进出口货物集中申报管理办法》、《海关总署关于进出口货物补充申报有关问题的公告》。

第一节　申报环节的法律体系

目前，海关申报制度已基本形成包括法律、行政法规、部门规章以及规范性文件四个层次的法律体系框架，对于促进海关申报管理工作依法行政、规范海关执法程序、保护管理相对人合法权益等方面发挥着重要的作用。

一、法律

海关申报管理制度涉及的法律主要是《海关法》。其中关于申报的相关法律规定主要包括：

1. 报关资格、报关企业和报关人的法律地位和责任进行明确；

2. 关于办理货物申报义务的规定，对申报原则、时间地点要求及申报前查看货物进行明确；

3. 关于法律责任的规定，对申报不实、违反报关企业及报关人管理的处罚进行明确。

二、行政法规

海关申报环节涉及的行政法规主要有2004年发布并在2004年开始实施的《中华人民共和国海关行政处罚实施条例》，主要对“走私行为及其处罚”及“违反海关监管规定的行为及其处罚”进行了明确，规范了海关行政处罚的实施，保障和监督海关依法行使职权，也保护了公民、法人或者其他组织的合法权益。因此，企业只有熟知相关规定，才能做到依法申报，不违反规定。

三、部门规章

海关申报制度涉及的部门规章是《中华人民共和国海关进出口货物申报管理规定》、《中华人民共和国海关征收进口货物滞报金办法》、《中华人民共和国海关进出口货物集中申报管理办法》，具体如下：

1. 2003年发布，2003年开始实施的《中华人民共和国海关进出口货物申报管理规定》。主要目的是规范进出口货物的申报行为，便利企业通关，增强海关执法透明度。

2. 2005年发布，2005年开始实施的《中华人民共和国海关征收进口货物滞报金办法》。主要是规范了进口货物收货人（包括受委托的报关企业，下同）超过规定期限向海关申报产生滞报，海关依法应当征收滞报金的行为。

3. 2008年发布，2008年开始实施的《中华人民共和国海关进出口货物集中申报管理办法》，主要是为了便利进出口货物收发货人办理申报手续，提高进出口货物通关效率，规范对进出口货物的申报管理。

四、规范性文件

海关申报制度涉及的规范性文件是《中华人民共和国海关进出口货物报关单填制规范》以及《海关总署关于进出口货物补充申报有关问题的公告》，具体如下：

1. 2008 年发布，2008 年开始实施的《中华人民共和国海关进出口货物报关单填制规范》。主要对报关单填写的项目、填制要求等进行了明确规范，具有严谨、简单、清晰及易懂的特点，报关企业只须按照相关栏目要求填写并申报即可。

2. 2009 年发布，2009 年开始实施的《海关总署关于进出口货物补充申报有关问题的公告》。主要对补充申报的行为进行规范，是企业向海关进一步申报以确定货物完税价格、商品归类、原产地等所需信息的行为。

第二节　《中华人民共和国海关法》中涉及申报的规定

【文　　号】主席令第 35 号

【发布日期】2000－07－08

【生效日期】1987－07－01

《海关法》是海关行使申报执法工作的主要法律规范，也是企业依法行使申报职责的主要法律规范。2000 年 7 月 8 日中华人民共和国主席令第 35 号公布《全国人民代表大会常务委员会关于修改〈中华人民共和国海关法〉的决定》，自 2001 年 1 月 1 日起施行。

一、报关资格的规定

关于报关资格的规定，主要是对报关企业和报关人的法律地位和各自法律责任进行明确。

1. 报关企业接受进出口货物收发货人的委托，以委托人的名义办理报关手续的，应当向海关提交由委托人签署的授权委托书，遵守本法对委托人的各项规定。

报关企业接受进出口货物收发货人的委托，以自己的名义办理报关手续的，应当承担与收发货人相同的法律责任。

委托人委托报关企业办理报关手续的，应当向报关企业提供所委托报关事项的真实情况；报关企业接受委托人的委托办理报关手续的，应当对委托人所提供情况的真实性进行合理审查。

2. 进出口货物收发货人、报关企业办理报关手续，必须依法经海关注册登记。报关人员必须依法取得报关从业资格。未依法经海关注册登记的企业和未依法取得报关从业资格的人员，不得从事报关业务。

报关企业和报关人员不得非法代理他人报关，或者超出其业务范围进行报关活动。

二、办理货物申报的规定

关于办理货物申报的规定，主要是对申报原则、时间地点要求及申报前查看货物进行明确。

1. 进口货物的收货人、出口货物的发货人应当向海关如实申报，交验进出口许可证件和有关单证。国家限制进出口的货物，没有进出口许可证件的，不予放行，具体处理办法由国务院规定。

进口货物的收货人、受委托的报关企业应当自运输工具申报进境之日起14 日内向海关申报。出口货物的发货人、受委托的报关企业除海关特准的外应当在货物运抵海关监管区后、装货的24 小时以前，向海关申报。

进口货物的收货人超过前款规定期限向海关申报的，海关按照《中华人民共和国海关征收进口货物滞报金办法》征收滞报金。

2. 办理进出口货物的海关申报手续，应当采用纸质报关单和电子数据报关单的形式。

3. 进口货物的收货人经海关同意，可以在申报前查看货物或者提取货样。需要依法检疫的货物，应当在检疫合格后提取货样。

4. 除海关特准的外，进出口货物在收发货人缴清税款或者提供担保后，由海关签印放行。

5. 进口货物的收货人自运输工具申报进境之日起超过 3 个月未向海关申报的，其进口货物由海关提取依法变卖处理，所得价款在扣除运输、装卸、储存等费用和税款后，尚有余款的，自货物依法变卖之日起 1 年内，经收货人申请，予以发还；其中属于国家对进口有限制性规定，应当提交许可证件而不能提供的，不予发还。逾期无人申请或者不予发还的，上缴国库。

确属误卸或者溢卸的进境货物，经海关审定，由原运输工具负责人或者货物的收发货人自该运输工具卸货之日起 3 个月内，办理退运或者进口手续。必要时，经海关批准，可以延期 3 个月。逾期未办手续的，由海关按前款规定处理。

海关提醒 前两款所列货物，属于危险品或者鲜活、易腐、易烂、易失效、易变质、易贬值等不宜长期保存的货物的，海关可以根据实际情况，提前提取依法变卖处理。

收货人或者货物所有人声明放弃的进口货物，由海关提取依法变卖处理，所得价款在扣除运输、装卸、储存等费用后，上缴国库。

6. 进口货物应当由收货人在货物的进境地海关办理海关手续，出口货物应当由发货人在货物的出境地海关办理海关手续。

经收发货人申请，海关同意，进口货物的收货人可以在设有海关的指运地、出口货物的发货人可以在设有海关的起运地办理海关手续。上述货物的转关运输，应当符合海关监管要求，必要时，海关可以派员押运。

小贴士 转关是进出口货物或海关监管货物从境内一个设关地点，运往另外一个设关地点办理海关手续的行为。

另外，经电缆、管道或者其他特殊方式输送进出境的货物，经营单位应当定期向指定的海关申报和办理海关手续。

7. 过境、转运和通运货物，运输工具负责人应当向进境地海关如实申报，并应当在规定期限内运输出境。

海关认为必要时，可以查验过境、转运和通运货物。

三、法律责任

关于法律责任的规定，主要是对申报不实、违反报关企业及报关人管理的处罚进行明确。

1. 进出口货物、物品或者过境、转运、通运货物向海关申报不实的，可以处以罚款，有违法所得的，没收违法所得。

2. 海关准予从事有关业务的企业，违反本法有关规定的，由海关责令改正，可以给予警告或暂停其从事有关业务，直至撤销注册。

3. 未经海关注册登记和未取得报关从业资格从事报关业务的，由海关予以取缔，没收违法所得，可以并处罚款。

4. 报关企业、报关人员非法代理他人报关或者超出其业务范围进行报关活动的，由海关责令改正，处以罚款，暂停其执业；情节严重的，撤销其报关注册登记，取消其报关从业资格。

5. 进出口货物收发货人、报关企业、报关人员向海关工作人员行贿的，由海关撤销其报关注册登记，取消其报关从业资格，并处以罚款；构成犯罪的，依法追究刑事责任，并不得重新注册登记为报关企业和取得报关从业资格证书。

案例

企业应如何承担进出口货物申报不实的法律责任？

2009 年 8 月，A 公司委托某报关公司以一般贸易方式向某海关申报进口组合加工机床 3 台，申报价格每台 10 万美元。某海关经查验发现，当事人实际进口组合加工机床 6 台，少报 3 台，涉嫌漏缴税款人民币近 60 万元。某海关立案并查明如下事实：2009 年 8 月，A 公司在收到外商寄来的 6 台组合机床发票、装箱单和通过互联网发送的 3 台组合机床发票的电子邮件后，委托报关公司以一般贸易方式办理报关事宜。A 公司业务员在向报关公司移交报关单据时未仔细核对，只将3 台组合机床发票的电子邮件、6 台组合机床的装箱单及到货通知提供给报关企业。报关公司有关人员认为报关时不需要装箱单，只将收到的 3 台组合机床的发票及到货通知传真给该公司报关员。报关公司的报关员收到上述发票和到货通知后，向货运公司调取了 6 台组合机床的随货发票和记录组合机床编号、发票号码和运单后，也未认真核对从货运公司调取单证与 A 公司提供资料有关内容是否一致，便直接以3 台组合机床的数量向某海关办理申报进口手续，致使申报内容不符合进口货物的实际情况。

根据案件调查所掌握的证据情况，某海关认为，本案进口货物收货人 A 公司并无以伪报、瞒报方式逃避海关监管、偷逃应缴税款的主观故意，涉案组合机床进口数量申报不实（少报多进）是由于 A 公司业务员及报关公司报关员未认真核查有关单证、工作疏忽所致。根据《海关法》和《中华人民共和国海关行政处罚实施条例》的有关规定，A 公司以及受 A 公司委托从事涉案货物报关业务的报关公司应承担相应的法律责任。2009 年 10 月，某海关根据《中华人民共和国海关行政处罚实施条例》的规定，对 A 公司作出罚款人民币 20 万元的行政处罚决定，另根据《中华人民共和国海关行政处罚实施条例》第十七条的规定，对报关企业报关公司罚款人民币 8 万元，并暂停该公司 15 天报关业务。

分析：（1）报关企业是否负有《海关法》所规定的如实申报义务?

在前文所述案例中，报关公司认为该公司不是进口货物收货人，不负有《海关法》所规定的如实申报义务，其受 A 公司委托实施申报行为所产生的法律责任应由委托人 A 公司承担。事实上，报关公司的上述认识是不正确的。在进出口货物申报问题上，《海关法》第二十四条虽然规定了进出口货物收发货人负有“向海关如实申报”的法定义务，但《海关法》第十条同时规定：“报关企业接受进出口货物收发货人的委托，以委托人的名义办理报关手续的，应当提交由委托人签署的授权委托书，并遵守本法对委托人的各项规定。”接受进出口货物收发货人委托办理报关纳税手续的报关企业，同样应当遵守《海关法》对其委托人所设定的各项义务性规定，其中就包括向海关如实申报的义务。报关企业违反《海关法》的有关规定，因自身原因导致进出口货物申报不实的，应承担相应的法律责任。

（2）报关企业对收发货人提供的进出口货物情况是否负有审查义务？

报关企业同委托其办理报关手续的收发货人一样，对进出口货物负有向海关如实申报的法定义务。为保证申报内容与进出口货物的实际情况相符，报关企业不能简单地把收发货人提供的单证直接转交给海关，而必须进行适当审查。《海关法》第十条对此作出了明确规定：“报关企业接受委托人的委托办理报关手续的，应当对委托人所提供情况的真实性进行合理审查。”因此，报关企业在接受收发货人委托办理报关纳税业务过程中，应当本着认真审慎的原则，运用其所掌握的知识和技能对收发货人提供的单证资料进行合理审查，及时发现其中不真实的情况，防止走私或违反海关监管规定等违法情事的发生。

（3）未尽合理审查义务的报关企业应承担何种法律责任？

根据《海关法》和《中华人民共和国海关行政处罚实施条例》的有关规定，如果报关企业对委托其报关的收发货人所提供的进出口货物情况的真实性未尽到合理审查义务，或者因工作疏忽导致进出口货物的商品名称、税则号列、数量、规格、价格、贸易方式、原产地、起运地、运抵地、最终目的地或者其他应当申报的项目未申报或申报不实的，海关可对报关企业处货物价值10%以下罚款，暂停其6个月以内从事报关业务；情节严重的，撤销其报关注册登记。在此类案件处理过程中，报关企业就是否尽到合理审查义务负有举证责任，如果其不能提供充分证据证明履行了上述义务，海关将依据有关规定对报关企业给予相应行政处罚。海关对造成申报不实情形发生负有责任的收发货人同样有权给予行政处罚。根据《中华人民共和国海关行政处罚实施条例》第十六条的规定，如果收发货人未按规定向报关企业提供所委托事项的真实情况导致报关企业申报内容与进出口货物实际情况不符的，海关可根据申报不实行为所造成的不同危害后果，对收发货人给予不同处罚标准和幅度的行政处罚，同时没收违法所得。

第三节 《中华人民共和国海关行政处罚实施条例》

【文　　号】国务院令第420号

【发布日期】2004－09－19

【生效日期】2004－11－01

《中华人民共和国海关行政处罚实施条例》是根据《海关法》及其他有关法律、行政法规及规章而制定的，其目的是为了规范海关行政处罚，保障海关依法行使职权，保护公民、法人或者其他组织的合法权益。

本条例主要适用依法不追究刑事责任的走私行为和违反海关监管规定的行为，以及法律、行政法规规定的由海关实施行政处罚的行为。

海关提醒 企业向海关工作人员行贿的，撤销其报关注册登记，取消其报关从业资格，并处10万元以下罚款；构成犯罪的，依法追究刑事责任，并不得重新注册登记为报关企业和取得报关从业资格。

一、走私行为及其处罚

1. 列入走私行为的部分情形：

（1）以瞒报、伪报或者其他方式逃避海关监管的；

（2）使用伪造、变造的单证、印章、账册、电子数据或者以其他方式逃避海关监管。

2. 处罚规定：

（1）走私国家禁止进出口的货物的，没收走私货物及违法所得，可以并处100万元以下罚款；

（2）应当提交许可证件而未提交但未偷逃税款，走私国家限制进出境的货物、物品的，没收走私货物、物品及违法所得，可以并处走私货物、物品等值以下罚款；

（3）偷逃应纳税款但未逃避许可证件管理，走私依法应当缴纳税款的货物、物品的，没收走私货物、物品及违法所得，可以并处偷逃应纳税款3倍以下罚款。

案例 某企业在2005年9月至2006年8月期间，利用国家滑准税政策，使用虚假合同和发票，伪报价格走私，偷逃应纳税款1 016万元，走私货物价值1.87亿元，事实清楚、证据确凿，数额巨大。但鉴于其具有自首和补缴全部税款等情节，检察机关作出不起诉决定，并建议海关给予行政处罚。海关根据《海关法》和《中华人民共和国海关行政处罚实施条例》等法律规定，对该公司的走私行为可以给予2.17亿元的处罚（追缴走私货物等值价款1.87亿元，可并处偷逃应纳税款3倍罚款3 048万元）。

海关提醒 海关发现的依法应当由其他行政机关处理的违法行为，应当移送有关行政机关处理；违法行为涉嫌犯罪的，应当移送海关侦查走私犯罪公安机构、地方公安机关依法办理。

二、违反海关监管规定的行为及其处罚

1. 违反国家进出口管理规定，进出口国家禁止进出口的货物的，责令退运，处100万元以下罚款。

2. 违反国家进出口管理规定，进出口国家限制进出口的货物，进出口货物的收发货人向海关申报时不能提交许可证件的，进出口货物不予放行，处货物价值30%以下罚款；违反国家进出口管理规定，进出口属于自动进出口许可管理的货物，进出口货物的收发货人向海关申报时不能提交自动许可证明的，进出口货物不予放行。

3. 进出口货物的品名、税则号列、数量、规格、价格、贸易方式、原产地、起运地、运抵地、最终目的地或者其他应当申报的项目未申报或者申报不实的，分别依照下列规定予以处罚，有违法所得的，没收违法所得：

（1）影响海关统计准确性的，予以警告或者处1 000元以上1万元以下罚款；

（2）影响海关监管秩序的，予以警告或者处1 000元以上3万元以下罚款；

（3）影响国家许可证件管理的，处货物价值5%以上30%以下罚款；

（4）影响国家税款征收的，处漏缴税款30%以上2倍以下罚款；

（5）影响国家外汇、出口退税管理的，处申报价格10%以上50%以下罚款。

4. 进出口货物收发货人未按照规定向报关企业提供所委托报关事项的真实情况，致使发生上述第3条规定情形的，对委托人依照上述第3条的规定予以处罚。

5. 报关企业、报关人员对委托人所提供情况的真实性未进行合理审查，或者因工作疏忽致使发生上述第3条规定情形的，可以对报关企业处货物价值10%以下罚款，暂停其6个月以内从事报关业务或者执业；情节严重的，撤销其报关注册登记，取消其报关从业资格。

海关提醒 依照本实施条例处以警告、罚款等行政处罚，但不没收进出境货物、物品、运输工具的，不免除有关当事人依法缴纳税款、提交进出口许可证件、办理有关海关手续的义务。

第四节 《中华人民共和国海关进出口货物申报管理规定》

【文　　号】海关总署令第103号

【发布日期】2003－09－18

【生效日期】2003－11－01

《中华人民共和国海关进出口货物申报管理规定》是根据《海关法》以及其他有关法律、行政法规的规定而制定的，其目的是为了规范进出口货物的申报行为。

“申报”是指进出口货物的收发货人、受委托的报关企业，依照《海关法》以及有关法律、行政法规和规章的要求，在规定的期限、地点，采用电子数据报关单和纸质报关单形式，向海关报告实际进出口货物的情况，并接受海关审核的行为。

中国海关正在推行“由企业及物”理念和守法便利原则指导下的差别化海关作业制度。即通过以企业分类管理为基础，对不同信用等级企业采取差别化的管理措施，实现有效监管和高效运作相统一的海关业务制度。在该制度下，企业的任何申报不实的行为或申报小差错的累积，都可能会影响其在海关评级的调整，导致海关对企业管理方式的变化。

一、申报的两种形式

申报采用电子数据报关单和纸质报关单两种申报形式。电子数据报关单和纸质报关单均具有法律效力。

1. 电子数据报关单申报形式是指进出口货物的收发货人、受委托的报关企业通过计算机系统按照《中华人民共和国海关进出口货物报关单填制规范》的要求向海关传送报关单电子数据并备齐随附单证的申报方式。

2. 纸质报关单申报形式是指进出口货物的收发货人、受委托的报关企业，按照海关的规定填制纸质报关单，备齐随附单证，向海关当面递交的申报方式。

海关提醒 企业以电子数据报关单形式向海关申报的，与随附单证一并递交的纸质报关单的内容应当与电子数据报关单一致。

二、报关资格的规定

1. 进出口货物的收发货人可以自行向海关申报，也可以委托报关企业向海关申报。向海关办理申报手续的进出口货物的收发货人、受委托的报关企业应当预先在海关依法办理登记注册。

2. 为进出口货物的收发货人、受委托的报关企业办理申报手续的人员，应当是取得报关员资格并在海关注册的报关员。未取得报关员资格且未在海关注册的人员不得办理进出口货物申报手续。

3. 进出口货物的收发货人以自己的名义向海关申报的，报关单应当由进出口货物收发货人签名盖章，并随附有关单证。

4. 报关企业接受进出口货物的收发货人委托，以自己的名义或以委托人的名义向海关申报的，应当向海关提交由委托人签署的授权委托书，并按照委托书的授权范围办理有关海关手续。

海关提醒 报关企业接受进出口货物收发货人委托办理报关手续的，应当与进出口货物收发货人签订有明确委托事项的委托协议，进出口货物收发货人应当向报关企业提供委托报关事项的真实情况。

三、相关权利和义务

1. 报关企业接受进出口收发货人的委托，办理报关手续时，应当对委托人所提供情况的真实性、完整性进行合理审查。报关企业未对进出口货物的收发货人提供情况的真实性、完整性履行合理审查义务或违反海关规定申报的，应当承担相应的法律责任。

海关提醒 报关企业在申报数据发送前应认真核查申报的各项内容是否规范、准确，随附的单据、资料是否与申报内容相符，交验各种单证是否齐全、正确、有效，是否与申报内容相适应。

案例 2007 年 7 月间，某海关查获某专业报关公司代理 A 公司进口废电线案，涉嫌偷逃税款 25 万余元。由于该报关公司对 A 公司提供的购买或利用他人固体废物进口证明、虚假报关单证等没有尽到合理审查的义务，并以低于实际成交价格向海关申报，造成申报不实，被追究法律责任。

2. 进口货物的收货人向海关申报前，因确定货物的品名、规格、型号、归类等原因，可以向海关提出查看货物或者提取货样的书面申请。海关审核同意的，派员到场实际监管。

海关提醒 查看货物或提取货样时，海关开具取样记录和取样清单；提取货样的货物涉及动、植物产品以及其他须依法提供检疫证明的，应当按照国家的有关法律规定，在取得主管部门签发的书面批准证明后提取。

3. 海关接受进出口货物的申报后，申报内容不得修改，报关单证不得撤销。收发货人、受委托的报关企业确有正当理由的，可以向海关递交书面申请对报关单进行修改或撤销。

海关提醒 海关已经决定布控、查验进出口货物的，进出口货物的收发货人、受委托的报关企业不得修改报关单内容或撤销报关单证。

4. 海关审结电子数据报关单后，进出口货物的收发货人、受委托的报关企业应当自接到海关“现场交单”或“放行交单”通知之日起10日内，持打印出的纸质报关单，备齐规定的随附单证并签名盖章，到货物所在地海关递交书面单证并办理相关海关手续。

海关提醒 确因节假日或转关运输等其他特殊原因需要逾期向海关递交书面单证并办理相关海关手续的，进出口货物的收发货人、受委托的报关企业应当事先向海关提出书面申请说明原因，经海关核准后在核准的期限内办理。

四、特殊申报的五种情形

1. 提前申报：经海关批准，进出口货物的收发货人、受委托的报关企业可以在取得提（运）单或载货清单（舱单）数据后，向海关提前申报。验核提前申报的进出口货物许可证件有效期以海关接受申报之日为准。

海关提醒 在进出口货物的品名、规格、数量等已确定无误的情况下，经批准的企业可以在进口货物起运后、抵港前或出口货物运入海关监管场所前3日内，提前向海关办理报关手续。

2. 集中申报：集中申报是一种对公路口岸进出境的保税货物、通关时效要求高、不宜长期保存的货物所采取的特殊通关方式。经海关批准，进出口货物的收发货人、受委托的报关企业可以自装载货物的运输工具申报进境之日起1个月内向指定海关办理集中申报及征税、放行手续。

海关提醒 集中申报企业提取货物后，应当自装载货物的运输工具申报进境之日起1个月内向海关办理集中申报及征税、放行等海关手续。超过规定期限未向海关申报的，征收滞报金。

3. 知识产权状况申报：需要向海关申报知识产权状况的进出口货物，收发货人、受委托的报关企业应当按照海关要求向海关如实申报有关知识产权状况，并提供能够证明申报内容真实的证明文件和相关单证。

4. 定期申报：经电缆、管道、输送带或者其他特殊运输方式输送进出口的货物，经海关同意，可以定期向指定海关申报。

5. 补充申报：需要进行补充申报的，进出口货物的收发货人、受委托的报关企业应当如实填写补充申报单，并向海关递交。

五、申报的单证要求

1. 进出口货物的收发货人、受委托的报关企业应当递交与电子数据报关单内容相一致的纸质报关单、国家实行进出口管理的许可证件以及海关要求的随附单证等。

2. 进出口货物报关单应当随附的单证包括：

（1）合同；

（2）发票；

（3）装箱清单；

（4）载货清单（舱单）；

（5）提（运）单；

（6）代理报关授权委托协议；

（7）进出口许可证件；

（8）海关要求的加工贸易手册（纸质或电子数据的）及其他进出口有关单证。

海关应当留存进出口许可证件的正本，其余单证可以留存副本或复印件。

3. 货物实际进出口前，海关已对该货物做出预归类决定的，进出口货物的收发货人、受委托的报关企业在货物实际进出口申报时应当向海关提交“预归类决定书”。

小贴士 为了有效提高通关效率，预归类能够较好地缓解通关“瓶颈”。

第五节 《中华人民共和国海关征收进口货物滞报金办法》

【文　　号】海关总署令第 128 号

【发布日期】2005－03－03

【生效日期】2005－06－01

《中华人民共和国海关征收进口货物滞报金办法》是根据《海关法》以及其他有关法律、行政法规的规定而制定的，其目的是为了规范进口货物收货人超过规定期限向海关申报产生滞报，海关依法应当征收滞报金的行为。

一、滞报金的计算与征收

1. 征收进口货物滞报金应当按日计征，以自运输工具申报进境之日起第15日为起征日，以海关接受申报之日为截止日，起征日和截止日均计入滞报期间，另有规定的除外。

滞报金起征日如遇法定节假日，则顺延至其后第一个工作日。滞报金的日征收金额为进口货物完税价格的0.5‰，以人民币“元”为计征单位，不足人民币1元的部分免予计征。

征收滞报金的计算公式为：进口货物完税价格×0.5‰×滞报期间滞报金的起征点为人民币50元。

海关提醒 转关运输货物在进境地申报的，应当以自载运进口货物的运输工具申报进境之日起第15日为起征日；在指运地申报的，应当以自货物运抵指运地之日起第15日为起征日。

滞报金应当由进口货物收货人于当次申报时缴清，但企业要求在缴清滞报金前先放行货物的，海关可以在其提供与应缴纳滞报金等额的保证金后放行。

2. 进口货物收货人在向海关传送报关单电子数据申报后，未在规定期限或核准的期限内递交纸质报关单，海关予以撤销电子数据报关单。进口货物收货人重新向海关申报，产生滞报的，按照本办法第四条规定计算滞报金起征日。

海关提醒 企业申报并经海关依法审核，必须撤销原电子数据报关单重新申报的，经进口货物收货人申请并经海关审核同意，以撤销原报关单之日起第15日为起征日。

3. 进口货物因收货人在运输工具申报进境之日起超过3个月未向海关申报，被海关提取作变卖处理后，收货人申请发还余款的，比照本办法第四条规定计征滞报金。滞报金的截止日为该3个月期限的最后1日。

4. 进口货物因被行政扣留或者刑事扣押不能按期申报而产生滞报的，其扣留或者扣押期间不计算在滞报期间内。扣留或者扣押期间起止日根据决定行政扣留或者刑事扣押部门签发的有关文书确定。

5. 转关运输货物在进境地产生滞报的，由进境地海关征收滞报金；在指运地产生滞报的，由指运地海关征收滞报金。

二、滞报金的减免

1. 企业可以向海关申请减免滞报金的情形：

（1）政府主管部门有关贸易管理规定变更，要求收货人补充办理有关手续或者政府主管部门延迟签发许可证件，导致进口货物产生滞报的；

（2）产生滞报的进口货物属于政府间或国际组织无偿援助和捐赠用于救灾、社会公益福利等方面的进口物资或其他特殊货物的；

（3）因不可抗力导致收货人无法在规定期限内申报，从而产生滞报的；

（4）因海关及相关执法部门工作原因致使收货人无法在规定期限内申报，从而产生滞报的；

（5）其他特殊情况经海关批准的。

海关提醒 进口货物收货人申请减免滞报金的，应当自收到海关滞报金缴款通知书之日起30个工作日内，以书面形式向申报地海关提交申请书。

2. 海关不予征收滞报金的情形：

（1）收货人在运输工具申报进境之日起超过3个月未向海关申报，进口货物被依法变卖处理，余款按《海关法》第三十条规定上缴国库的；

（2）进口货物收货人在申报期限内，根据《海关法》有关规定向海关提供担保，并在担保期限内办理有关进口手续的；

（3）进口货物收货人申报并经海关依法审核，必须撤销原电子数据报关单重新申报，因删单重报产生滞报的；

（4）进口货物经海关批准直接退运的；

（5）进口货物应征收滞报金金额不满人民币50元的。

第六节　《中华人民共和国海关进出口货物集中申报管理办法》

【文　　号】海关总署令第169号

【发布日期】2008-01-24

【生效日期】2008-05-01

《中华人民共和国海关进出口货物集中申报管理办法》是根据《海关法》、《中华人民共和国海关申报管理规定》及其他有关法律、行政法规及规章而制定的，其目的是为了便利进出口货物收发货人办理申报手续，提高进出口货物通关效率，规范对进出口货物的申报管理。

从申报程度步骤来看，集中申报须经海关备案，进出口货物收发货人在同一口岸多批次进出口有关货物，可先以“中华人民共和国海关进口货物集中申报清单”或者“中华人民共和国海关出口货物集中申报清单”申报货物进出口，再以报关单集中办理海关手续。

一、背景意义

根据《中华人民共和国海关进出口货物申报管理规定》规定，经海关批准，企业可以向指定海关办理集中申报手续。从申报的货物范围来看，集中申报是一种对公路口岸进出的保税货物、通关时效要求高、不宜长期保存的货物所采取的特殊通关方式。多年以来，部分海关已经对加工贸易、鲜活商品、书报杂志等货物实施了集中申报方式管理，为提高通关效率、方便企业合法进出方面起到了积极的促进作用。为了加强海关执法的规范性、协调性和统一性，特制定本办法对集中申报通关方式予以规范。

二、主要内容

（一）集中申报的适用范围

通关时效要求高、不宜长期保存的货物及公路口岸进出的保税货物可以适用集中申报方式办理通关手续。另外，中国境内其他地区进出海关特殊监管区域、保税监管场所的货物，除海关另有规定以外，也比照本办法办理。集中申报方式只能作为解决特殊情况的一种特殊申报方式，不宜随意扩大。

海关提醒 不适用集中申报通关方式的三种情形：1. 涉嫌走私或者违规，正在被海关立案调查的收发货人；2. 因进出口侵犯知识产权货物被海关依法给予行政处罚的收发货人；3. 适用C类或者D类管理类别的收发货人进出口需要经海关备案货物的。

（二）集中申报的基本模式

集中申报基本模式分为“清单申报”和“报关单申报”两个阶段，即货物进出口时企业先采用清单申报，海关验放货物，企业事后对规定期限内进出口的货物集中累计填制报关单向海关申报的模式。

（三）集中申报的期限

集中申报期限是：“经海关核准可以适用集中申报通关方式的收发货人，应当在载运进口货物的运输工具申报进境之日起14日内，出口货物在运抵海关监管区后、装货的24小时前填制‘集中申报清单’向海关申报。”超过这一期限申报的，应当以报关单方式申报；构成滞报的，还应当按照有关规定缴纳滞报金。

海关提醒 在集中申报之后，企业应当对1个月内以集中申报清单申报的数据进行归并，填制进出口货物报关单，一般贸易货物在次月10日之前，保税货物在次月底之前到海关办理集中申报手续。

（四）集中申报货物的归并报关原则

归并为一张报关单的所有清单，在进出境口岸、经营单位、境内收发货人、贸易方式（监管方式）、起运国（地区）、装货港、运抵国（地区）、运输方式栏目以及适用的税率、汇率方面必须保持一致，这些项目如果存在不一致，就必须分割为若干张报关单分别报关。

（五）集中申报货物进出口日期的认定

海关按照接受清单申报之日实施的税率、汇率计征税费。此外，在报关单申报时，海关程序能够查找到清单申报的日期，并按照清单申报之日实施的税率和汇率计算税款。

小贴士 进出口货物收发货人可以委托B类以上管理类别（含B类）的报关企业办理集中申报有关手续。

第七节 《中华人民共和国海关进出口货物报关单填制规范》

【文　　号】海关总署公告第52号
【发布日期】2008－08－04
【生效日期】2008－10－01
《中华人民共和国海关进出口货物报关单填制规范》是根据《海关法》

以及其他有关法律、行政法规的规定而制定的，其目的是为了为规范进出口收发货人的申报行为，统一进出口货物报关单填制要求。

进出口货物报关单是货物收发货人、受委托的报关企业按照海关的规定向海关申报进出口货物情况并接受海关审核的重要单据，也是海关直接监督管理进出口行为、核准货物放行及对进出口货物进行汇总统计的原始资料，其直接决定了进出口活动的合法性。本规范对报关单的各个栏目的填写进行了明确和规范，是企业报关时填制报关单内容的主要依据。

一、涉及规范的报关单栏目

涉及规范的报关单栏目主要包括：1. 预录入编号；2. 海关编号；3. 进口口岸/出口口岸；4. 备案号；5. 合同协议号；6. 进口日期/出口日期；7. 申报日期；8. 经营单位；9. 收货单位/发货单位；10. 申报单位；11. 运输方式；12. 运输工具名称；13. 航次号；14. 提运单号；15. 贸易方式（监管方式）；16. 征免性质；17. 征税比例/结汇方式；18. 许可证号；19. 起运国（地区）/运抵国（地区）；20. 装货港/指运港；21. 境内目的地/境内货源地；22. 批准文号；23. 成交方式；24. 运费；25. 保费；26. 杂费；27. 件数；28. 包装种类；29. 毛重（千克）；30. 净重（千克）；31. 集装箱号；32. 随附单证；33. 用途/生产厂家；34. 标记唛码及备注；35. 项号；36. 商品编号；37. 商品名称、规格型号；38. 数量规范及单位；39. 原产国（地区）/最终目的国（地区）；40. 单价；41. 总价；42. 币制；43. 征免；44. 税费征收情况；45. 录入员；46. 录入单位；47. 填制日期；48. 海关审单批注及放行日期（签章），等等。

小贴士 报关单录入凭单，是申报单位按报关单的格式填写的凭单，是用作报关单预录入的依据；预录入报关单，是预录入单位按照申报单位填写的报关单凭单录入、打印后由申报单位向海关申报的报关单。

二、固定格式和填写、申报要求

本规范对每个栏目均设定了固定格式。例如，本规范对“24. 运费”栏目填报进行了明确的规定，即指：

1. 进口货物运抵我国境内输入地点起卸前的运输费用，出口货物运至我国境内输出地点装载后的运输费用；

2. 进口货物成交价格包含前述运输费用或者出口货物成交价格不包含前述运输费用的，本栏目免于填报；

3. 运费可按运费单价、总价或运费率三种方式之一填报，注明运费标记（运费标记“1”表示运费率，“2”表示每吨货物的运费单价，“3”表示运费总价），并按海关规定的“货币代码表”选择填报相应的币种代码；

4. 运保费合并计算的，填报在本栏目。

又如，本规范对“18. 许可证号”栏目明确一份报关单只允许填报一个许可证号，填报的许可证仅指：进（出）口许可证、两用物项和技术进（出）口许可证、两用物项和技术出口许可证（定向）、纺织品临时出口许可证、出口许可证（加工贸易）、出口许可证（边境小额贸易）。同时，在“32. 随附单证”栏目进一步明确：

1. 除规范第18条规定的许可证件以外的其他进出口许可证件或监管证件代码及编号；

2. 栏目分为随附单证代码和随附单证编号两栏，其中代码栏应按海关规定的“监管证件代码表”选择填报相应证件代码，编号栏应填报证件编号等。

小贴士 为了规范进出口企业申报行为，提高申报数据质量，促进贸易便利化，海关总署制定了《中华人民共和国海关进出口商品规范申报目录》并以第61号海关总署公告的形式发布。

第八节 《海关总署关于进出口货物补充申报有关问题的公告》

【文　　号】海关总署公告第49号

【发布日期】2009－08－10

【生效日期】2009－10－01

《海关总署关于进出口货物补充申报有关问题的公告》是根据《海关法》、《中华人民共和国进出口关税条例》、《中华人民共和国进出口货物原产地条例》、《中华人民共和国海关进出口货物申报管理规定》及其他有关法律、行政法规及规章而制定的，其目的是为了规范进出口申报行为，确保申报行为的准确性和有效性。

补充申报是报关企业依照海关有关要求，在进出口货物报关单之外采用补充申报单的形式，向海关进一步申报为确定货物完税价格、商品归类、原产地等所需信息的行为。

一、为什么要向海关补充申报

1. 受报关单格式、栏目所限，税收征管工作所需要了解的情况无法在报关单上得到全部体现，必要时需由企业在补充申报单中填报与申报货物价格、归类、原产地等有关的事项。

2. 补充申报单应当立足于对报关单所申报事项的补充，不得修改或者申报与报关单申报事项无关或相悖的内容。对于报关单未载明，但确实与申报内容有关且无冲突的事项，也可以在补充申报单中列明。

海关提醒 补充申报单与报关单具有同等法律效力，补充申报单申报事项与报关单申报事项承担同等法律义务，申报人须对补充申报事项的真实性和准确性负责，否则须承担相应的法律责任。

二、应当向海关补充申报的情形

1. 海关对申报时货物的价格、商品编码等内容进行审核时，为确定申报内容的完整性和准确性，要求进行补充申报的。

2. 海关对申报货物的原产地进行审核时，为确定货物原产地准确性，要求收发货人提交原产地证书，并进行补充申报的。

3. 海关对已放行货物的价格、商品编码和原产地等内容进行进一步核实时，要求进行补充申报的。

小贴士 企业可以主动向海关进行补充申报，并在递交报关单时一并提交补充申报单。

三、补充申报的相关规定

1. 补充申报的申报单包括“中华人民共和国海关进出口货物价格补充申报单”、“中华人民共和国海关进出口货物商品归类补充申报单”、“中华人民共和国海关进出口货物原产地补充申报单”以及海关行政法规和规章规定的其他补充申报单证。

2. 企业应按要求如实、完整地填写补充申报单，并对补充申报内容的真实性、准确性承担相应的法律责任。补充申报的内容是对报关单申报内容的有效补充，不得与报关单填报的内容相抵触。

3. 企业应当在收到海关书面通知之日起 5 个工作日内向海关办理补充申报手续，海关行政法规和规章另有规定的除外。

4. 企业在规定时限内未能按要求进行补充申报的，海关可根据已掌握的信息，按照有关规定确定进口货物的完税价格、商品编码和原产地。

第二章　查验

海关查验是海关对货物进行实际检查的行政执法行为。它不仅是国家赋予海关的一种依法行政的权力，也是海关通关过程中必不可少的重要环节。随着我国经济快速增长，对外贸易迅猛发展，海关查验工作也在不断适应日新月异的变化。面对日益高涨的贸易便利化要求，海关也在不断采取积极措施，完善行政管理体制，简化进出口货物通关手续，提高海关查验监管的运行效率。

本章重点介绍的海关查验制度包括法律和部门规章两个层次的法律体系框架，具体涉及的政策法规有《海关法》、《中华人民共和国海关进出口货物查验管理办法》、《中华人民共和国海关行政赔偿办法》等。

第一节　查验环节的法律体系

目前，海关查验制度已基本形成包括法律和部门规章两个层次的法律体系框架，对于促进海关查验工作依法行政，规范海关查验执法程序，保护管理相对人合法权益等方面发挥着重要的作用。

一、法律

海关查验制度涉及的法律主要是《海关法》。其中关于查验的规定明确了海关查验进出口货物时收发货人的义务。

二、部门规章

海关查验制度涉及的部门规章是《中华人民共和国海关进出口货物查验管理办法》和《中华人民共和国海关行政赔偿办法》。

1. 2003 年发布，2003 年开始实施的《中华人民共和国海关行政赔偿办法》是各级海关办理行政赔偿案件（包括因海关及其工作人员违法行使行政职权导致的行政赔偿和依法对进出境货物、物品实施查验而发生的查验赔偿）所适用的主要法律依据。

2. 2005 年发布，2006 年开始实施的《中华人民共和国海关进出口货物查验管理办法》，是规范海关对进出口货物的查验，依法核实进出口货物的状况的主要法律依据。

第二节　《中华人民共和国海关法》中涉及查验的规定

一、进出口货物收发货人应履行的义务

1. 进出口货物应该接受海关查验。

2. 海关查验货物时，进口货物的收货人、出口货物的发货人应当到场，并负责搬移货物，开拆和重封货物的包装。

二、查验的特殊情况

1. 海关认为必要时，可以径行开验、复验或者提取货样。

2. 经收发货人申请，海关总署批准，其进出口货物可以免验。

三、查验的内容和目的

1. 海关依法为了确定进出境货物的性质、原产地、货物状况、数

量、价格等是否与货物申报单上已填报的内容相符，对货物进行实际检查。

2. 海关查验的目的：一是为依法征税、统计、出口退税和后续管理等提供可靠的监管依据；二是检查有无伪报、瞒报和申报不实等走私、违规情事。

海关提醒 通常情况下，对过境、转运和通运货物，如货物正常，海关一般不予查验或仅作外形核对，但海关认为必要时，可以查验过境、转运和通运货物。

第三节 《中华人民共和国海关行政赔偿办法》

【文　　号】海关总署令第101号

【发布日期】2003－03－24

【生效日期】2003－05－01

《中华人民共和国海关行政赔偿办法》是根据《中华人民共和国国家赔偿法》、《海关法》以及有关法律、行政法规的规定而制定的，目的是为了保护公民、法人和其他组织依法取得行政赔偿的权利，促进海关及其工作人员依法行使职权，保证各级海关依法、正确、及时处理行政赔偿案件。各级海关办理行政赔偿案件，包括因海关及其工作人员违法行使行政职权导致的行政赔偿和依法对进出境货物、物品实施查验而发生的查验赔偿，均适用《中华人民共和国海关行政赔偿办法》。

一、查验造成损失的处理办法

根据《海关法》第九十四条和《中华人民共和国海关行政赔偿办法》规定，海关在查验进出境货物、物品时，损坏被查验的货物、物品的，应当赔偿实际损失。

（一）海关承担查验损失赔偿的情况

为了保护进出口货物收发货人的合法权益，本办法指出，海关在查验进出口货物时造成被查验货物损坏的，由海关按照《海关法》、《中华人民共和国海关行政赔偿办法》的规定承担赔偿责任。

（二）海关对查验货物造成的损失不予赔偿的情况

1. 海关工作人员与行使职权无关的个人行为；
2. 因不可抗力造成损害的；
3. 由于当事人或其委托的人搬移、开拆、重封包装或保管不善造成的损失；
4. 易腐、易失效货物、物品在海关正常工作程序所需要时间内（含代保管期间）所发生的变质或失效，当事人事先未向海关声明或者海关已采取了适当的措施仍不能避免的；
5. 海关正常检查产生的不可避免的磨损和其他损失；
6. 在海关查验之前所发生的损坏和海关查验之后发生的损坏；
7. 海关为化验、取证等目的而提取的货样。

海关查验货物、物品后交给货主时，如货主没有提出异议，则视为货物、物品完好无损。以后如再发现损坏，海关不负赔偿责任。

二、赔偿的处理程序

根据《中华人民共和国海关行政赔偿办法》规定，海关在查验进出境货物、物品时，损坏被查验的货物、物品的，应当赔偿实际损失，海关查验赔偿应按一定的程序进行。

（一）填写“中华人民共和国海关查验货物、物品损坏报告书”

海关关员在查验货物、物品时损坏被查验货物、物品的，应当如实填写“中华人民共和国海关查验货物、物品损坏报告书”一式两份，由查验关员和当事人双方签字，一份交当事人，一份留海关存查。

（二）确定赔偿金额

实施查验的海关应当自损坏被查验的货物、物品之日起两个月内确定赔偿金额，并填制“海关损坏货物、物品赔偿通知单”（以下简称“通知单”）送达当事人。

（三）领取赔偿款

当事人应当自收到“通知单”之日起3个月内凭“通知单”向海关领取赔款，或将银行账号通知海关划拨。逾期无正当理由不向海关领取赔款、不将银行账号通知海关划拨的，不再赔偿。

（四）赔偿异议的处理

当事人对赔偿有异议的，可以在收到“通知单”之日起60日内向作出赔偿决定的海关的上一级海关申请行政复议，对复议决定不服的，可以在收到复议决定之日起15日内向人民法院提起诉讼；也可以自收到“通知单”之日起3个月内直接向人民法院提起诉讼。

第四节　《中华人民共和国海关进出口货物查验管理办法》

【文　　号】海关总署令第138号

【发布日期】2005－12－28

【生效日期】2006－02－01

《中华人民共和国海关进出口货物查验管理办法》是根据《海关法》以及其他有关法律、行政法规的规定而制定的，其目的是为了规范海关对进出口货物的查验，依法核实进出口货物的状况。

海关查验是以进出口货物申报为前提，以检查申报与实际货物是否一致为目的，以《海关法》为依据的行政执法行为。具体是指海关为确定进出口货物收发货人向海关申报的内容是否与进出口货物的真实情况相符，或者为确定商品的归类、价格、原产地等，依法对进出口货物进行实际核查的执法行为。

一、查验的七个基本要素

1. 查验的依据：《中华人民共和国海关进出口货物查验管理办法》。

2. 查验的人员：由2名以上海关查验人员共同实施。查验人员实施查验时，应当着海关制式服装。

3. 查验的地点：海关监管区内。

小贴士 因货物易受温度、静电、粉尘等自然因素影响，不宜在海关监管区内实施查验，或者因其他特殊原因，需要在海关监管区外查验的，经进出口货物收发货人或者其代理人书面申请，海关可以派员到海关监管区外实施查验。

4. 查验的时间：对单证资料齐全、货物已运至指定地点，能够开始实施查验操作并当场确定查验结果的，应当在查验开始后4个小时内完成查验操作。

5. 查验的对象：进出口货物。

6. 查验的方式：可以彻底查验，也可以抽查。

小贴士 按照操作方式，查验可以分为人工查验和机检查验，人工查验包括外形查验、开箱查验等方式。

海关可以根据货物情况以及实际执法需要，确定具体的查验方式。

7. 查验是否收费：海关在监管区内实施查验不收取费用。对集装箱、货柜车或者其他货物加施海关封志的，按照规定收取封志工本费。

海关提醒 一定不要受骗上当！近年来，总是有个别报关员、代理人利用货主对海关查验不了解的机会，在查验收费、“好处费”等方面诈骗货主。其实，海关在监管区内实施查验是不收费的，货主需要承担的是查验过程中货物的吊装、搬移、开拆和重封包装等费用，而搬运公司收取这些费用都会开出正式的发票。至于个别不法报关员、代理人以海关的名义向货主索要“好处费”，货主更要警惕，不能上当。海关作为准军事化建设的队伍，在廉政建设方面一直是严格管理，同时也有完善的投诉处理机制的。因此，如果遇到这种情况，可以向海关相关负责部门投诉，不可受骗上当！

案例

十万元的“好处费”

2011 年 7 月湖南某进出口有限公司委托广州某报关公司向广州海关申报进口纱线一批。广州海关对该批货物实施查验后，正常放行。该报关公司报关员刘某却向湖南某进出口有限公司谎称该票货物规格不符，被海关扣货，海关查验关员须 10 万元好处费打点才可通融。该进出口有限公司因对海关查验业务并不熟悉，对报关员的说法将信将疑，无奈之下派员前往现场海关了解情况。经海关现场查询该票货物早已办理了查验放行手续，所谓 10 万元“好处费”纯属报关员刘某的个人诈骗行为。

二、查验的五种形式

1. 外形查验。是指对外部特征直观、易于判断基本属性的货物的包装、唛头和外观等状况进行验核的查验方式。

2. 开箱查验。是指将货物从集装箱、货柜车箱等箱体中取出并拆除外包装后，对货物实际状况进行验核的查验方式。

3. 机检查验。是指以利用技术检查设备为主，对货物实际状况进行验核的查验方式。

4. 抽查。是指按照一定比例有选择的对一票货物中的部分货物验核实际状况的查验方式。

5. 彻底查验是指逐件开拆包装，验核货物实际状况的查验方式。

三、查验的五个基本步骤

根据《中华人民共和国海关进出口货物查验管理办法》，海关查验的基本流程如下：

（一）海关通知

海关在对进出口货物实施查验前，应当通知进出口货物收发货人或者其代理人到场。

小贴士 进出口货物收发货人或者其代理人持“查验通知单”、报关单备用联、提单场站收据、海运提单、发票、装箱单（复印件），到现场海关查验受理部门办理查验计划（一般当天安排第二天的查验计划），申报人员应做好查验准备。

（二）货主或代理人到场

海关进行开验时，存放货物的海关监管场所经营人、运输工具负责人应当到场协助，并在查验记录上签名确认。

海关提醒 有下列情形之一的，海关可以在进出口货物收发货人或者其代理人不在场的情况下，对进出口货物实施径行开验：

1. 进出口货物有违法嫌疑的；
2. 经海关通知查验，进出口货物收发货人或者其代理人届时未到场的。

（三）查验

海关查验货物时，进出口货物收发货人或者其代理人应负责按照海关要求搬移货物，开拆和重封货物的包装，并如实回答查验人员的询问以及提供必要的资料。

实施查验时需要提取货样、化验，以进一步确定或者鉴别进出口货物的品名、规格等属性的，海关依照《中华人民共和国海关对进出口货物实施化验鉴定的规定》等有关规定办理。

海关提醒 对于危险品或者鲜活、易腐、易烂、易失效、易变质等不宜长期保存的货物，以及因其他特殊情况需要紧急验放的货物，经进出口货物收发货人或者其代理人申请，海关可以优先安排查验。

因进出口货物所具有的特殊属性，容易因开启、搬运不当等原因导致货物损毁，需要查验人员在查验过程中予以特别注意的，进出口货物收发货人或者其代理人应当在海关实施查验前声明。

案例

“优先查验”让榴莲飘香

2012年7月上海某进出口有限公司向上海海关申报进口泰国榴莲一批，海关要求对该批货物实施查验，因受台风影响，该票货物在海上就耽误了一些时间，如果再按正常的吊柜时间排队查验，必将影响榴莲的新鲜度，给榴莲的销售价格带来较大影响。该进出口公司向上海海关提出了书面申请，申请对该批榴莲优先查验，经正常审批后，海关派员在监管区优先安排了对该批货物的查验，查验正常后办理了放行手续，确保了鲜活商品的快速通关。

（四）查验结束

海关查验结束后，查验人员应当如实填写查验记录并签名。

查验记录应当由在场的进出口货物收发货人或者其代理人签名确认。进出口货物收发货人或者其代理人拒不签名的，查验人员应当在查验记录中予以注明，并由货物所在监管场所的经营人签名证明。

查验记录作为报关单的随附单证由海关保存。

（五）复验

有下列情形之一的，海关可以对已查验货物进行复验：

1. 经初次查验未能查明货物的真实属性，需要对已查验货物的某些性状做进一步确认的；

2. 货物涉嫌走私违规，需要重新查验的；

3. 进出口货物收发货人对海关查验结论有异议，提出复验要求并经海关同意的；

4. 其他海关认为必要的情形。

复验按以上相同的程序办理，查验人员在查验记录上应当注明“复验”字样。

已经参加过查验的海关查验人员不得参加对同一票货物的复验。

四、查验造成损失的处理办法

根据《海关法》第九十四条和《中华人民共和国海关行政赔偿办法》规定，海关在查验进出境货物、物品时，损坏被查验的货物、物品的，应当赔偿实际损失。

为了保护进出口货物收发货人的合法权益，本办法指出，海关在查验进出口货物时造成被查验货物损坏的，由海关按照《海关法》、《中华人民共和国海关行政赔偿办法》的规定承担赔偿责任。

海关查验货物、物品后交给货主时，如货主没有提出异议，则视为货物、物品完好无损。以后如再发现损坏，海关不负赔偿责任。

五、进出口货物收发货人的权利与义务

（一）进出口货物的收发货人在查验过程中享有的权利

1. 申请复验。海关相关法规规定，收发货人对海关查验结论有异议，

可以提出复验的要求。海关批准同意后，将对已查验的货物进行复验。复验时海关将另外安排人员进行，原来的查验人员不参加。

2. 损坏赔偿。海关相关法规规定，海关在查验进出口货物时，损坏被查验货物的，应当赔偿实际损失。海关在查验货物时，不管海关在主观上有无过错，只要在客观上给被查验货物造成损坏，就须赔偿货物的实际损失。

3. 特殊情况申请免验。海关相关法规规定，进出口货物因特殊情况需要免验的，由收发货人直接向海关总署申请，经海关总署批准可以免验。

4. 申请区外查验。海关相关法规规定，因货物易受温度、静电、粉尘等自然因素影响，或者其他特殊情况，需要在海关监管区外查验的，经收发货人或其代理人书面申请，海关可以派员到海关监管区外实施查验。

5. 申请优先查验。海关相关法规规定，对于危险品或者鲜活、易腐、易烂、易失效、易变质等不宜长期保存的货物，以及因其他特殊情况需要紧急验放的货物，经收发货人或其代理人申请，海关可以优先安排查验。

6. 申请担保放行。海关相关法规规定，在确定货物归类、估价或者办结其他海关手续前，收发货人要求放行货物的，海关应当在其提供与其依法应当履行的法律义务相适应的担保后放行。

小贴士 如果在查验过程中，海关要求对货物取样送检，而货物的交货时间很紧，收发货人可以向海关申请担保放行。在符合有关担保规定的前提下，海关将允许办理担保后放行。

7. 要求保密。海关相关法规规定，在取样送检过程中，如果所提供技术资料涉及商业秘密，收发货人或其代理人应事先声明，海关应对其保密。如果海关工作人员泄露企业的商业秘密，会给予相关的纪律处分。因此，协助海关送检，不必担心泄密的问题。

（二）进出口货物的收发货人在查验过程中应履行的义务

1. 及时到场或委托代理人及时到场。当海关通知查验时，收发货人应及时到达，或委托代理人及时到达指定的查验作业区配合海关查验。如果超过规定时间不到又没有合理的理由，海关将径行开拆货物查验，由此可能引起的相关损失由收发货人自负。例如，一些不宜直接开拆的货物被海关开拆而导致的损失等。所以，收发货人应清楚海关的查验通知，及时到场配合。

海关提醒 当海关认为必要时，可以径行开验、复验或者提取货样。查验结束后，进出口货物收发货人或者其代理人应在“查验记录单”上签名、确认，签名应真实有效。对海关查验过程与结果是否认同应如实填写。

2. 搬移、开拆和重封货物。海关相关法规规定，收发货人应负责搬移货物，开拆和重封货物包装。在实际查验中，海关根据情况对卸货有不同的要求。比如，彻底查验是把货物全部卸下，逐件开箱；抽查是卸下部分货物，有选择地开箱。因此，收发货人应根据海关的卸货要求，自行或委托口岸搬运公司搬移、开拆和重封货物，并承担由此产生的相关装卸费用。

3. 提供资料、回答询问。海关相关法规规定，如海关查验需要，收发货人应提供必要的资料并如实回答海关人员的询问。

小贴士 当海关通知查验时，收发货人最好备齐相关资料，如装箱单、备案合同、产品说明书、品牌授权书或其他有助于说明货物性质、数（重）量、产地等资料，到达查验区解释说明，回答海关询问。

4. 特殊情况提前告知。海关相关法规规定，因进出口货物所具有的特殊属性，容易因开启、搬运不当等原因导致货物损毁，需要查验人员在查验过程中予以特别注意的，收发货人或其代理人应当在海关实施查验前声明。

5. 协助取样送检。如果海关对货物的性质有怀疑而要求送检时，收发货人就有配合海关取样送检的义务。海关相关法规规定，海关对进出口货物要求取样送检时，收发货人或其代理人应及时到场，在海关查验人员的监督下按照取样要求进行取样，并提供有关单证和技术资料，如产品说明书、生产工艺流程等。

小贴士 在特殊情况下，进出口货物收发货人或者其代理人可以要求海关在海关监管场所以外的地方查验，但应事先报经海关同意。海关可以派员去收、发货人的仓库查验，进出口货物收发货人或者其代理人应当按照规定向海关缴纳规费。

第三章 征税

本章介绍的“征税”，是指进出口货物的纳税义务人，依照《海关法》以及有关法律、行政法规和规章的要求，缴纳税款的行为，它包括关税的征收主体、课税对象、纳税人、完税价格的确定、关税减免、关税缴纳期限、关税强制措施、关税保全措施、关税的追征与补征、关税的退还和纳税争议及其救济措施等内容。

关税是对进出口货物和物品所征收的一种税，是随着商品交换和商品流通领域的不断扩大，依据国际贸易的不断发展而产生和逐步发展的，是国家财政收入，特别是中央财政收入的重要组成部分，也是世界贸易组织允许各缔约方保护其境内经济的一种手段。

本章主要介绍的政策法规有《海关法》、《中华人民共和国进出口关税条例》以及《中华人民共和国海关进出口货物征税管理办法》。

第一节 征税环节的法律体系

目前，海关征税制度已基本形成包括法律、行政法规、部门规章三个层次的法律体系框架，对于促进海关征税管理工作依法行政，规范海关执法程序，保护管理相对人合法权益等方面发挥着重要的作用。

一、法律

海关申报管理制度涉及的法律主要是《海关法》。其中关于申报的相关法律规定主要包括：

1. 明确关税的征收主体及课税对象、纳税人。
2. 关于完税价格的确定。
3. 关税的减征或者免征。
4. 关税缴纳期限及关税强制措施。
5. 关税保全措施。
6. 关税的追征和补征。
7. 关税的退还。
8. 关税纳税争议及其救济措施。

二、行政法规

海关征税制度涉及的行政法规主要是《中华人民共和国进出口关税条例》。

该条例于2003年发布，2004年开始实施，其目的是为了贯彻对外开放政策，促进对外经济贸易和国民经济的发展，进一步完善相关制度、堵塞漏洞，保证关税税款及时、足额收缴入库，明确代理报关时纳税义务人与报关企业的纳税责任。这些规定对进一步完善海关关税征管制度，整顿和规范市场经济秩序，保护纳税义务人合法权益将起到重要作用。

三、部门规章

海关征税制度涉及的部门规章主要是《中华人民共和国海关进出口货物征税管理办法》。

该办法于2004年发布，2005年开始实施，其目的是为了保证国家税收政策的贯彻实施，加强海关税收管理，确保依法征税，保障国家税收，维护纳税义务人的合法权益。

本办法在明确海关税收征管的权利义务的同时，对纳税义务人的权利义务也给予明确规定。本办法注重行政执法者与行政相对人的权利义务关系，体现了法律以人为本、法律面前人人平等的立法原则。

第二节 《中华人民共和国海关法》中涉及征税的规定

一、关税的征收主体及课税对象、纳税人

1. 准许进出口的货物、进出境物品，由海关依法征收关税。

2. 进口货物的收货人、出口货物的发货人、进出境物品的所有人，是关税的纳税义务人。

二、完税价格的确定

1. 进出口货物的完税价格，由海关以该货物的成交价格为基础审查确定。成交价格不能确定时，完税价格由海关依法估定。

2. 进口货物的完税价格包括货物的货价、货物运抵中华人民共和国境内输入地点起卸前的运输及其相关费用、保险费；出口货物的完税价格包括货物的货价、货物运至中华人民共和国境内输出地点装载前的运输及其相关费用、保险费，但是其中包含的出口关税税额，应当予以扣除。

3. 进出境物品的完税价格，由海关依法确定。

三、关税的减征与免征

1. 可以减征或免征关税的进出口货物、进出境物品具体如下：

（1）无商业价值的广告品和货样；

（2）外国政府、国际组织无偿赠送的物资；

（3）在海关放行前遭受损坏或者损失的货物；

（4）规定数额以内的物品；

（5）法律规定减征、免征关税的其他货物、物品；

(6) 中华人民共和国缔结或者参加的国际条约规定减征、免征关税的货物、物品。

2. 特定地区、特定企业、特定用途的货物。

特定地区、特定企业或者有特定用途的进出口货物，可以减征或者免征关税。特定减税或者免税的范围和办法由国务院规定，上述减征或者免征关税进口的货物，只能用于特定地区、特定企业或者特定用途，未经海关核准并补缴关税，不得移作他用。

3. 临时减征或者免征关税，由国务院决定。

4. 经海关批准暂时进口或者暂时出口的货物，以及特准进口的保税货物，在货物收发货人向海关缴纳相当于税款的保证金或者提供担保后，准予暂时免纳关税。

四、关税的缴纳期限及强制措施

(一) 缴款期限

进出口货物的纳税义务人，应当自海关填发税款缴款书之日起15日内缴纳税款；逾期缴纳的，由海关征收滞纳金。

(二) 强制措施

纳税义务人、担保人超过3个月仍未缴纳的，经直属海关关长或者其授权的隶属海关关长批准，海关可以采取下列强制措施：

1. 书面通知其开户银行或者其他金融机构从其存款中扣缴税款；

2. 将应税货物依法变卖，以变卖所得抵缴税款；

3. 扣留并依法变卖其价值相当于应纳税款的货物或者其他财产，以变卖所得抵缴税款。

海关采取强制措施时，对前款所列纳税义务人、担保人未缴纳的滞纳金同时强制执行。

(三) 物品缴税

进出境物品的纳税义务人，应当在物品放行前缴纳税款。

五、关税的保全措施

1. 进出口货物的纳税义务人在规定的纳税期限内有明显的转移、藏匿其应税货物以及其他财产迹象的，海关可以责令纳税义务人提供担保。纳税义务人不能提供纳税担保的，经直属海关关长或者其授权的隶属海关关长批准，海关可以采取下列税收保全措施：

（1）书面通知纳税义务人开户银行或者其他金融机构暂停支付纳税义务人相当于应纳税款的存款；

（2）扣留纳税义务人价值相当于应纳税款的货物或者其他财产。

2. 纳税义务人在规定的纳税期限内缴纳税款的，海关必须立即解除税收保全措施；期限届满仍未缴纳税款的，经直属海关关长或者其授权的隶属海关关长批准，海关可以书面通知纳税义务人开户银行或者其他金融机构从其暂停支付的存款中扣缴税款，或者依法变卖所扣留的货物或者其他财产，以变卖所得抵缴税款。

3. 采取税收保全措施不当，或者纳税义务人在规定期限内已缴纳税款，海关未立即解除税收保全措施，致使纳税义务人的合法权益受到损失的，海关应当依法承担赔偿责任。

六、关税的追征与补征

进出口货物、进出境物品放行后，海关发现少征或者漏征税款，应当自缴纳税款或者货物、物品放行之日起一年内，向纳税义务人补征。因纳税义务人违反规定而造成的少征或者漏征，海关在三年以内可以追征。

七、关税的退还

海关多征的税款，海关发现后应当立即退还；纳税义务人自缴纳税款之日起一年内，可以要求海关退还。

八、纳税争议及其救济措施

纳税义务人同海关发生纳税争议时，应当缴纳税款，并可以依法申请行政复议；对复议决定仍不服的，可以依法向人民法院提起诉讼。

第三节 《中华人民共和国进出口关税条例》

【文　　号】国务院令第392号

【发布日期】2003-10-29

【生效日期】2004-01-01

《中华人民共和国进出口关税条例》是根据《海关法》以及其他有关法律、行政法规的规定而制定的，其目的是为了贯彻对外开放政策，促进对外经济贸易和国民经济的发展。

该条例进一步完善了相关制度、堵塞漏洞，保证关税税款及时、足额收缴入库，明确了代理报关时纳税义务人与报关企业的纳税责任。这些规定对进一步完善海关关税征管制度，整顿和规范市场经济秩序，保护纳税义务人合法权益将起到重要作用。

一、进出口货物关税税率的设置与适用情形

（一）税率设置

进口关税设置最惠国税率、协定税率、特惠税率、普通税率、关税配额税率等税率。进口货物在一定期限内可以实行暂定税率。

出口关税设置出口税率。出口货物在一定期限内可以实行暂定税率。

（二）税率适用情形

1. 原产于共同适用最惠国待遇条款的世界贸易组织成员的进口货物，

原产于与中华人民共和国签订含有相互给予最惠国待遇条款的双边贸易协定的国家或者地区的进口货物，以及原产于中华人民共和国境内的进口货物，适用最惠国税率。

2. 原产于与中华人民共和国签订含有关税优惠条款的区域性贸易协定的国家或者地区的进口货物，适用协定税率。

3. 原产于与中华人民共和国签订含有特殊关税优惠条款的贸易协定的国家或者地区的进口货物，适用特惠税率。

4. 原产于本条上述各款所列以外国家或者地区的进口货物，以及原产地不明的进口货物，适用普通税率。

（三）其他税率适用情形

1. 暂定税率。

适用最惠国税率的进口货物有暂定税率的，应当适用暂定税率；适用协定税率、特惠税率的进口货物有暂定税率的，应当从低适用税率；适用普通税率的进口货物，不适用暂定税率。

适用出口税率的出口货物有暂定税率的，应当适用暂定税率。

2. 关税配额税率。

按照国家规定实行关税配额管理的进口货物，关税配额内的，适用关税配额税率；关税配额外的，其税率的适用按照本条第（2）、第（3）点的规定执行。

3. 反倾销、反补贴适用税率。

按照有关法律、行政法规的规定对进口货物采取反倾销、反补贴、保障措施的，其税率的适用按照《中华人民共和国反倾销条例》、《中华人民共和国反补贴条例》和《中华人民共和国保障措施条例》的有关规定执行。

4. 报复性关税税率。

任何国家或者地区违反与中华人民共和国签订或者共同参加的贸易协定及相关协定，对中华人民共和国在贸易方面采取禁止、限制、加征关税或者其他影响正常贸易的措施的，对原产于该国家或者地区的进口货物可以征收报复性关税，适用报复性关税税率。

征收报复性关税的货物、适用国别、税率、期限和征收办法，由国务院关税税则委员会决定并公布。

5. 进出口当日税率。

进出口货物，应当适用海关接受该货物申报进口或者出口之日实施的税率。

进口货物到达前，经海关核准先行申报的，应当适用装载该货物的运输工具申报进境之日实施的税率。

转关运输货物税率的适用日期，由海关总署另行规定。

6. 接受申报之日的税率。

有下列情形之一，须缴纳税款的，应当适用海关接受申报办理纳税手续之日实施的税率：

（1）保税货物经批准不复运出境的；

（2）减免税货物经批准转让或者移作他用的；

（3）暂准进境货物经批准不复运出境，以及暂准出境货物经批准不复运进境的；

（4）租赁进口货物，分期缴纳税款的。

7. 补税税率。

补征和退还进出口货物关税，应当按照第 5 点或者第 6 点的规定确定适用的税率。

因纳税义务人违反规定需要追征税款的，应当适用该行为发生之日实施的税率；行为发生之日不能确定的，适用海关发现该行为之日实施的税率。

二、进出口货物完税价格的确定与估定

（一）进口货物完税价格的确定

进口货物的完税价格由海关以符合条件的成交价格以及该货物运抵中华人民共和国境内输入地点起卸前的运输及其相关费用、保险费为基础审查确定。

进口货物的成交价格，是指卖方向中华人民共和国境内销售该货物时买方为进口该货物向卖方实付、应付的，并按照规定调整后的价款总额，包括直接支付的价款和间接支付的价款。

进口货物的成交价格应当符合下列条件：

1. 对买方处置或者使用该货物不予限制，但法律、行政法规规定实施的限制、对货物转售地域的限制和对货物价格无实质性影响的限制除外；

2. 该货物的成交价格没有因搭售或者其他因素的影响而无法确定；

3. 卖方不得从买方直接或者间接获得因该货物进口后转售、处置或者使用而产生的任何收益，或者虽有收益但能够按照以下第（二）、第（三）条的规定进行调整；

4. 买卖双方没有特殊关系，或者虽有特殊关系但未对成交价格产生影响。

（二）进口货物应当计入完税价格的费用

1. 由买方负担的购货佣金以外的佣金和经纪费；

2. 由买方负担的在审查确定完税价格时与该货物视为一体的容器的费用；

3. 由买方负担的包装材料费用和包装劳务费用；

4. 与该货物的生产和向中华人民共和国境内销售有关的，由买方以免费或者以低于成本的方式提供并可以按适当比例分摊的料件、工具、模具、消耗材料及类似货物的价款，以及在境外开发、设计等相关服务的费用；

5. 作为该货物向中华人民共和国境内销售的条件，买方必须支付的、与该货物有关的特许权使用费；

6. 卖方直接或者间接从买方获得的该货物进口后转售、处置或者使用的收益。

（三）进口货物不计入完税价格的费用

进口时在货物的价款中列明的下列税收、费用，不计入该货物的完税价格：

1. 厂房、机械、设备等货物进口后进行建设、安装、装配、维修和技术服务的费用；

2. 进口货物运抵境内输入地点起卸后的运输及其相关费用、保险费；

3. 进口关税及国内税收。

（四）进口货物完税价格的估定

进口货物的成交价格不符合规定条件的，或者成交价格不能确定的，海关经了解有关情况，并与纳税义务人进行价格磋商后，依次以下列价格估定该货物的完税价格：

1. 与该货物同时或者大约同时向中华人民共和国境内销售的相同货物的成交价格；

2. 与该货物同时或者大约同时向中华人民共和国境内销售的类似货物的成交价格；

3. 与该货物进口的同时或者大约同时，将该进口货物、相同或者类似进口货物在第一级销售环节销售给无特殊关系买方最大销售总量的单位价格，但应当扣除第（五）点规定的项目；

4. 按照下列各项总和计算的价格：生产该货物所使用的料件成本和加工费用，向中华人民共和国境内销售同等级或者同种类货物通常的利润和一般费用，该货物运抵境内输入地点起卸前的运输及其相关费用、保险费；

5. 以合理方法估定的价格。

纳税义务人向海关提供有关资料后，可以提出申请，颠倒前款第 3 项和第 4 项的适用次序。

（五）估定进口价格应当扣除的项目

1. 同等级或者同种类货物在中华人民共和国境内第一级销售环节销售时通常的利润和一般费用以及通常支付的佣金；

2. 进口货物运抵境内输入地点起卸后的运输及其相关费用、保险费；

3. 进口关税及国内税收。

（六）租赁货物完税价格的确定

以租赁方式进口的货物，以海关审查确定的该货物的租金作为完税价格。

纳税义务人要求一次性缴纳税款的，纳税义务人可以选择按照第（四）点的规定估定完税价格，或者按照海关审查确定的租金总额作为完税价格。

（七）出境加工货物完税价格的确定

运往境外加工的货物，出境时已向海关报明并在海关规定的期限内复运进境的，应当以境外加工费和料件费以及复运进境的运输及其相关费用和保险费审查确定完税价格。

（八）出境修理货物完税价格的确定

运往境外修理的机械器具、运输工具或者其他货物，出境时已向海关报明并在海关规定的期限内复运进境的，应当以境外修理费和料件费审查确定完税价格。

（九）出口货物完税价格的确定

出口货物的完税价格由海关以该货物的成交价格以及该货物运至中华人民共和国境内输出地点装载前的运输及其相关费用、保险费为基础审查确定。

出口货物的成交价格，是指该货物出口时卖方为出口该货物应当向买方直接收取和间接收取的价款总额。

出口关税不计入完税价格。

（十）出口货物完税价格的估定

出口货物的成交价格不能确定的，海关经了解有关情况，并与纳税义务人进行价格磋商后，依次以下列价格估定该货物的完税价格：

1. 与该货物同时或者大约同时向同一国家或者地区出口的相同货物的

成交价格；

2. 与该货物同时或者大约同时向同一国家或者地区出口的类似货物的成交价格；

3. 按照下列各项总和计算的价格：境内生产相同或者类似货物的料件成本、加工费用，通常的利润和一般费用，境内发生的运输及其相关费用、保险费；

4. 以合理方法估定的价格。

按照规定计入或者不计入完税价格的成本、费用、税收，应当以客观、可量化的数据为依据。

三、进出口货物关税的征收

（一）申报期限

进口货物的纳税义务人应当自运输工具申报进境之日起14日内，出口货物的纳税义务人除海关特准的外，应当在货物运抵海关监管区后、装货的24小时以前，向货物的进出境地海关申报。进出口货物转关运输的，按照海关总署的规定执行。

进口货物到达前，纳税义务人经海关核准可以先行申报。具体办法由海关总署另行规定。

（二）申报要求

纳税义务人应当依法如实向海关申报，并按照海关的规定提供有关确定完税价格、进行商品归类、确定原产地以及采取反倾销、反补贴或者保障措施等所需的资料。必要时，海关可以要求纳税义务人补充申报。

（三）商品归类

纳税义务人应当按照税则规定的目录条文和归类总规则、类注、章注、子目注释以及其他归类注释，对其申报的进出口货物进行商品归类，并归入相应的税则号列。海关应当依法审核确定该货物的商品归类。

（四）化验检验

海关可以要求纳税义务人提供确定商品归类所需的有关资料。必要时，海关可以组织化验、检验，并将海关认定的化验、检验结果作为商品归类的依据。

（五）价格审查

海关为审查申报价格的真实性和准确性，可以查阅、复制与进出口货物有关的合同、发票、账册、结付汇凭证、单据、业务函电、录音录像制品和其他反映买卖双方关系及交易活动的资料。

海关提醒 海关对纳税义务人申报的价格有怀疑的，应当将怀疑的理由书面告知纳税义务人，要求其在规定的期限内书面作出说明、提供有关资料。

纳税义务人在规定的期限内未作说明、未提供有关资料的，或者海关仍有理由怀疑申报价格的真实性和准确性的，海关可以不接受纳税义务人申报的价格，并按照《中华人民共和国进出口关税条例》第三章的规定估定完税价格。

（六）企业权利

海关审查确定进出口货物的完税价格后，纳税义务人可以以书面形式要求海关就如何确定其进出口货物的完税价格作出书面说明，海关应当向纳税义务人作出书面说明。

（七）税款计征

进出口货物关税，以从价计征、从量计征或者国家规定的其他方式征收。

从价计征的计算公式为：应纳税额＝完税价格×关税税率

从量计征的计算公式为：应纳税额＝货物数量×单位税额

（八）缴款期限

纳税义务人应当自海关填发税款缴款书之日起15日内向指定银行缴纳税款。纳税义务人未按期缴纳税款的，从滞纳税款之日起，按日加收滞纳税款万分之五的滞纳金。

海关可以对纳税义务人欠缴税款的情况予以公告。

海关征收关税、滞纳金等，应当制发缴款凭证，缴款凭证格式由海关总署规定。

（九）计征货币

海关征收关税、滞纳金等，应当按人民币计征。

小贴士 进出口货物的成交价格以及有关费用以外币计价的，以中国人民银行公布的基准汇率折合为人民币计算完税价格；以基准汇率币种以外的外币计价的，按照国家有关规定套算为人民币计算完税价格。适用汇率的日期由海关总署规定。

（十）延期纳税

纳税义务人因不可抗力或者在国家税收政策调整的情形下，不能按期缴纳税款的，经海关总署批准，可以延期缴纳税款，但是最长不得超过6个月。

（十一）税款保全

进出口货物的纳税义务人在规定的纳税期限内有明显的转移、藏匿其应税货物以及其他财产迹象的，海关可以责令纳税义务人提供担保；纳税义务人不能提供担保的，海关可以按照《海关法》第六十一条的规定采取税收保全措施。

纳税义务人、担保人自缴纳税款期限届满之日起超过3个月仍未缴纳税款的，海关可以按照《海关法》第六十条的规定采取强制措施。

（十二）加工贸易征税

加工贸易的进口料件按照国家规定保税进口的，其制成品或者进口料件未在规定的期限内出口的，海关按照规定征收进口关税。

加工贸易的进口料件进境时按照国家规定征收进口关税的，其制成品或者进口料件在规定的期限内出口的，海关按照有关规定退还进境时已征收的关税税款。

（十三）暂准进出境货物

经海关批准暂时进境或者暂时出境的货物，在进境或者出境时纳税义务人向海关缴纳相当于应纳税款的保证金或者提供其他担保的，可以暂不缴纳关税，并应当自进境或者出境之日起6个月内复运出境或者复运进境。下列货物经纳税义务人申请，海关可以根据海关总署的规定延长复运出境或者复运进境的期限：

1. 在展览会、交易会、会议及类似活动中展示或者使用的货物；
2. 文化、体育交流活动中使用的表演、比赛用品；
3. 进行新闻报道或者摄制电影、电视节目使用的仪器、设备及用品；
4. 开展科研、教学、医疗活动使用的仪器、设备及用品；
5. 在本款第1点至第4点所列活动中使用的交通工具及特种车辆；
6. 货样；
7. 供安装、调试、检测设备时使用的仪器、工具；
8. 盛装货物的容器；
9. 其他用于非商业目的的货物。

上述第1款所列暂准进境货物在规定的期限内未复运出境的，或者暂准出境货物在规定的期限内未复运进境的，海关应当依法征收关税。

上述第1款所列可以暂时免征关税范围以外的其他暂准进境货物，应当按照该货物的完税价格和其在境内滞留时间与折旧时间的比例计算征收进口关税。具体办法由海关总署规定。

（十四）退运货物

因品质或者规格原因，出口货物自出口之日起1年内原状复运进境的，不征收进口关税。

因品质或者规格原因，进口货物自进口之日起1年内原状复运出境的，不征收出口关税。

（十五）无代价抵偿货物

因残损、短少、品质不良或者规格不符原因，由进出口货物的发货人、承运人或者保险公司免费补偿或者更换的相同货物，进出口时不征收关税。被免费更换的原进口货物不退运出境或者原出口货物不退运进境的，海关应当对原进出口货物重新按照规定征收关税。

（十六）免征关税的情形

下列进出口货物，免征关税：

1. 关税税额在人民币50元以下的一票货物；
2. 无商业价值的广告品和货样；
3. 外国政府、国际组织无偿赠送的物资；
4. 在海关放行前损失的货物；
5. 进出境运输工具装载的途中必需的燃料、物料和饮食用品。

在海关放行前遭受损坏的货物，可以根据海关认定的受损程度减征关税。

法律规定的其他免征或者减征关税的货物，海关根据规定予以免征或者减征。

（十七）减免关税

特定地区、特定企业或者有特定用途的进出口货物减征或者免征关税，以及临时减征或者免征关税，按照国务院的有关规定执行。

（十八）减免代征税

进口货物减征或者免征进口环节海关代征税，按照有关法律、行政法规的规定执行。

（十九）减免税审批

纳税义务人进出口减免税货物的，除另有规定外，应当在进出口该货物之前，按照规定持有关文件向海关办理减免税审批手续。经海关审查符合规定的，予以减征或者免征关税。

（二十）减免税监管年限

海关监管的减免税进口货物，在监管年限内转让或者移作他用需要补税的，海关应当根据该货物进口时间折旧估价，补征进口关税。

特定减免税进口货物的监管年限由海关总署规定。

（二十一）申请退税

有下列情形之一的，纳税义务人自缴纳税款之日起1年内，可以申请退还关税，并应当以书面形式向海关说明理由，提供原缴款凭证及相关资料：

1. 已征进口关税的货物，因品质或者规格原因，原状退货复运出境的；

2. 已征出口关税的货物，因品质或者规格原因，原状退货复运进境，并已重新缴纳因出口而退还的国内环节有关税收的；

3. 已征出口关税的货物，因故未装运出口，申报退关的。

海关应当自受理退税申请之日起30日内查实并通知纳税义务人办理退还手续。纳税义务人应当自收到通知之日起3个月内办理有关退税手续。

按照其他有关法律、行政法规规定应当退还关税的，海关应当按照有关法律、行政法规的规定退税。

（二十二）补征税款

进出口货物放行后，海关发现少征或者漏征税款的，应当自缴纳税款或者货物放行之日起1年内，向纳税义务人补征税款。海关发现海关监管货物因纳税义务人违反规定造成少征或者漏征税款的，应当自缴纳税款或者货物放行之日起3年内追征税款，并从缴纳税款或者货物放行之日起按日加收少征或者漏征税款万分之五的滞纳金。

（二十三）退还税款

海关发现多征税款的，应当立即通知纳税义务人办理退还手续。

纳税义务人发现多缴税款的，自缴纳税款之日起1年内，可以以书面形式要求海关退还多缴的税款并加算银行同期活期存款利息。海关应当自受理退税申请之日起30日内查实并通知纳税义务人办理退还手续。

纳税义务人应当自收到通知之日起3个月内办理有关退税手续。

（二十四）连带责任

报关企业接受纳税义务人的委托，以纳税义务人的名义办理报关纳税手续，因报关企业违反规定而造成海关少征、漏征税款的，报关企业对少征或者漏征的税款、滞纳金与纳税义务人承担纳税的连带责任。

报关企业接受纳税义务人的委托，以报关企业的名义办理报关纳税手续的，报关企业与纳税义务人承担纳税的连带责任。

海关提醒 除不可抗力外，在保管海关监管货物期间，海关监管货物损毁或者灭失的，对海关监管货物负有保管义务的人应当承担相应的纳税责任。

（二十五）企业变更

欠税的纳税义务人，有合并、分立情形的，在合并、分立前，应当向海关报告，依法缴清税款。纳税义务人合并时未缴清税款的，由合并后的法人或者其他组织继续履行未履行的纳税义务。纳税义务人分立时未缴清税款的，分立后的法人或者其他组织对未履行的纳税义务承担连带责任。

纳税义务人在减免税货物、保税货物监管期间，有合并、分立或者其他资产重组情形的，应当向海关报告。按照规定需要缴税的，应当依法缴清税款；按照规定可以继续享受减免税、保税待遇的，应当到海关办理变更纳税义务人的手续。

纳税义务人欠税或者在减免税货物、保税货物监管期间，有撤销、解散、破产或者其他依法终止经营情形的，应当在清算前向海关报告。海关应当依法对纳税义务人的应缴税款予以清缴。

四、补充条款

（一）行政救济

纳税义务人、担保人对海关确定纳税义务人、确定完税价格、商品归类、确定原产地、适用税率或者汇率、减征或者免征税款、补税、退税、征收滞纳金、确定计征方式以及确定纳税地点有异议的，应当缴纳税款，并可以依法向上一级海关申请复议。对复议决定不服的，可以依法向人民法院提起诉讼。

（二）代征税管理

进口环节海关代征税的征收管理，适用关税征收管理的规定。

第四节　《中华人民共和国海关进出口货物征税管理办法》

【文　　号】海关总署令第124号

【发布日期】2004－12－15

【生效日期】2005－03－01

《中华人民共和国海关进出口货物征税管理办法》是根据《海关法》、《中华人民共和国进出口关税条例》以及其他有关法律、行政法规的规定而制定的，其目的是为了保证国家税收政策的贯彻实施，加强海关税收管理，确保依法征税，保障国家税收，维护纳税义务人的合法权益。

随着我国国民经济和对外贸易的不断发展，企业依法纳税、维权意识的日益增强，为了保证在海关执法过程中纳税义务人的合法权益不受侵害，本办法在明确海关的权利义务的同时，对纳税义务人的权利义务也给予明确规定，且更加注重行政执法者与行政相对人的权利义务关系，充分体现了法律以人为本、法律面前人人平等的立法原则。

一、进出口货物税款的征收

（一）申报与审核

1. 纳税义务人进出口货物时应当依法向海关办理申报手续，按照规定提交有关单证。海关认为必要时，纳税义务人还应当提供确定商品归类、完税价格、原产地等所需的相关资料。提供的资料为外文的，海关需要时，纳税义务人应当提供中文译文并对译文内容负责。

进出口减免税货物的，纳税义务人还应当提交主管海关签发的进出口货物征免税证明，但无须办理减免税审批手续的减免税进出口货物除外。

2. 纳税义务人应当按照法律、行政法规和海关规章关于商品归类、审定完税价格和原产地管理的有关规定，如实申报进出口货物的商品名称、税则号列（商品编号）、规格型号、价格、运保费及其他相关费用、原产地、数量等。

3. 为审核确定进出口货物的商品归类、完税价格、原产地等，海关可以要求纳税义务人按照有关规定进行补充申报。纳税义务人认为必要时，也可以主动要求进行补充申报。

4. 海关应当按照法律、行政法规和海关规章的规定，对纳税义务人申报的进出口货物商品名称、规格型号、税则号列、原产地、价格、成交条件、数量等进行审核。

小贴士 海关可以根据口岸通关和货物进出口的具体情况，在货物通关环节仅对申报内容做程序性审核，在货物放行后再进行申报价格、商品归类、原产地等是否真实、正确的实质性核查。

5. 海关为审核确定进出口货物的商品归类、完税价格及原产地等，可以对进出口货物进行查验，组织化验、检验或者对相关企业进行核查。

（1）经审核，海关发现纳税义务人申报的进出口货物税则号列有误的，应当按照商品归类的有关规则和规定予以重新确定。

（2）经审核，海关发现纳税义务人申报的进出口货物价格不符合成交价格条件，或者成交价格不能确定的，应当按照审定进出口货物完税价格的有关规定另行估价。

（3）经审核，海关发现纳税义务人申报的进出口货物原产地有误的，应当通过审核纳税义务人提供的原产地证明，对货物进行实际查验或者审核其他相关单证等方法，按照海关原产地管理的有关规定予以确定。

（4）经审核，海关发现纳税义务人提交的减免税申请或者所申报的内容不符合有关减免税规定的，应当按照规定计征税款。

（5）纳税义务人违反海关规定，涉嫌伪报、瞒报的，应当按照规定移交海关缉私部门处理。

6. 纳税义务人在货物实际进出口前，可以按照有关规定向海关申请对进出口货物进行商品预归类、价格预审核或者原产地预确定。海关审核确定后，应当书面通知纳税义务人，并在货物实际进出口时予以认可。

案例 2010 年 1 月 13 日，A 公司以一般贸易方式向 B 海关申报进口一批异戊二烯橡胶，其申报商品编号为 4002609000，进口关税为 5%（无监管证件），同时在报关单备注栏中明确申报“门尼粘度 75－85，硬脂酸 WT0.6－1.4，用于生产子午线轮胎/胶管等橡胶制品”。1 月 14 日，B 海关经审核确定 A 公司进口货物应归入商品编号 4005990000，进口关税为 8%（无监管证件），遂退单要求企业重新申报。A 公司按照海关要求以商品编号 4005990000 重新申报进口该票货物，B 海关予以接单并填发海关进口关税专用缴款书和海关进口增值税专用缴款书，并在 A 公司缴纳税款后放行货物。进口货物放行以后，A 公司认为其进口货物应归入商品编号

4002609000，而非B海关审定的4005990000，遂向B海关的上一级海关申请行政复议。那么，海关审核确定商品归类的具体行政行为是否存在问题呢？

复议机关进行了复议审查认为，根据《海关法》、《中华人民共和国关税条例》、《中华人民共和国海关进出口货物征税管理办法》及《中华人民共和国海关进出口货物商品归类管理规定》等有关规定，进出口货物的商品归类由海关依法审核确定。海关确定进出口货物商品归类，以《中华人民共和国进出口税则》为基础，根据《进出口税则商品及品目注释》、《中华人民共和国进出口税则本国子目注释》以及海关总署发布的关于商品归类的行政裁定、商品归类决定的要求，按照收发货人或者其代理人向海关申报时货物的实际状态确定。本案中，B海关根据A公司在进口货物报关单上的申报内容，依据《中华人民共和国进出口税则》归类总规则一、六和关于40.05的品目条文、《进出口税则商品及品目注释》第四十章注释五（一）及关于40.05“未硫化的复合橡胶，初级形状或板、片、带”的注释，将涉案货物归入4005990000项下的具体行政行为准确无误。因此，复议机关维持B海关作出归类的具体行政行为。

商品归类直接决定商品的税则号列，涉及海关关税税率的适用，或者影响国家贸易管制政策的执行，或者影响到国家出口退税管理等。商品归类申报与进出口收发货人权益息息相关，依法如实向海关申报商品归类情况是进出口收发货人的法定义务。《海关法》第四十二条规定，进出口货物的商品归类按照国家有关商品归类的规定确定。海关可以要求进出口货物的收发货人提供确定商品归类所需的有关资料；必要时，海关可以组织化验、检验，并将海关认定的化验、检验结果作为商品归类的依据。依据《海关法》第二十四条以及《中华人民共和国关税条例》第三十条规定，进出口货物收发货人应当依法如实向海关申报商品归类情况，并按照海关的规定提供有关确定商品归类所需的资料。另外，《中华人民共和国关税条例》第三十一条明确规定，纳税义务人应当按照《中华人民共和国进出口税则》规定的目录条文和归类总规则、类注、章注、子目注释以及其他归类注释，对其申报的进出口货物进行商品归类，并归入相应的税则号列；海关应当依法审核确定该货物的商品归类；同时《中华人民共和国海关进出口货物征税管理办法》第九条规定，经审核，海关发现纳税义务人申报的进出口货物税则号列有误的，应当按照商品归类的有关规则和规定予以重新确定。

综合上述法律规定可知，对于进出口货物的商品归类，进出口货物收发货人负有向海关如实申报并按照海关规定提供相关资料的义务；作为国家进出境监管机关，海关享有对进出口货物商品归类的审核确定权。

（二）税款的征收

1. 海关应当根据进出口货物的税则号列、完税价格、原产地、适用的税率和汇率计征税款。

2. 海关应当按照《中华人民共和国进出口关税条例》有关适用最惠国税率、协定税率、特惠税率、普通税率、出口税率、关税配额税率或者暂定税率，以及实施反倾销措施、反补贴措施、保障措施或者征收报复性关税等适用税率的规定，确定进出口货物适用的税率。

3. 税率的应用。

进出口货物应当适用海关接受该货物申报进口或者出口之日实施的税率。

（1）进口货物到达前，经海关核准先行申报的，应当适用装载该货物的运输工具申报进境之日实施的税率。

（2）进口转关运输货物，应当适用指运地海关接受该货物申报进口之日实施的税率；货物运抵指运地前，经海关核准先行申报的，应当适用装载该货物的运输工具抵达指运地之日实施的税率。

（3）出口转关运输货物，应当适用起运地海关接受该货物申报出口之日实施的税率。

（4）经海关批准，实行集中申报的进出口货物，应当适用每次货物进出口时海关接受该货物申报之日实施的税率。

（5）因超过规定期限未申报而由海关依法变卖的进口货物，其税款计征应当适用装载该货物的运输工具申报进境之日实施的税率。

（6）因纳税义务人违反规定需要追征税款的进出口货物，应当适用违反规定的行为发生之日实施的税率；行为发生之日不能确定的，适用海关发现该行为之日实施的税率。

4. 已申报进境并放行的保税货物、减免税货物、租赁货物或者已申报进出境并放行的暂时进出境货物，有下列情形之一须缴纳税款的，应当适用海关接受纳税义务人再次填写报关单申报办理纳税及有关手续之日实施的税率：

（1）保税货物经批准不复运出境的；

（2）保税仓储货物转入国内市场销售的；

（3）减免税货物经批准转让或者移作他用的；

（4）可暂不缴纳税款的暂时进出境货物，经批准不复运出境或者进境的；

（5）租赁进口货物，分期缴纳税款的。

5. 补征或者退还进出口货物税款，应当按照第 3 点、第 4 点的规定确定适用的税率。

6. 进出口货物的价格及有关费用以外币计价的，海关按照该货物适用税率之日所适用的计征汇率折合为人民币计算完税价格。完税价格采用四舍五入法计算至分。

小贴士 海关每月使用的计征汇率为上一个月第三个星期三（第三个星期三为法定节假日的，顺延采用第四个星期三）中国人民银行公布的外币对人民币的基准汇率；以基准汇率币种以外的外币计价的，采用同一时间中国银行公布的现汇买入价和现汇卖出价的中间值（人民币元后采用四舍五入法保留 4 位小数）。如果上述汇率发生重大波动，海关总署认为必要时，可另行规定计征汇率，并对外公布。

7. 从价、从量税计征。

海关以从价、从量或者国家规定的其他方式对进出口货物征收关税。

关税和进口环节海关代征税按照下述计算公式计征：

（1）从价计征关税的计算公式为：应纳税额 = 完税价格 × 关税税率

（2）从量计征关税的计算公式为：应纳税额 = 货物数量 × 单位关税

税额

（3）计征进口环节增值税的计算公式为：应纳税额 =（完税价格 + 实征关税税额 + 实征消费税税额）×增值税税率

（4）从价计征进口环节消费税的计算公式为：应纳税额 =［（完税价格 + 实征关税税额）/（1 - 消费税税率）］×消费税税率

（5）从量计征进口环节消费税的计算公式为：应纳税额 = 货物数量 × 单位消费税税额

8. 除另有规定外，海关应当在货物实际进境，并完成海关现场接单审核工作之后及时填发税款缴款书。需要通过对货物进行查验确定商品归类、完税价格、原产地的，应当在查验核实之后填发或者更改税款缴款书。

9. 海关税款缴款书（一式六联）。

第一联（收据）由银行收款签章后交缴款单位或者纳税义务人；

第二联（付款凭证）由缴款单位开户银行作为付出凭证；

第三联（收款凭证）由收款国库作为收入凭证；

第四联（回执）由国库盖章后退回海关财务部门；

第五联（报查）国库收款后，关税专用缴款书退回海关，海关代征税专用缴款书送当地税务机关；

第六联（存根）由填发单位存查。

10. 纳税义务人应当自海关填发税款缴款书之日起 15 日内向指定银行缴纳税款。逾期缴纳税款的，由海关自缴款期限届满之日起至缴清税款之日止，按日加收滞纳税款万分之五的滞纳金。纳税义务人应当自海关填发滞纳金缴款书之日起 15 日内向指定银行缴纳滞纳金。滞纳金缴款书的格式与税款缴款书相同。

小贴士 缴款期限届满日遇星期六、星期日等休息日或者法定节假日的，应当顺延至休息日或者法定节假日之后的第一个工作日。国务院临时调整休息日与工作日的，海关应当按照调整后的情况计算缴款期限。

银行收讫税款日为纳税义务人缴清税款之日。纳税义务人向银行缴纳税款后，应当及时将盖有证明银行已收讫税款的业务印章的税款缴款书送交填发海关验核，海关据此办理核注手续。

11. 关税、进口环节海关代征税、滞纳金等，应当按人民币计征，采用四舍五入法计算至分。

滞纳金的起征点为50元。

12. 税款缴款书补发。

纳税义务人缴纳税款前不慎遗失税款缴款书的，可以向填发海关提出补发税款缴款书的书面申请。海关应当自接到纳税义务人的申请之日起2个工作日内审核确认并重新予以补发。海关补发的税款缴款书内容应当与原税款缴款书完全一致。

海关提醒 纳税义务人缴纳税款后遗失税款缴款书的，可以自缴纳税款之日起1年内向填发海关提出确认其已缴清税款的书面申请，海关经审查核实后，应当予以确认，但不再补发税款缴款书。

13. 延期纳税申请。

纳税义务人因不可抗力或者国家税收政策调整不能按期缴纳税款的，应当在货物进出口前向办理进出口申报纳税手续的海关所在的直属海关提出延期缴纳税款的书面申请并随附相关材料，同时还应当提供缴税计划。

海关提醒 （1）货物实际进出口时，纳税义务人要求海关先放行货物的，应当向海关提供税款担保。

（2）延期缴纳税款的期限，自货物放行之日起最长不超过6个月。

（3）纳税义务人在批准的延期缴纳税款期限内缴纳税款的，不征收滞纳金。

（4）逾期缴纳税款的，自延期缴纳税款期限届满之日起至缴清税款之日止按日加收滞纳税款万分之五的滞纳金。

14. 溢短装管理。

散装进出口货物发生溢短装的，按照以下规定办理：

（1）溢装数量在合同、发票标明数量3%以内的，或者短装的，海关应当根据审定的货物单价，按照合同、发票标明数量计征税款。

（2）溢装数量超过合同、发票标明数量3%的，海关应当根据审定的货物单价，按照实际进出口数量计征税款。

15. 关税强制措施。

纳税义务人、担保人自缴款期限届满之日起超过3个月仍未缴纳税款或者滞纳金的，海关可以按照《海关法》第六十条的规定采取强制措施。

纳税义务人在规定的缴纳税款期限内有明显的转移、藏匿其应税货物以及其他财产迹象的，海关可以责令纳税义务人向海关提供税款担保。纳税义务人不能提供税款担保的，海关可以按照《海关法》第六十一条的规定采取税收保全措施。

二、特殊进出口货物税款的征收

（一）无代价抵偿货物

1. 进口无代价抵偿货物，不征收进口关税和进口环节海关代征税；出口无代价抵偿货物，不征收出口关税。

前款所称无代价抵偿货物是指进出口货物在海关放行后，因残损、短少、品质不良或者规格不符原因，由进出口货物的发货人、承运人或者保险公司免费补偿或者更换的与原货物相同或者与合同规定相符的货物。

海关提醒 纳税义务人应当在原进出口合同规定的索赔期内且不超过原货物进出口之日起3年，向海关申报办理无代价抵偿货物的进出口手续。

2. 纳税义务人申报进口无代价抵偿货物，应当提交下列单证：

（1）原进口货物报关单；

（2）原进口货物退运出境的出口报关单或者原进口货物交由海关处理

的货物放弃处理证明；

（3）原进口货物税款缴款书或者征免税证明；

（4）买卖双方签订的索赔协议。

（5）因原进口货物短少而进口无代价抵偿货物，不需要提交前款第（2）项所列单证。

（6）海关认为需要时，纳税义务人还应当提交具有资质的商品检验机构出具的原进口货物残损、短少、品质不良或者规格不符的检验证明书或者其他有关证明文件。

3. 纳税义务人申报出口无代价抵偿货物，应当提交下列单证：

（1）原出口货物报关单；

（2）原出口货物退运进境的进口报关单；

（3）原出口货物税款缴款书或者征免税证明；

（4）买卖双方签订的索赔协议。

因原出口货物短少而出口无代价抵偿货物，不需要提交前款第2点所列单证。

海关认为需要时，纳税义务人还应当提交具有资质的商品检验机构出具的原出口货物残损、短少、品质不良或者规格不符的检验证明书或者其他有关证明文件。

4. 纳税义务人申报进出口的无代价抵偿货物，与退运出境或者退运进境的原货物不完全相同或者与合同规定不完全相符的，应当向海关说明原因。

海关提醒 海关经审核认为理由正当，且其税则号列未发生改变的，应当按照审定进出口货物完税价格的有关规定和原进出口货物适用的计征汇率、税率，审核确定其完税价格、计算应征税款。应征税款高于原进出口货物已征税款的，应当补征税款的差额部分。应征税款低于原进出口货物已征税款，且原进出口货物的发货人、承运人或者保险公司同时补偿货款的，海关应当退还补偿货款部分的相应税款；未补偿货款的，税款的差额部分不予退还。

纳税义务人申报进出口的免费补偿或者更换的货物，其税则号列与原货物的税则号列不一致的，不适用无代价抵偿货物的有关规定，海关应当按照一般进出口货物的有关规定征收税款。

5. 纳税义务人申报进出口无代价抵偿货物，被更换的原进口货物不退运出境且不放弃交由海关处理的，或者被更换的原出口货物不退运进境的，海关应当按照接受无代价抵偿货物申报进出口之日适用的税率、计征汇率和有关规定对原进出口货物重新估价征税。

6. 被更换的原进口货物退运出境时不征收出口关税。

被更换的原出口货物退运进境时不征收进口关税和进口环节海关代征税。

（二）租赁进口货物

1. 纳税义务人进口租赁货物，除另有规定外，应当向其所在地海关办理申报进口及申报纳税手续。

纳税义务人申报进口租赁货物，应当向海关提交租赁合同及其他有关文件。海关认为必要时，纳税义务人应当提供税款担保。

2. 租赁进口货物自进境之日起至租赁结束办结海关手续之日止，应当接受海关监管。

（1）一次性支付租金的，纳税义务人应当在申报租赁货物进口时办理纳税手续，缴纳税款。

（2）分期支付租金的，纳税义务人应当在申报租赁货物进口时，按照第一期应当支付的租金办理纳税手续，缴纳相应税款；在其后分期支付租金时，纳税义务人向海关申报办理纳税手续应当不迟于每次支付租金后的第 15 日。纳税义务人未在规定期限内申报纳税的，海关按照纳税义务人每次支付租金后第 15 日该货物适用的税率、计征汇率征收相应税款，并自本款规定的申报办理纳税手续期限届满之日起至纳税义务人申报纳税之日止按日加收应缴纳税款万分之五的滞纳金。

3. 纳税义务人应当自租赁进口货物租期届满之日起 30 日内，向海关申请办结监管手续，将租赁进口货物复运出境。须留购、续租租赁进口货物的，纳税义务人向海关申报办理相关手续应当不迟于租赁进口货物租期届满后的第30日。

海关提醒 海关对留购的租赁进口货物，按照审定进口货物完税价格的有关规定和海关接受申报办理留购的相关手续之日该货物适用的计征汇率、税率，审核确定其完税价格、计征应缴纳的税款。

续租租赁进口货物的，纳税义务人应当向海关提交续租合同，并按照本办法第三十六条和第三十七条的有关规定办理申报纳税手续。

4. 纳税义务人未在第3点规定的期限内向海关申报办理留购租赁进口货物的相关手续的，海关除按照审定进口货物完税价格的有关规定和租期届满后第30日该货物适用的计征汇率、税率，审核确定其完税价格、计征应缴纳的税款外，还应当自租赁期限届满后30日起至纳税义务人申报纳税之日止按日加收应缴纳税款万分之五的滞纳金。

纳税义务人未在第3点规定的期限内向海关申报办理续租租赁进口货物的相关手续的，海关除按照本办法第三十七条的规定征收续租租赁进口货物应缴纳的税款外，还应当自租赁期限届满后30日起至纳税义务人申报纳税之日止按日加收应缴纳税款万分之五的滞纳金。

海关提醒 租赁进口货物租赁期未满终止租赁的，其租期届满之日为租赁终止日。

（三）暂时进出境货物

1. 《中华人民共和国关税条例》第四十二条第一款所列的暂时进出境货物，在海关规定期限内，可以暂不缴纳税款。

前款所述暂时进出境货物在规定期限届满后不再复运出境或者复运进境的，纳税义务人应当在规定期限届满前向海关申报办理进出口及纳税手续。海关按照有关规定征收税款。

2. 《中华人民共和国关税条例》第四十二条第一款所列范围以外的其他暂时进出境货物，海关按照审定进出口货物完税价格的有关规定和海关接受该货物申报进出境之日适用的计征汇率、税率，审核确定其完税价格、按月征收税款，或者在规定期限内货物复运出境或者复运进境时征收税款。

计征税款的期限为60个月。不足1个月但超过15天的，按1个月计征；不超过15天的，免予计征。计征税款的期限自货物放行之日起计算。

按月征收税款的计算公式为：

每月关税税额 = 关税总额 × （1/60）

每月进口环节代征税税额 = 进口环节代征税总额 × （1/60）

暂时进出境货物在规定期限届满后不再复运出境或者复运进境的，纳税义务人应当在规定期限届满前向海关申报办理进出口及纳税手续，缴纳剩余税款。

3. 暂时进出境货物未在规定期限内复运出境或者复运进境，且纳税义务人未在规定期限届满前向海关申报办理进出口及纳税手续的，海关除按照规定征收应缴纳的税款外，还应当自规定期限届满之日起至纳税义务人申报纳税之日止按日加收应缴纳税款万分之五的滞纳金。

（四）进出境修理货物和出境加工货物

1. 纳税义务人在办理进境修理货物的进口申报手续时，应当向海关提交该货物的维修合同（或者含有保修条款的原出口合同），并向海关提供进口税款担保或者由海关按照保税货物实施管理。进境修理货物应当在海关规定的期限内复运出境。

进境修理货物需要进口原材料、零部件的，纳税义务人在办理原材料、零部件进口申报手续时，应当向海关提交进境修理货物的维修合同（或者含有保修条款的原出口合同）、进境修理货物的进口报关单（与进境修理货物同时申报进口的除外），并向海关提供进口税款担保或者由海关按照保税货物实施管理。进口原材料、零部件只限用于进境修理货物的修理，修理剩余的原材料、零部件应当随进境修理货物一同复运出境。

2. 纳税义务人在办理进境修理货物及剩余进境原材料、零部件复运出境的出口申报手续时，应当向海关提交该货物及进境原材料、零部件的原进口报关单和维修合同（或者含有保修条款的原出口合同）等单证。海关凭此办理解除修理货物及原材料、零部件进境时纳税义务人提供税款担保的相关手续。由海关按照保税货物实施管理的，按照有关保税货物的管理规定办理。

海关提醒 因正当理由不能在海关规定期限内将进境修理货物复运出境的，纳税义务人应当在规定期限届满前向海关说明情况，申请延期复运出境。

进境修理货物未在海关允许期限内复运出境的，海关对其按照一般进出口货物的征税管理规定实施管理，将该货物进境时纳税义务人提供的税款担保转为税款。

3. 纳税义务人在办理出境修理货物的出口申报手续时，应当向海关提交该货物的维修合同（或者含有保修条款的原进口合同）。出境修理货物应当在海关规定的期限内复运进境。

4. 纳税义务人在办理出境修理货物复运进境的进口申报手续时，应当向海关提交该货物的原出口报关单和维修合同（或者含有保修条款的原进口合同）、维修发票等单证。

海关按照审定进口货物完税价格的有关规定和海关接受该货物申报复运进境之日适用的计征汇率、税率，审核确定其完税价格、计征进口税款。

海关提醒 因正当理由不能在海关规定期限内将出境修理货物复运进境的，纳税义务人应当在规定期限届满前向海关说明情况，申请延期复运进境。出境修理货物超过海关允许期限复运进境的，海关对其按照一般进口货物的征税管理规定征收进口税款。

5. 纳税义务人在办理出境加工货物的出口申报手续时，应当向海关提交该货物的委托加工合同；出境加工货物属于征收出口关税的商品的，纳税义务人应当向海关提供出口税款担保。出境加工货物应当在海关规定的期限内复运进境。

6. 纳税义务人在办理出境加工货物复运进境的进口申报手续时，应当向海关提交该货物的原出口报关单和委托加工合同、加工发票等单证。

海关按照审定进口货物完税价格的有关规定和海关接受该货物申报复运进境之日适用的计征汇率、税率，审核确定其完税价格、计征进口税款，同时办理解除该货物出境时纳税义务人提供税款担保的相关手续。

海关提醒 因正当理由不能在海关规定期限内将出境加工货物复运进境的，纳税义务人应当在规定期限届满前向海关说明情况，申请延期复运进境。

出境加工货物未在海关允许期限内复运进境的，海关对其按照一般进出口货物的征税管理规定实施管理，将该货物出境时纳税义务人提供的税款担保转为税款；出境加工货物复运进境时，海关按照一般进口货物的征税管理规定征收进口税款。

（五）退运货物

1. 因品质或者规格原因，出口货物自出口放行之日起 1 年内原状退货复运进境的，纳税义务人在办理进口申报手续时，应当按照规定提交有关单证和证明文件。经海关确认后，对复运进境的原出口货物不予征收进口关税和进口环节海关代征税。

2. 因品质或者规格原因，进口货物自进口放行之日起 1 年内原状退货复运出境的，纳税义务人在办理出口申报手续时，应当按照规定提交有关单证和证明文件。经海关确认后，对复运出境的原进口货物不予征收出口关税。

三、进出口货物税款的退还与补征

1. 海关发现多征税款的，应当立即通知纳税义务人办理退税手续。纳税义务人应当自收到海关通知之日起 3 个月内办理有关退税手续。

2. 纳税义务人发现多缴纳税款的，自缴纳税款之日起 1 年内，可以向海关申请退还多缴的税款并加算银行同期活期存款利息。

纳税义务人向海关申请退还税款及利息时，应当提交下列材料：

（1）退税申请书；

（2）原税款缴款书和可以证明应予退税的材料。

3. 已缴纳税款的进口货物，因品质或者规格原因原状退货复运出境的，纳税义务人自缴纳税款之日起 1 年内，可以向海关申请退税。

纳税义务人向海关申请退税时，应当提交下列材料：

（1）退税申请书；

（2）原进口报关单、税款缴款书、发票；

（3）货物复运出境的出口报关单；

（4）收发货人双方关于退货的协议。

4. 已缴纳出口关税的出口货物，因品质或者规格原因原状退货复运进境，并已重新缴纳因出口而退还的国内环节有关税收的，纳税义务人自缴纳税款之日起 1 年内，可以向海关申请退税。

纳税义务人向海关申请退税时，应当提交下列材料：

（1）退税申请书；

（2）原出口报关单、税款缴款书、发票；

（3）货物复运进境的进口报关单；

（4）收发货人双方关于退货的协议和税务机关重新征收国内环节税的证明。

5. 已缴纳出口关税的货物，因故未装运出口申报退关的，纳税义务人自缴纳税款之日起 1 年内，可以向海关申请退税。

纳税义务人向海关申请退税时，应当提交下列材料：

（1）退税申请书；

（2）原出口报关单和税款缴款书。

6. 散装进出口货物发生短装并已征税放行的，如果该货物的发货人、承运人或者保险公司已对短装部分退还或者赔偿相应货款，纳税义务人自缴纳税款之日起 1 年内，可以向海关申请退还进口或者出口短装部分的相应税款。

纳税义务人向海关申请退税时，应当提交下列材料：

（1）退税申请书；

（2）原进口或者出口报关单、税款缴款书、发票；

（3）具有资质的商品检验机构出具的相关检验证明书；

（4）已经退款或者赔款的证明文件。

7. 进出口货物因残损、品质不良、规格不符原因，或者发生本办法第六十四条规定以外的货物短少的情形，由进出口货物的发货人、承运人或者保险公司赔偿相应货款的，纳税义务人自缴纳税款之日起 1 年内，可以向海关申请退还赔偿货款部分的相应税款。

纳税义务人向海关申请退税时，应当提交下列材料：

（1）退税申请书；

（2）原进口或者出口报关单、税款缴款书、发票；

（3）已经赔偿货款的证明文件。

8. 纳税义务人申请退税的，海关认为需要时，可以要求纳税义务人提供具有资质的商品检验机构出具的原进口或者出口货物品质不良、规格不符或者残损、短少的检验证明书或者其他有关证明文件。

海关提醒 海关应当自受理退税申请之日起 30 日内查实并通知纳税义务人办理退税手续或者不予退税的决定。纳税义务人应当自收到海关准予退税的通知之日起 3 个月内办理有关退税手续。

9. 海关办理退税手续时，将填发收入退还书，并按照以下规定办理：

（1）规定应当同时退还多征税款部分所产生的利息的，应退利息按照海关填发收入退还书之日中国人民银行规定的活期储蓄存款利息率计算。计算应退利息的期限自纳税义务人缴纳税款之日起至海关填发收入退还书之日止。

（2）进口环节增值税已予抵扣的，该项增值税不予退还，但国家另有规定的除外。

（3）已征收的滞纳金不予退还。

10. 进出口货物放行后，海关发现少征税款的，应当自缴纳税款之日起1年内，向纳税义务人补征税款；海关发现漏征税款的，应当自货物放行之日起1年内，向纳税义务人补征税款。

11. 因纳税义务人违反规定造成少征税款的，海关应当自缴纳税款之日起3年内追征税款；因纳税义务人违反规定造成漏征税款的，海关应当自货物放行之日起3年内追征税款。海关除依法追征税款外，还应当自缴纳税款或者货物放行之日起至海关发现违规行为之日止按日加收少征或者漏征税款万分之五的滞纳金。

因纳税义务人违反规定造成海关监管货物少征或者漏征税款的，海关应当自纳税义务人应缴纳税款之日起3年内追征税款，并自应缴纳税款之日起至海关发现违规行为之日止按日加收少征或者漏征税款万分之五的滞纳金。

海关提醒 “应缴纳税款之日”是指纳税义务人违反规定的行为发生之日；该行为发生之日不能确定的，应当以海关发现该行为之日作为应缴纳税款之日。

12. 海关补征或者追征税款，应当制发海关补征税款告知书。纳税义务人应当自收到海关补征税款告知书之日起15日内到海关办理补缴税款的手续。

纳税义务人未在前款规定期限内办理补税手续的，海关应当在规定期限届满之日填发税款缴款书。

海关提醒 因纳税义务人违反规定需在征收税款的同时加收滞纳金的，如果纳税义务人未在规定的15天缴款期限内缴纳税款，海关依照规定另行加收自缴款期限届满之日起至缴清税款之日止滞纳税款的滞纳金。

案例 2011年8月，某海关对本关区进口手机情况进行价格监控发现，某公司进口4万台C型号手机的平均申报价格从以前的每台215美元骤降到现在每台116美元。后经调查发现，造成进口价格下降的原因为国外卖方公司对以前进口3万台手机给予货款补偿，并部分冲抵了此次4万台手机的进口货款。鉴于货款补偿冲抵的行为造成以后销售手机的进口价格下降，海关依法认定该行为属于间接支付，并依照《海关法》、《中华人民共和国关税条例》、《中华人民共和国海关进出口货物征税管理办法》及《中华人民共和国海关审定进出口货物完税价格办法》（以下简称《审价办法》）的规定，对构成货物实付、应付价格的价款予以补税。那么，如何准确理解“实付、应付价格”概念中“间接支付”的含义呢？

《海关法》第五十五条规定，进出口货物的完税价格，由海关以该货物的成交价格为基础审查确定。《中华人民共和国关税条例》第十八条以及《审价办法》第七条明确规定，成交价格是指进口货物的买方为购买该货物向卖方支付的，并按照《中华人民共和国关税条例》第十九条、第二十条规定（《审价办法》第二章第三节的规定）调整后的实付、应付价格，包括直接支付的价款和间接支付的价款。特别要指出的是，这里的“成交价格”并不完全等同于实际贸易中的发票或合同价格。发票或合同中订明的价格取决于买卖双方的约定，它有可能包括或不包括《中华人民共和国关税条例》第十九条、第二十条规定（《审价办法》第二章第三节的规定）所列的某些费用，也有可能包括或不包括运保费。而海关估价领域所称的成交价格是有特定含义的，主要包括实付、应付价格，出口销售至进口国和价格调整因素三个核心的要素。《审价办法》附则明确了“实付、应付价格”为“买方为购买进口货物而直接或间接支付的价款总额”；同时对“间接支付”用语的含义进行了更加明确的解释：“将货款全部或部分支付给第三方，或冲抵买卖双方之间的其他资金往来的付款方式。”

综合上述，根据法律规定可知，货款补偿、冲抵等行为属于间接支付，应在“实付或应付价格”的概念下予以调整。案例中的公司对于海关相关征税法规的了解不足，是间接支付款项漏报的一个重要原因。

四、进出口货物税款的减征与免征

1. 纳税义务人进出口减免税货物，应当在货物进出口前，按照规定持有关文件向海关办理减免税审批手续。

小贴士 下列减免税进出口货物无须办理减免税审批手续：

（1）关税、进口环节增值税或者消费税税额在人民币50元以下的一票货物；

（2）无商业价值的广告品和货样；

（3）在海关放行前遭受损坏或者损失的货物；

（4）进出境运输工具装载的途中必需的燃料、物料和饮食用品；

（5）其他无须办理减免税审批手续的减征或者免征税款的货物。

2. 对在海关放行前遭受损坏或者损失的货物，纳税义务人应当在申报时或者自海关放行货物之日起15日内书面向海关说明情况，提供相关证明材料。海关认为需要时，可以要求纳税义务人提供具有资质的商品检验机构出具的货物受损程度的检验证明书。海关根据实际受损程度予以减征或者免征税款。

3. 除另有规定外，纳税义务人应当向其主管海关申请办理减免税审批手续。海关按照有关规定予以审核，并签发征免税证明。

4. 特定地区、特定企业或者有特定用途的特定减免税进口货物，应当接受海关监管。

小贴士 特定减免税进口货物的监管年限为：

（1）船舶、飞机：8年；

（2）机动车辆：6年；

（3）其他货物：5年。

监管年限自货物进口放行之日起计算。

5. 在特定减免税进口货物的监管年限内，纳税义务人应当自减免税货物放行之日起每年一次向主管海关报告减免税货物的状况。除经海关批准转让给其他享受同等税收优惠待遇的项目单位外，纳税义务人在补缴税款并办理解除监管手续后，方可转让或者进行其他处置。

海关提醒 特定减免税进口货物监管年限届满时，自动解除海关监管。纳税义务人需要解除监管证明的，可以自监管年限届满之日起1年内，持有关单证向海关申请领取解除监管证明。海关应当自接到纳税义务人的申请之日起20日内核实情况，并填发解除监管证明。

五、进出口货物的税款担保

1. 有下列情形之一，纳税义务人要求海关先放行货物的，应当按照海关初步确定的应缴税款向海关提供足额税款担保：

（1）海关尚未确定商品归类、完税价格、原产地等征税要件的；

（2）正在海关办理减免税审批手续的；

（3）申请延期缴纳税款的；

（4）暂时进出境的；

（5）进境修理和出境加工的，按保税货物实施管理的除外；

（6）因残损、品质不良或者规格不符，纳税义务人申报进口或者出口无代价抵偿货物时，原进口货物尚未退运出境或者尚未放弃交由海关处理的，或者原出口货物尚未退运进境的；

（7）其他按照有关规定需要提供税款担保的。

2. 除另有规定外，税款担保期限一般不超过6个月，特殊情况经直属海关关长或者其授权人批准可以酌情延长。

税款担保一般应为保证金、银行或者非银行金融机构的保函，但另有规定的除外。

银行或者非银行金融机构的税款保函，其保证方式应当是连带责任保证。税款保函明确规定保证期间的，保证期间应当不短于海关批准的担保期限。

3. 在海关批准的担保期限内，纳税义务人履行纳税义务的，海关应当自纳税义务人履行纳税义务之日起5个工作日内办结解除税款担保的相关手续。

在海关批准的担保期限内，纳税义务人未履行纳税义务，对收取税款保证金的，海关应当自担保期限届满之日起5个工作日内完成保证金转为税款的相关手续；对银行或者非银行金融机构提供税款保函的，海关应当自担保期限届满之日起6个月内或者在税款保函规定的保证期间内要求担保人履行相应的纳税义务。

第四章　通关办结管理

本章介绍的“通关办结”，是指进出口货物的收发货人、受委托的报关企业，依照《海关法》以及有关法律、行政法规和规章的要求，向海关申报，并依次完成交单、查验、纳税作业后，海关准予进出口货物收发货人提取进口货物、准予出口货物装运，此时亦表明企业进入通关办结管理阶段。

本章重点介绍的政策法规有《海关法》、《中华人民共和国海关关于进出口货物申请担保的管理办法》、《中华人民共和国海关进出口货物申报管理规定》以及《中华人民共和国海关进出口货物报关单修改和撤销管理办法》。

第一节　通关办结管理的法律体系

目前通关办结管理已基本形成包括法律、行政法规、部门规章三个层次的法律体系框架，对于促进海关对通关办结管理工作依法行政，规范海关执法程序，保护管理相对人合法权益等方面发挥着重要的作用。

一、法律

通关办结管理涉及的法律主要是《海关法》。其中涉及通关办结管理的相关规定主要包括：

1. 关于报关单修改或撤销的相关规定；

2. 关于海关事务担保的规定，对担保适用范围、担保人资格及提供担保的财产或者权利进行明确。

二、行政法规

通关办结环节涉及的行政法规主要有2010年发布并于2011年开始实施的《中华人民共和国海关事务担保条例》。该条例对企业在办结海关手续前申请担保提前放行货物的情形以及对提供担保金额的要求等进行了明确。海关事务担保是海关法确立的由当事人以财产、权利向海关提供担保，承诺履行法律义务，海关给予其提前放行货物等便利的一项管理措施，在通关放行等海关业务环节被广泛应用，对于提高通关效率发挥了重要作用。

三、部门规章

海关通关办结环节涉及的部门规章包括《中华人民共和国海关进出口货物申报管理规定》以及《中华人民共和国海关进出口货物报关单修改和撤销管理办法》具体如下：

1. 2003年发布，2003年开始实施的《中华人民共和国海关进出口货物申报管理规定》，主要是为了规范进出口货物的申报行为，其中对海关办结通关手续后出具报关单证明联的规定进行了明确。

2. 2005年发布，2006年开始实施的《中华人民共和国海关进出口货物报关单修改和撤销管理办法》，主要是为了加强对进出口货物报关单修改和撤销的管理，规范进出口货物收发货人或者其代理人的申报行为。

第二节 《中华人民共和国海关法》中涉及通关办结管理的规定

《海关法》是海关行使通关执法职责的主要法律规范，也是企业依法办理通关手续的主要法律规范。

一、报关单修改或撤销的法律规定

海关接受申报后，报关单证及其内容不得修改或者撤销；确有正当理由的，经海关同意，方可修改或者撤销。

二、海关事务担保的规定

《海关法》对担保适用范围、担保人资格及提供担保的财产或者权利进行了明确。

1. 在确定货物的商品归类、估价和提供有效报关单证或者办结其他海关手续前，收发货人如果要求海关放行货物的，收发货人应当提供与依法应当履行的法律义务相适应的担保，然后海关予以放行。法律、行政法规对履行海关义务的担保另有规定的，从其规定。

国家对进出境货物、物品有限制性规定，应当提供许可证件而不能提供的，以及法律、行政法规规定不得担保的其他情形，海关不得办理担保放行。

2. 具有履行海关事务担保能力的法人、其他组织或者公民，可以成为担保人。法律规定不得为担保人的除外。

3. 担保人可以以下列财产、权利提供担保：

（1）人民币、可自由兑换货币；

（2）汇票、本票、支票、债券、存单；

（3）银行或者非银行金融机构的保函；

（4）海关依法认可的其他财产、权利。

4. 担保人应当在担保期限内承担担保责任。担保人履行担保责任的，不免除被担保人应当办理有关海关手续的义务。

第三节 《中华人民共和国海关事务担保条例》

【文　　号】国务院令第581号

【发布日期】2010－09－01

【生效日期】2011－01－01

《中华人民共和国海关事务担保条例》是根据《海关法》及其他有关法律、行政法规及规章的规定而制定的，其目的是为了规范海关事务担保，提高通关效率，保障海关监督管理。

海关事务担保是海关法确立的由当事人以财产、权利向海关提供担保，承诺履行法律义务，海关给予其提前放行货物等便利的一项管理措施。海关事务担保在关税征收、通关放行等海关业务环节中被广泛应用，对于提高通关效率，保障国家税收等方面发挥了重要作用。

一、申请担保提前放行货物的规定

可申请担保提前放行货物的有以下五种情形：

1. 进出口货物的商品归类、完税价格、原产地尚未确定的；
2. 有效报关单证尚未提供的；
3. 在纳税期限内税款尚未缴纳的；
4. 滞报金尚未缴纳的；
5. 其他海关手续尚未办结的。

案例 某外贸企业向海关申报一批机床进口，在向海关办理通关手续时，无法向海关提供相关的发票、装箱单等贸易单证，而该批机床急需安装试产，且负责设备安装试产的外国技术员已经抵达工厂，为了不耽误生产安排，该企业向海关申请担保提前放行货物。海关经审查，认为该企业的要求符合担保规定，审批同意其办理担保提取货物。

海关提醒 国家对进出境货物、物品有限制性规定，应当提供许可证件而不能提供的，以及法律、行政法规规定不得担保的其他情形，海关不予办理担保放行。

二、担保金额的规定

1. 为提前放行货物提供的担保，担保金额不得超过可能承担的最高税款总额；

案例 某企业进口1台组合机床，申报价格为10万美元，拟缴纳税款约人民币19万元。海关审核该企业提交的报关单证时，认为申报价格偏低。海关掌握的相同机床的价格是20万美元，于是海关对该进口机床启动估价程序。为了不耽搁提取货物的时间，该企业申请担保提前提取货物，海关审核同意，并按规定收取38万元保证金后放行货物。

本案例中，企业由于海关估价的原因申请提前担保放行货物是符合担保的规定的。根据海关收取保证金的金额不得超过可能承担的最高税款总额的原则，上述进口机床虽然申报价格为10万美元，对应税款为19万元，但海关初步有证据认为该机床的价格应为20万美元，对应的税款为38万元，因此，海关收取的保证金也为38万元。

2. 为办理特定海关业务提供的担保，担保金额不得超过可能承担的最高税款总额或者海关总署规定的金额；

3. 因有明显的转移、藏匿应税货物以及其他财产迹象被责令提供的担保，担保金额不得超过可能承担的最高税款总额；

4. 为有关货物、物品、运输工具免予或者解除扣留、封存提供的担保，担保金额不得超过该货物、物品、运输工具的等值价款；

5. 为罚款、违法所得或者依法应当追缴的货物、物品、走私运输工具的等值价款未缴清前出境提供的担保，担保金额应当相当于罚款、违法所得数额或者依法应当追缴的货物、物品、走私运输工具的等值价款。

海关提醒 原则上，要求企业提供的担保应当与其需要履行的法律义务相当。

第四节 《中华人民共和国海关进出口货物申报管理规定》

【文　　号】海关总署令第103号

【发布日期】2003－09－18

【生效日期】2003－11－01

《中华人民共和国海关进出口货物申报管理规定》是根据《海关法》以及其他有关法律、行政法规的规定而制定的，其目的是为了规范进出口货物的申报行为。本节主要介绍报关单证明联与核销联的签发和补签规定。

一、报关单证明联与核销联的签发规定

企业办结海关手续后，可以向海关申请签发下列报关单证明联：

1. 用于办理出口退税的出口货物报关单证明联；

2. 用于办理付汇的进口货物报关单证明联；

3. 用于办理收汇的出口货物报关单证明联；

4. 用于办理加工贸易核销的海关核销联。

海关签发报关单证明联应当在打印出的报关单证明联的右下角规定处加盖已在有关部门备案的“验讫章”。

二、报关单证明联与核销联的补签规定

海关已签发的报关单证明联、核销联因遗失、损毁等特殊情况需要补签的，进出口货物的收发货人、受委托的报关企业应当自原证明联签发之日起1年内向海关提出书面申请，并随附有关证明材料，海关审核同意后，可予以补签。海关在证明联、核销联上注明“补签”字样。

第五节 《中华人民共和国海关进出口货物报关单修改和撤销管理办法》

【文　　号】海关总署令第 143 号

【发布日期】2005－12－30

【生效日期】2006－02－01

《中华人民共和国海关进出口货物报关单修改和撤销管理办法》是根据《海关法》及其他有关法律、行政法规及规章的规定而制定的，其目的是为了加强对进出口货物报关单修改和撤销的管理，规范进出口货物收发货人或者其代理人的申报行为。

海关接受进出口货物申报后，电子数据和纸质的进出口货物报关单不得修改或者撤销；确有正当理由的，经海关审核批准，可以修改或者撤销。

一、申请报关单修改或撤销的理由

1. 由于报关人员操作或者书写失误造成所申报的报关单内容有误，并且未发现有走私违规或者其他违法嫌疑的；

2. 出口货物放行后，由于装运、配载等原因造成原申报货物部分或者全部退关、变更运输工具的；

3. 进出口货物在装载、运输、存储过程中因溢短装、不可抗力的灭失、短损等原因造成原申报数据与实际货物不符的；

4. 根据贸易惯例先行采用暂时价格成交、实际结算时按商检品质认定或者国际市场实际价格付款方式需要修改申报内容的；

5. 由于计算机、网络系统等方面的原因导致电子数据申报错误的。

海关提醒 海关已经决定布控、查验的以及涉案的进出口货物的报关单在办结前不得修改或者撤销。对于属“正当理由”范围内的申报数据错误，海关一般可不作违规处理。

二、申请报关单修改或撤销须向海关提供的单证

1. 应当提交进出口货物报关单修改/撤销申请表；

2. 可以证明进出口实际情况的合同、发票、装箱单等相关单证；

3. 外汇管理、国税、检验检疫、银行等有关部门出具的单证；

4. 应税货物的海关专用缴款书、用于办理收付汇和出口退税的进出口货物报关单证明联等海关出具的相关单证。

海关提醒 因修改或者撤销进出口货物报关单导致需要变更、补办进出口许可证件的，相关企业应当向海关提交相应的进出口许可证件。

三、申请报关单修改或撤销的程序

按照报关单修改与撤销的申请主体、通关作业环节以及修改与撤销内容的不同，具体按照以下三种程序处理：

（一）审查程序

1. 企业向海关提出申请，具有下列情形的，按照审查程序办理。

（1）在进口货物放行后或者出口货物办结海关手续后提出申请的。

（2）内容涉及报关单的商品编号、商品名称及规格型号、币制、单价、总价、原产国（地区）、最终目的国（地区）、贸易方式（监管方式）、成交方式九项内容之一的。

2. 按照审查程序办理。

（1）申请材料齐全的，海关制发“进出口货物报关单修改撤销申请受理决定书”，或当场制发准予或者不予修改、撤销的决定书。

（2）申请材料不齐全或者不符合法定形式的，海关应当制发“进出口货物报关单修改撤销申请告知书”，告知具体要求。

(3) 申请人不符合条件的，海关制发“进出口货物报关单修改撤销申请不予受理决定书”。

(4) 经审查决定予以修改或者撤销的，海关制发“准予修改撤销进出口货物报关单决定书”；经审查决定不予修改或者撤销的，海关应当制发“不予修改撤销进出口货物报关单决定书”。

(二) 非审查程序

为进一步简化手续，提高现场通关效率，企业向海关提出申请，并不属于已经结关且不属于审查程序所列九项报关单项目指标之一的，海关可以直接决定是否予以修改或者撤销操作。

(三) 海关要求修改或撤销的程序

进出口货物报关单审结后，海关发现进出口货物报关单需要修改或撤销，应当及时通知企业。海关根据企业填写的“进出口货物报关单修改撤销确认书”完成对报关单的修改或者撤销。

海关提醒 进出口货物报关单修改或者撤销后，纸质报关单和电子数据报关单应当一致。

第五章　特殊货物管理

本章所指的特殊货物管理，即对进境后、办结海关放行手续前直接退运出境货物、超期未报关进口货物、误卸或者溢卸的进境货物和放弃进口货物的管理，其涉及的政策法规主要有《中华人民共和国海关关于超期未报关进口货物、误卸或者溢卸的进境货物和放弃进口货物的处理办法》和《中华人民共和国海关进口货物直接退运管理办法》。

第一节　特殊货物管理的法律体系

特殊货物管理政策涉及的部门规章具体如下：

1. 2001 年发布，2001 年开始实施的《中华人民共和国海关关于超期未报关进口货物、误卸或者溢卸的进境货物和放弃进口货物的处理办法》，其目的是为了加强对超期未报关进口货物、误卸或者溢卸的进境货物和放弃进口货物的处理。

2. 2007 年发布，2007 年开始实施的《中华人民共和国海关进口货物直接退运管理办法》，其目的是为了加强对进口货物直接退运的管理，保护公民、法人或者其他组织的合法权益。

第二节　《中华人民共和国海关关于超期未报关进口货物、误卸或者溢卸的进境货物和放弃进口货物的处理办法》

【文　　号】海关总署令第 91 号

【发布日期】2001－12－20

【生效日期】2001－12－20

《中华人民共和国海关关于超期未报关进口货物、误卸或者溢卸的进境货物和放弃进口货物的处理办法》是根据《海关法》及其他有关法律、行政法规及规章的规定而制定的，其目的是为了加强对超期未报关进口货物、误卸或者溢卸的进境货物和放弃进口货物的处理。

一、相关处理规定

超期未报关进口货物：进口货物的收货人应当自运输工具申报进境之日起14日内向海关申报，进口货物的收货人超过上述规定期限向海关申报的，由海关按照规定征收滞报金；超过3个月未向海关申报的，其进口货物由海关提取依法变卖处理。

误卸或者溢卸的进境货：由载运该货物的原运输工具负责人，自该运输工具卸货之日起3个月内，向海关申请办理退运出境手续；或者由该货物的收发货人，自该运输工具卸货之日起3个月内，向海关申请办理退运或者申报进口手续。

进口货物的收货人或其所有人声明放弃的进口货物，由海关提取依法变卖处理。

海关提醒 国家禁止或限制进口的废物、对环境造成污染的货物不得声明放弃。除符合国家规定，并办理申报进口手续，准予进口的外，由海关责令货物的收货人或其所有人、载运该货物进境的运输工具负责人退运出境；无法退运的，由海关责令其在海关和有关主管部门监督下予以销毁或者进行其他妥善处理，销毁和处理的费用由收货人承担，收货人无法确认的，由相关运输工具负责人及承运人承担；违反国家有关法律法规的，由海关依法予以处罚，构成犯罪的，依法追究刑事责任。

二、货物变卖后的费用处置

1. 由海关提取依法变卖处理的超期未报、误卸或者溢卸等货物的所得价款，在优先拨付变卖处理实际支出的费用后，按照下列顺序扣除相关费用和税款（所得价款不足以支付同一顺序的相关费用的，按照比例支付）：

（1）运输、装卸、储存等费用；

（2）进口关税；

（3）进口环节海关代征税；

（4）滞报金。

2. 扣除相关费用和税款后，尚有余款的，自货物依法变卖之日起一年内，经进口货物收货人申请，予以发还。其中属于国家限制进口的，应当提交许可证件而不能提供的，不予发还；不符合进口货物收货人资格、不能证明对进口货物享有权利的，申请不予受理。逾期无进口货物收货人申请、申请不予受理或者不予发还的，余款上缴国库。

三、企业申请发还余款的规定

1. 申请人应当提供证明其为该进口货物收货人的相关资料。

2. 申请人应当按照海关对进口货物的申报规定，补办进口申报手续，并提交有关进口许可证件和其他有关单证。

3. 不能提交有效进口许可证件的，由海关按照《中华人民共和国海关法行政处罚实施细则》对“无证进口”的规定处理。

四、特殊规定

1. 进口货物的收货人自运输工具申报进境之日起3个月后、海关决定提取依法变卖处理前申请退运或者进口超期未报进口货物的，应当经海关审核同意，并按照有关规定向海关申报。

2. 申报进口的，应按照《中华人民共和国海关征收进口货物滞报金办法》的规定，缴纳滞报金（滞报期间的计算，自运输工具申报进境之日的第15日起至货物申报进口之日止）。

第三节 《中华人民共和国海关进口货物直接退运管理办法》

【文　　号】海关总署令第156号

【发布日期】2007－02－02

【生效日期】2007－04－01

《中华人民共和国海关进口货物直接退运管理办法》是根据《海关法》及其他有关法律、行政法规及规章的规定而制定的，主要针对货物进境后、办结海关放行手续前，企业申请将全部或者部分货物直接退运境外的情形以及海关根据国家有关规定责令直接退运的认定和处置。而进口转关货物在进境地海关放行后，当事人申请办理退运手续的，则不适用本办法，应当按照一般退运手续办理。

一、适用范围

1. 直接退运的货物包括两种情况：一种是进口货物收发货人、原运输工具负责人或者其代理人（以下统称“当事人”）向海关申请将全部或者部分货物直接退运境外的货物（以下简称“申请直退”）；另一种是海关根据国家有关规定责令直接退运的货物（以下简称“责令直退”）。

2. 企业“申请直退”的须符合以下情形并提供相关证明的方可办理：

（1）发货后国家的贸易管理政策进行了调整，收货人无法提供相关证件的；

（2）属于错发、误卸或者溢卸货物，并提供了发货人或者承运人书面证明文书的；

（3）收发货人双方协商一致同意退运，并提供了双方同意退运的书面证明文书的；

（4）发生贸易纠纷，能够提供法院判决书、仲裁机构仲裁决定书或者无争议的有效货物所有权凭证的；

（5）货物残损或者国家检验检疫不合格，并提供国家检验检疫部门根据收货人申请而出具的相关检验证明文书的。

3. 海关“责令直退”适用于以下情况：

（1）进口货物属于国家禁止进口的；

（2）违反国家检验检疫政策法规，经国家检验检疫部门处理并且出具检验检疫处理通知书或者其他证明文书后的；

（3）未经许可擅自进口属于限制进口的固体废物用作原料；

（4）违反国家有关法律、行政法规，应当责令直接退运的其他情形。

海关提醒 当事人申请直接退运前，海关已经确定查验或者认为有走私违规嫌疑的货物，不予办理直接退运，待查验或者案件处理完毕后，按照海关有关规定处理。

二、申请程序

1. “申请直退”应当在载运该批货物的运输工具申报进境后、海关放行货物前，由当事人以书面形式向货物所在地现场海关提出申请。

2. “申请直退”属于行政许可事项，海关对当事人提出的“申请直退”申请审核后，将根据不同情况制发相应的行政许可文书；而“责令直退”不属于行政许可的范畴。

3. 经海关批准或者责令直接退运的货物，企业办理通关手续时，不需要提供进出口许可证或者其他监管证件，各种税费及滞报金也免予征收。经海关批准直接退运的，当事人在办理直接退运出境申报手续前，原申报的进口报关单或者转关单数据要予以撤销。

小贴士 当事人向海关申请直接退运，应当按照海关要求提交“进口货物直接退运申请书”、证明进口实际情况的合同、发票、装箱清单、已报关货物的原报关单、提运单或者载货清单等相关单证、符合申请条件的相关证明文书以及海关要求当事人提供的其他文件。

三、报关单的申报程序

1. 当事人在办理经海关批准或者责令直接退运货物的通关申报手续时，应按照以下程序办理：

（1）错发、误卸或者溢卸货物，经海关批准直接退运的，免予填制报关单，凭“准予直接退运决定书”或者“责令直接退运通知书”向海关办理直接退运手续。其他情况一律须填制报关单，办理正常货物通关手续。

（2）填制报关单时，应当先填写出口报关单，再填写进口报关单，“监管方式”栏均填写“直接退运”（监管代码为4500），征免性质为空；在进口报关单“关联报关单”栏填报出口报关单号，进出报关单备注栏内均注明“准予直接退运决定书”或者“责令直接退运通知书”的编号。

2. 进口转关货物，当事人在进境地海关办理了转关放行手续，但尚未在指运地海关办结放行手续之前申请退运的，应当按照“其他（9900）”监管方式办理相关海关手续，也须先填制出口货物报关单，再填制进口货物报关单向海关申报，监管方式均填报“其他（9900）”，并在进口货物报关单“关联报关单”栏填写出口货物报关单号。对于其中涉证、涉税的，系统提示应征、应税时，可通过层级审核报请直属海关主管关领导批准后，在H2000系统中进行特殊处理通过。

海关提醒 危险品或者鲜活、易腐、易烂、易失效、易变质、易贬值等不宜长期保存的货物，海关可以根据实际情况，提前提取依法变卖处理。

第六章　进出境快件

本章介绍的进出境快件是指进出境快件运营人以向客户承诺的快速商业运作方式承揽、承运的进出境货物、物品。进出境快件涉及的政策法规主要是《中华人民共和国海关对进出境快件监管办法》。

《中华人民共和国海关对进出境快件监管办法》

【文　　号】海关总署令第147号

【发布日期】2006－03－28

【生效日期】2006－05－01

《中华人民共和国海关对进出境快件监管办法》（以下简称《监管办法》）是根据《海关法》及其他有关法律、行政法规而制定的，主要是为了加强海关对进出境快件的监管，便利进出境快件通关。修改后的《监管办法》于2006年3月8日经海关总署署务会审议通过，自2006年5月1日起施行。

一、快件运营人准入的八个条件

快件运营人在所在地海关办理登记手续应具备下列条件：

1. 内资国际货物运输代理企业及其分支机构已经获得国务院对外贸易主管部门或者其委托的备案机构办理的“国际货运代理企业备案表”；外商投资国际货物运输代理企业已经获得国务院对外贸易主管部门颁发的

“外商投资企业批准证书”，获准经营进出境快件业务；外商投资国际货物运输代理企业分公司已经获得国务院对外贸易主管部门的批准文件，获准经营进出境快件业务。

2. 已经领取工商行政管理部门颁发的企业法人营业执照，准予或者核定其经营进出境快件业务。

3. 已经在海关办理报关企业注册登记手续。

4. 具有境内、外进出境快件运输网络和两个以上境外分支机构或代理人。

5. 具有本企业专用进出境快件标识、运单，运输车辆符合海关监管要求并经海关核准备案。

6. 具备实行电子数据交换方式报关的条件。

7. 快件的外包装上应标有符合海关自动化检查要求的条形码。

8. 与境外合作者（包括境内企业法人在境外设立的分支机构）的合作运输合同或协议。

从修改内容可以看出，《监管办法》提高了对进出境快件运营人的准入门槛。同时，《监管办法》第九条还明确规定“进出境快件运营人不再具备本《办法》第八条所列条件之一或者在一年内没有从事进出境快件运营业务的，海关注销该运营人从事进出境快件报关的资格”。

小贴士

办理快件运营人备案流程如下：

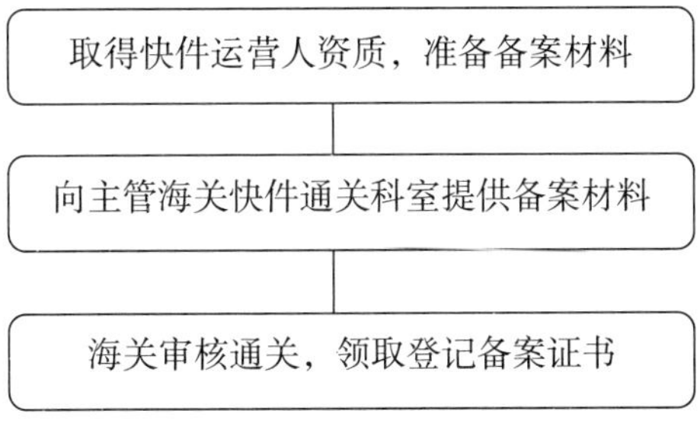

快件运营人备案流程：

取得快件运营人资质，准备备案材料：

具备《监管办法》中快件运营人资质后，准备如下备案材料：海关快件监管场所备案表、国际货运代理企业备案表（内资国际货物运输代理企业及其分支机构）、外商投资企业批准证书（外商投资国际货物运输代理企业）、国务院对外贸易主管部门的批准文件（外商投资国际货物运输代理企业分公司）、企业法人营业执照、报关注册登记证书、同境外合作者的合作协议及商业登记证书、同运输公司签订的租用海关备案车辆的合同。

快件运营人递交申请后，现场海关初审无误后，将上报主管部门，主管部门复核无误后，将通知企业领取证书。

二、快件运营人的业务范围

《监管办法》总则中的第三条、第四条和第五条，对进出境快件运营人进行了明确定义，提出了相关限制要求。

进出境快件运营人是指在中华人民共和国境内依法注册，在海关登记备案的从事进出境快件运营业务的国际货物运输代理企业。

运营人不得承揽、承运《中华人民共和国禁止进出境物品表》所列物品，如有发现，不得擅作处理，应当立即通知海关并协助海关进行处理。未经中华人民共和国邮政部门批准，运营人不得承揽、承运私人信件。另外，运营人不得以任何形式出租、出借、转让本企业的进出境快件报关权，不得代理非本企业承揽、承运的货物、物品的报关。

三、进出境快件的三种分类

《监管办法》将进出境快件分为文件类、个人物品类和货物类三类，具体如下：

1. 文件类进出境快件是指法律、法规规定予以免税且无商业价值的文件、单证、票据及资料。

2. 个人物品类进出境快件是指海关法规规定自用、合理数量范围内的进出境的旅客分离运输行李物品、亲友间相互馈赠物品和其他个人物品。

3. 货物类进出境快件是指以上两条规定以外的快件。

四、进出境快件的申报要求

1. 文件类进出境快件报关时，运营人应当向海关提交“中华人民共和国海关进出境快件 KJ1 报关单”和海关需要的其他单证。

2. 个人物品类进出境快件报关时，运营人应当向海关提交“中华人民共和国海关进出境快件个人物品申报单”、每一进出境快件的分运单、进境快件收件人或出境快件发件人身份证件影印件和海关需要的其他单证。

3. 货物类进境快件报关时，运营人应当按下列情形分别向海关提交报关单证：

对关税税额在《中华人民共和国进出口关税条例》规定的关税起征数额以下的货物和海关规定准予免税的货样、广告品，应提交“中华人民共和国海关进出境快件 KJ2 报关单”、每一进境快件的分运单、发票和海关需要的其他单证。

对应予征税的货样、广告品（法律、法规规定实行许可证件管理的、须进口付汇的除外），应提交“中华人民共和国海关进出境快件 KJ3 报关单”、每一进境快件的分运单、发票和海关需要的其他单证。

对前述以外的货物，按照海关对进口货物通关的规定办理。

4. 货物类出境快件报关时，运营人应按下列情形分别向海关提交报关单证：对货样、广告品（法律、法规规定实行许可证件管理的、应征出口关税的、须出口收汇的、须出口退税的除外），应提交“中华人民共和国海关进出境快件 KJ2 报关单”、每一出境快件的分运单、发票和海关需要的其他单证；对上述以外的其他货物，按照海关对出口货物通关的规定办理。

小贴士

2009 年海关总署发布公告第 39 号，进一步规范进境 KJ3 类快件的申报和快件渠道进出境个人物品监管：

（1）进境KJ3类快件，快件企业向海关申报时，在报关单“货物名称”栏应当申报规格、型号、数量和计量单位等内容。

（2）快件渠道进出境个人物品的限值、免税额、完税价格、税则归类等事宜按照《海关法》、《中华人民共和国进出口关税条例》及海关总署关于进出境个人邮递物品相关规定办理。

2010年，海关总署再次发布公告2010年第41号，调整海关进出境快件KJ2、KJ3报关单的申报内容。

按照快件KJ2报关单申报的进、出境快件，进出境快件运营人向海关提交快件KJ2报关单时，应当申报经营单位名称、经营单位编码和商品编码；按照快件KJ3报关单申报的进境快件，进境快件运营人向海关提交快件KJ3报关单时，应当申报经营单位名称、经营单位编码。

海关提醒 （1）进出境快件通关应当在海关正常办公时间内进行，如需在海关正常办公时间以外进行的，须事先征得所在地海关同意。（2）运营人应当按照海关的要求采用纸质文件方式或电子数据交换方式向海关办理进出境快件的报关手续。（3）进境快件自运输工具申报进境之日起14日内，出境快件在运输工具离境3小时之前，应当向海关申报。（4）运营人应向海关传输或递交进出境快件舱单或清单，海关确认无误后接受申报；运营人需提前报关的，应当提前将进出境快件运输和抵达情况书面通知海关，并向海关传输或递交舱单或清单，海关确认无误后接受预申报。

五、进出境快件的查验

进出境快件通关应当在经海关批准的专门监管场所内进行，如因特殊情况需要在专门监管场所以外进行的，须事先征得所在地海关同意。

海关查验进出境快件时，运营人应派员到场，并负责进出境快件的搬移、开拆和重封包装。

海关对进出境快件中的个人物品实施开拆查验时，运营人应通知进境快件的收件人或出境快件的发件人到场，收件人或发件人不能到场的，运营人应向海关提交其委托书，代理收/发件人的义务，并承担相应法律责任。

海关认为必要时，可对进出境快件予以径行开验、复验或者提取货样。

六、进出境专差快件

进出境专差快件，是指运营人以专差押运方式承运进出境的空运快件。另外对专差快件而言，运营人还应当将进出境专差快件的进出境口岸、时间、路线、运输工具航班、专差本人的详细情况、标识等向所在地海关登记。如有变更，应当于变更前5个工作日向所在地海关登记。

进出境专差快件应按行李物品方式托运，使用专用包装，并在总包装的显著位置标注运营人名称和“进出境专差快件”字样。

运输工具篇

第七章　进出境运输工具

进出境运输工具是指用于载运人员、货物、物品进出境的各种船舶、航空器、铁路列车、公路车辆和驮畜。进出境运输工具所涉及的政策法规有：《中华人民共和国海关进出境运输工具监管办法》、《中华人民共和国船舶吨税暂行条例》、《中华人民共和国海关关于来往香港、澳门小型船舶及所载货物、物品管理办法》、《中华人民共和国海关关于来往香港、澳门公路货运企业及其车辆和驾驶员的管理办法》。

第一节　相关法律体系

本章介绍的进出境运输工具监管政策涉及行政法规、部门规章两个层次的法律体系框架，具体如下。

一、行政法规

2011 年发布，2012 年开始实施的《中华人民共和国船舶吨税暂行条例》。

二、部门规章

1. 2004 年发布，2004 年开始实施的《中华人民共和国海关关于来往香港、澳门公路货运企业及其车辆和驾驶员的管理办法》。

2. 2004 年发布，2004 年开始实施的《中华人民共和国海关关于来往香港、澳门小型船舶及所载货物、物品管理办法》。

3. 2010 年发布，2011 年开始实施的《中华人民共和国海关进出境运输工具监管办法》。

第二节 《中华人民共和国船舶吨税暂行条例》

【文　　号】国务院令第 610 号

【发布日期】2011－12－05

【生效日期】2012－01－01

随着我国经济社会的发展，尤其是加入世贸组织以后，1952 年出台的《中华人民共和国海关船舶吨税暂行办法》无论从法律层级上，还是从内容上均需要进行调整以解决中外籍船舶税负不平等、与国际海运接轨以及与海关法、车船税法等有关法律规定不协调等问题。在此背景下，《中华人民共和国船舶吨税暂行条例》（以下简称《条例》）经国务院第 182 次常务会议通过，针对征收对象、免征范围、税目和税率、纳税义务发生时间、缴纳期限、担保、违法处罚等方面作出了调整或明确。

一、企业需要关注的五个要点

（一）征收对象

《条例》在征收对象上明确自境外港口进入境内港口的船舶，不再区分船舶国籍，一律征收吨税。与过去相比有三点变化：

1. 新条例将中国籍国际航行船舶纳入船舶吨税征收范围。

1952 年颁布的《中华人民共和国海关船舶吨税暂行办法》规定对在中国港口行驶的外国籍船舶、外商租用的中国籍船舶，以及中外合营企业使用的中外国籍船舶征收船舶吨税。而新条例规定对中华人民共和国境外港口进入境内港口的船舶征收船舶吨税。

2. 在新条例中关境的概念更加清晰。

过去对港澳船舶适用优惠税率，按照原外经贸部1979年发布的《关于开展对台贸易的暂行规定》，对中国台湾籍船舶不征收吨税，对持有台湾吨税执照的船舶在其吨税执照有效期内不再征收吨税，这使得中国港澳籍船舶与中国台湾籍船舶的税收待遇不一致。《条例》本着公平税负、统一税收待遇的原则，取消了这一规定，现在对持有港澳台地区吨税执照的船舶均按照新条例征收船舶吨税，使关境的概念更加清晰。

3. 中国籍船舶与中国港澳台地区船舶同等待遇。

过去中国籍船舶与中国台湾地区船舶不征收船舶吨税，而对于中国港澳地区船舶则需按照优惠税率征收船舶吨税。新条例予以了统一。

小贴士 征收对象是指境外进入境内的船舶，国内生产的新造船首航应不属此范围。

（二）税目和税率

1. 关于税目。根据国际海运船舶大型化的实际情况，《条例》调高了划分税目的船舶吨位标准，将第一档税目由过去的500吨以下调整为不超过2 000净吨，将最高一档税目由过去的10 001吨以上调整为超过50 000净吨；同时，将税目档次由过去的五档调整为四档。

2. 关于税率。《条例》设置了30日、90日、1年共3种吨税执照期限，分别规定了不同的税率，期限越长税率相对越优惠，而税率水平基本维持不变，详见表7－1。

（三）免征范围

《条例》规定以下九种情形可以免征吨税：

1. 应纳税额在人民币50元以下的船舶；

2. 自境外以购买、受赠、继承等方式取得船舶所有权的初次进口到港的空载船舶；

3. 吨税执照期满后24小时内不上下客货的船舶；

4. 非机动船舶（不包括非机动驳船）；

表 7－1　吨税税目税率表

税目（按船舶净吨位划分）	税率（元/净吨） 普通税率（按执照期限划分） 1 年	90 日	30 日	优惠税率（按执照期限划分） 1 年	90 日	30 日	备　注
不超过 2 000 净吨	12.6	4.2	2.1	9.0	3.0	1.5	拖船和非机动驳船分别按相同净吨位船舶税率的 50% 计征税款
超过 2 000 净吨，但不超过 10 000 净吨	24.0	8.0	4.0	17.4	5.8	2.9	
超过 10 000 净吨，但不超过 50 000 净吨	27.6	9.2	4.6	19.8	6.6	3.3	
超过 50 000 净吨	31.8	10.6	5.3	22.8	7.6	3.8	

5. 捕捞、养殖渔船；

6. 避难、防疫隔离、修理、终止运营或者拆解，并不上下客货的船舶；

7. 军队、武装警察部队专用或者征用的船舶；

8. 依照法律规定应当予以免税的外国驻华使领馆、国际组织驻华代表机构及其有关人员的船舶；

9. 国务院规定的其他船舶。

其中，对除非机动驳船以外的非机动船舶、捕捞和养殖渔船、军队和武警专用或征用的船舶免税是新增加的范围。此外，为了与进出口关税条例的规定相衔接，将吨税起征点提高到人民币 50 元，即吨税税额在人民币 50 元以下的船舶免税。

海关提醒　根据署税发〔2011〕516 号文件的规定，专营内地与港澳航线的中国港澳籍船舶和内地船舶以及专营台湾海峡两岸直航航线的大陆船舶和中国台湾籍船舶，免征吨税。

小贴士 专营内地与港澳航线的中国港澳籍船舶和内地船舶，载重吨1 000吨以下的应提供各省交通运输厅批准文件，载重吨1 000吨以上的应提供交通运输部批准文件。专营台湾海峡两岸直航航线的大陆船舶和中国台湾籍船舶，需提交交通运输部颁发的“台湾海峡两岸间船舶营运证”和“台湾海峡两岸间水路运输许可证”。

（四）申请条件

应税船舶负责人申领吨税执照时，应当向海关提供下列文件：

（1）船舶国籍证书或者海事部门签发的船舶国籍证书收存证明；

（2）船舶吨位证明。

吨税由海关负责征收。海关征收吨税应当制发缴款凭证。

海关提醒 应税船舶负责人或其代理人缴纳船舶吨税后，应将加盖有证明银行已收讫税款业务印章的交款书第一联交海关。

小贴士 银行周六、周日不办理缴纳船舶吨税业务。

（五）延长期限

《条例》规定了延长吨税执照期限的几种情形以及需要的证明文件，需要关注的是应税船舶负责人或其代理人应在延期事项发生地海关办理船舶吨税执照延期的海关手续，同时应提交延期申请及其他有关证明材料。

二、企业容易出错的四个方面

《条例》实施以来，海关发现，企业在以下几个方面最易出现问题，从而导致损失：

1. 吨税纳税义务发生时间为应税船舶进入港口的当日。有的船舶负责人或代理人会误认为是申请日。

2. 应税船舶在进入港口办理入境手续时，应当向海关申报纳税领取吨税执照，或者交验吨税执照。应税船舶在离开港口办理出境手续时，应当交验吨税执照。需要注意的是，船舶办理进出口手续时，均应携带正本吨税执照。

3. 应税船舶负责人应当自海关填发吨税缴款凭证之日起 15 日内向指定银行缴清税款。未按期缴清税款的，自滞纳税款之日起，按日加收滞纳税款万分之五的滞纳金。

海关提醒 应税船舶负责人缴纳吨税或者提供担保后，海关按照其申领的执照期限填发吨税执照。

4. 条例中的几个定义。

（1）非机动船舶，是指自身没有动力装置，依靠外力驱动的船舶。需要注意的是，没有动力装置并非没有使用动力，或动力装置损坏。

（2）非机动驳船，是指在船舶管理部门登记为驳船的非机动船舶。

（3）拖船，是指专门用于拖（推）动运输船舶的专业作业船舶。拖船按照发动机功率每 1 千瓦折合净吨位 0. 67 吨。

案例 2012 年 7 月 9 日，某中国籍驳轮（净吨位：936），由某拖轮（功率：2 940KW），拖带至南通口岸。船代向海关申请购买了驳轮的 30 天吨税。

经海关核查，拖轮也需要购买吨税。船代随即购买了拖轮的 30 天吨税。其中拖轮吨税：1 477. 5 元（折算净吨位：1 970）；驳轮吨税：1 404 元。

三、海关救济

1. 吨税执照在期满前毁损或者遗失的，可以向原发放吨税执照的海关书面申请核发吨税执照副本，无须补税。

2. 担保是应税船舶负责人或其代理人常用的一种形式，《条例》中规定下列财产、权利可以用于担保：

（1）人民币、可自由兑换货币；

（2）汇票、本票、支票、债券、存单；

（3）银行、非银行金融机构的保函；

（4）海关依法认可的其他财产、权利。

海关提醒 船舶吨税担保期限一般不超过6个月，特殊情况下应税船舶负责人或其代理人可以向海关申请延长船舶吨税担保期限。应税船舶负责人或其代理人应当在海关批准的船舶吨税担保期限内履行纳税义务。

3. 对于少征或漏征的处理：海关发现少征或者漏征税款的，应当自应税船舶应当缴纳税款之日起1年内，补征税款。但因应税船舶违反规定造成少征或者漏征税款的，海关可以自应当缴纳税款之日起3年内追征税款，并自应当缴纳税款之日起按日加征少征或者漏征税款万分之五的滞纳金。

4. 对于多征的处理：海关发现多征税款的，应当立即通知应税船舶办理退还手续，并加算银行同期活期存款利息。

应税船舶发现多缴税款的，可以自缴纳税款之日起1年内以书面形式要求海关退还多缴的税款并加算银行同期活期存款利息；海关应当自受理退税申请之日起30日内查实并通知应税船舶办理退还手续。

海关提醒 应税船舶负责人或其代理人向海关申请退还税款及利息时，应当提交下列材料：（1）退款申请书；（2）原船舶吨税缴款书和可以证明应予退税的材料。应税船舶负责人或其代理人应当自收到海关准予退税的通知之日起3个月内办理退税手续。

案例 2012年6月13日，从印度尼西亚驶来的某外籍轮船靠泊南通口岸，并向南通海关申请购买了30天船舶吨税（净吨位：18 651）。待船舶离境时候，船东通知船代：该船于2012年4月2日在天津海关办理了90天吨税，由于新老船长未交接清楚，造成多缴吨税情况。因此，该船东委托船代向南通海关办理退税手续。

经南通海关验核天津海关签发的吨税执照，确属有效。经三级审批，予以退还吨税。税款金额：85 794.6元。

第三节 《中华人民共和国海关关于来往香港、澳门小型船舶及所载货物、物品管理办法》

【文　　号】海关总署令第112号

【发布日期】2004－02－06

【生效日期】2004－03－15

《中华人民共和国海关关于来往香港、澳门小型船舶及所载货物、物品管理办法》（以下简称《管理办法》）自施行日起，《中华人民共和国海关关于来往香港、澳门小型船舶及所载货物、物品监管规定》（海关总署令第68号）、《中华人民共和国海关关于来往香港、澳门小型船舶登记备案管理办法》（海关总署令第69号）同时废止。

本办法明确了来往港澳小型船舶的备案、年审以及进出境手续、海关中途监管站手续等的办理要求。

一、企业需要关注的八个要点

（一）办理备案手续时需要提交的材料

1. 来往港澳小型船舶登记备案表；
2. 交通主管部门的批准文件复印件；

3. 中国船级社或者海事主管部门出具的船舶检验证书复印件；
4. 船舶营业运输证复印件；
5. 船舶国籍证书复印件；
6. 船舶船体结构图；
7. 船舶正面和可以显示船舶名称侧面彩色照片各一式三张。

以上文件中复印件为留存用，备案时请携带原件以便核对。

海关提醒 来往港澳小型船舶应当安装海关认可的船载收发信装置，备案时，相关证明文书请一并带上。

（二）办理地点和海关颁发的证件

1. 地点，小型船舶应当由所属的船舶运输企业其工商注册所在地的直属海关或者其授权的隶属海关办理备案手续。

2. 海关予以备案的，会在收到备案文件之日起 5 个工作日内签发来往港澳小型船舶登记备案证书、来往港澳小型船舶进出境（港）海关监管簿。

3. 海关经审核决定不予备案的，会在收到运输企业提交的备案文件之日起 3 个工作日内制发来往港澳小型船舶不予备案通知书。

（三）年审手续所需要的材料

1. 来往港澳小型船舶年审报告书；
2. 备案证书；
3. 海关监管簿。

小贴士 年审时间为每年一次，具体时间由各关确定。海关年审合格后会在海关监管簿上做标注。

（四）来往港澳小型船舶不同航线对应不同的中途监管站

1. 来往于香港与珠江水域的小型船舶向大铲岛中途监管站办理；

2. 来往于香港、澳门与磨刀门水道的小型船舶向湾仔中途监管站办理；

3. 来往于香港、澳门与珠江口、磨刀门水道以西广东、广西、海南沿海各港口的小型船舶向桂山岛中途监管站办理；

4. 来往于香港、澳门与珠江口以东广东、福建及以北沿海各港口的小型船舶向大三门岛中途监管站办理。

5. 来往于香港与深圳赤湾、蛇口、妈湾、盐田港的小型船舶，直接在口岸海关办理进出境申报手续。

（五）进境需要办理的海关手续

1. 小型船舶进境前，船舶负责人或者其代理人可以自行或者委托舱单录入单位，通过与海关联网的公共数据信息平台向海关发送舱单电子数据。

2. 船舶负责人在小型船舶启航时，通过船载收发信装置对舱单电子数据进行确认申报。

3. 进境小型船舶经中途监管站办理舱单确认和关封制作手续后，所载进口货物所有人或者其代理人可以提前向海关申报。

（六）出境时需要办理的海关手续

1. 小型船舶出境前，船舶负责人或者其代理人应当向起运港海关递交纸质舱单、海关监管簿等有关单据、簿册。

2. 通过与海关联网的公共数据信息平台向海关发送舱单电子数据。

3. 启航时，通过船载收发信装置对舱单电子数据进行确认申报。

（七）海关对进出境小型船舶检查时的配合事项

1. 海关检查小型船舶时，船舶负责人或者其代理人应当到场，并按照海关要求开启有关处所、集装箱或者货物包装，搬移货物、物料等。海关认为必要时，可以径行开验、复验或者提取货样。

2. 海关检查船员行李物品时，有关船员应当到场，并且开启行李包件和储存物品的处所。

3. 小型船舶在规定的时间或者地点以外停泊、装卸货物、物品或者上下人员的，应当经海关批准；需海关派员执行监管任务的，应当按照规定缴纳规费。

4. 进境小型船舶自进境后至办结海关手续前，出境小型船舶自起运港办理海关手续后至出境前，未经海关批准，不得中途停泊、装卸货物、物品或者上下人员。

（八）配合海关中途监管站的监管

1. 小型船舶进境或者出境启航后，应当进入海关指定区域接收并确认通航指令。

小贴士 海关指定区域，是指以中途监管站为中心，一定范围内的航行区域。具体区域范围由有关直属海关对外公布。通航指令，是指中途监管站对小型船舶发出的直航通过中途监管站、停航办理手续等电子指令。

2. 小型船舶接到停航办理手续指令时，应当航行至中途监管站指定的锚地停泊。小型船舶进境时，应当经中途监管站签批海关监管簿，并办理舱单确认和关封制作手续后，继续驶往境内目的港。小型船舶出境时，应当将起运港海关签章的舱单等单据递交中途监管站确认，经中途监管站签注海关监管簿后，继续驶往境外目的港。

小贴士 在中途监管站停航办理手续的进境小型船舶在到达目的地海关办理手续时，应当将在中途监管站办理的关封递交目的地海关。

3. 中途监管站可以给出直接通航的指令。

二、企业容易出错的三个方面

（一）船舶有关内容变更的须到海关办理变更手续

在海关备案的小型船舶名称、船体结构、经营航线、法定代表人、地址、企业性质等内容发生变更的，运输企业应当持书面申请和有关批准文件到备案海关办理变更手续。

（二）船舶航行途中遇到特殊情况的处理

小型船舶因遇到风浪，致使无法在海关中途监管站停泊办理进出境手续的，经海关中途监管站许可，可以直接驶往目的港。

（三）发生溢短装等情事需要修改申报数据

1. 小型船舶装卸进出境货物时，发现溢短装（卸）、误装（卸）、残损或者其他差错的，应当做好记录，向海关申请修改。

2. 已经海关确认的舱单电子数据如需修改，船舶负责人或者其代理人应当向海关提出申请，经海关同意后，可以修改。

三、法律责任

违反《海关法》及本办法规定，构成走私或者违反海关监管规定行为的，由海关依照《海关法》、《中华人民共和国海关法行政处罚实施细则》等有关法律、行政法规的规定予以处理；构成犯罪的，依法追究刑事责任。

第四节 《中华人民共和国海关关于来往香港、澳门公路货运企业及其车辆和驾驶员的管理办法》

【文　　号】海关总署令第118号

【发布日期】2004－08－27

【生效日期】2004－10－01

《中华人民共和国海关关于来往香港、澳门公路货运企业及其车辆和驾驶员的管理办法》（以下简称《管理办法》）自施行日起，《中华人民共和国海关对来往香港、澳门汽车及所载货物监管办法》（〔88〕署货字第6号）同时废止。

《管理办法》主要规范了来往港澳的公路货运企业及其车辆和驾驶员的备案、年审、变更以及车辆在进出境过程中需要办理的海关手续和注意事项。

一、企业需要关注的五个要点

（一）备案的主体

来往港澳的公路货运企业及其车辆和驾驶员均需要在海关备案。也就是说，备案包含了三个主体，即企业、车辆、驾驶员。

小贴士 来往港澳公路货运企业，是指依照规定在海关备案的从事来往港澳公路货物运输业务的企业，包括专业运输企业和生产型企业；

来往港澳公路货运车辆，是指依照规定在海关备案的来往港澳公路货运车辆，包括专业运输企业的车辆和生产型企业的自用车辆；

来往港澳公路货运车辆驾驶员，是指依照规定在海关备案的驾驶来往港澳公路货运车辆的驾驶员。

（二）备案需要提交的材料

1. 货运企业备案需要提交的材料如下：

（1）来往香港/澳门货运企业备案申请表；

（2）政府主管部门的批准文件；

（3）工商行政管理部门核发的企业法人营业执照或者营业执照复印件；

（4）技术监督部门核发的中华人民共和国组织机构代码证复印件；

（5）专业货运企业提交交通行政管理部门核发的公路运输经营许可证复印件，生产型企业提交海关核发的自理报关企业注册登记证书复印件；

（6）海关认可的担保函或其他担保形式。

2. 货运车辆备案需要提交的材料如下：

（1）来往香港/澳门货运车辆及驾驶员备案登记表；

（2）来往香港/澳门货运车辆海关验车记录表或者海关认可的公安交通车检部门出具的验车报告；

（3）公安交通车管部门核发的车辆及驾驶人员进出境批准通知书海关联；

（4）公安交通车管部门核发的机动车辆行驶证复印件；

（5）符合海关要求的车辆彩色照片4张。

小贴士 彩色照片，2张为车辆左前侧面45度角拍摄并可明显看见油箱和粤港/澳两地车牌；2张为后侧面45度角拍摄并可明显看见粤港/澳两地车牌，均为4×3寸。

海关提醒 （1）在香港/澳门地区办理车辆登记证明文件的进出境车辆（即港澳籍车辆），应当同时提交境外有关政府管理机构签发的车辆登记文件复印件、来往香港/澳门车辆备案临时进境验车申报表；

（2）在内地办理车辆登记证明文件的进出境车辆，应当同时提交机动车辆登记证书复印件；

（3）运载危险品的车辆，应当同时提交主管部门的批准文件复印件；

（4）生产型企业的自用车辆，应当同时提交自理报关企业注册登记证书复印件。

3. 驾驶员备案需要提交的材料如下：

（1）来往香港/澳门货运车辆及驾驶员备案登记表；

（2）“车辆及驾驶人员进出境批准通知书”海关联；

（3）公安交通车管部门核发的机动车辆驾驶员驾驶证复印件；

（4）驾驶员身份证、回乡证或者护照复印件；

（5）驾驶员彩色近照2张（规格：大1寸、免冠、红底）。

以上文件中复印件为留存用，备案时请携带原件以便核对。

海关备案后，海关发放相关证件：

（1）货运企业，海关核发来往香港/澳门货运企业备案登记证。

（2）货运车辆、驾驶员，海关核发来往香港/澳门车辆进出境签证簿和用于证明驾驶员和载运进出境货物实际情况的通关证件。

（三）年审需要准备的材料

1. 货运企业年审需要提交的材料如下：

（1）来往香港/澳门货运企业年检报告书；

（2）货运企业备案登记证原件正本；

（3）政府主管部门批准企业成立或者延期的批准文件。

2. 货运车辆、驾驶员年审时需提交的材料如下：

（1）来往香港/澳门车辆及驾驶员年检报告书；

（2）签证簿原件正本；

（3）验车记录表或者海关认可的公安交通车检部门出具的验车报告；

（4）公安交通车管部门核发准予延期的“批准通知书”海关联；

（5）海关核发的通关证件。

（四）对于备案的车辆规格方面的具体要求

货运车辆应当为集装箱式货车或者集装箱牵引车，并符合下列条件海关方允许备案：

1. 车辆的类型、牌名、车身颜色、发动机号码、车身号码、车辆牌号等应当与公安交通车管部门核发的证件所列内容相符；

2. 集装箱式货车的车厢监管标准应当按照《中华人民共和国海关对装载海关监管货物的集装箱及集装箱式货车车厢的监管办法》的规定执行；如有特殊需要加开侧门的，应当经海关批准，并符合海关监管要求；

3. 集装箱式货车或者集装箱牵引车应当使用海关的电子关锁，并可以安装符合海关要求的车载收发信装置；

4. 车辆的油箱和备用轮胎等装备以原车出厂时的配置为准，不得擅自改装或者加装。

小贴士 散装货车也可以作为来往香港/澳门的货运车辆。在经海关批准后，该类车辆可以承运不具备施封条件的超大型机械设备或者鲜活水产品等散装货物。

（五）海关对车用备件以及驾驶员自用物品的限制条件

1. 总的原则是以旅途自用合理数量为标准；
2. 如果携带超过了合理数量，需要向海关申报并办理有关手续。

海关提醒 驾驶员有着频繁进出境的优势，近年来发生不少驾驶员充当水客的案例。对于违反《中华人民共和国海关关于来往香港、澳门公路货运企业及其车辆和驾驶员的管理办法》的规定，构成走私或者违反海关监管规定行为的，由海关予以相应的处理；如果构成走私等犯罪的，将会被依法追究刑事责任。

二、企业容易出错的六个方面

（一）相关文书证件损毁或遗失

货运企业备案登记证、签证簿和通关证件需要更新的，可以凭原件向备案海关申请换发；发生损毁或者灭失的，应当及时向海关报告，经备案海关审核后予以补发。

（二）车辆需修理改装的

车辆需进行车体、厢体改装的，应当向备案海关申请，经海关同意后改装。改装后的车辆经备案海关重新检验认可后，海关收回原车辆的签证簿和通关证件，注销原车辆的备案资料，重新予以核准备案，签发新的签证簿和通关证件。

海关监控设备需要拆装的，比如海关电子关锁、车载收发信装置等遇到特殊情况需要拆装，首先应当报经备案海关同意，其次在监控设备拆装后，需要到备案的海关重新办理验核手续。

（三）企业、车辆和人员信息变更

货运企业出现变更企业名称、通行口岸或者更换车辆、驾驶员等情况的，应当持政府有关主管部门的批准文件及相关资料，到备案海关办理变更备案手续。

因特殊原因，车辆在境内运输途中需要更换或者驾驶员需要更换的，驾驶员或者货运企业应当立即报告附近海关，在海关的监管下更换。

（四）运输过程中遗失货物

海关监管货物在境内运输途中，发生损坏或者灭失的，应当立即向附近海关报告。对于意外损坏或者遗失的货物，除了因为不可抗力造成的，货运企业应当承担相应的税款及其他法律责任。

（五）暂停或者停止运营

货运企业、车辆、驾驶员在备案有效期内暂停或者停止进出境营运业务的，应当向海关报告，海关收回签证簿和通关证件，对有关备案资料作暂停或者注销处理。港/澳籍车辆在办结海关手续并已出境后，海关予以办理暂停或者注销手续。

（六）港/澳籍车辆进境后的停留时间

港/澳籍进出境车辆进境后，应当在3个月内复出境；特殊情况下，经海关同意，可以在车辆备案有效期内予以适当延期。

海关提醒 已进境的港/澳籍车辆，包括集装箱牵引架、集装箱箱体，未经海关同意办结报关纳税手续的，不得在境内转让或者移作他用。

第五节 《中华人民共和国海关进出境运输工具监管办法》

【文　　号】海关总署令第196号

【发布日期】2010－11－01

【生效日期】2011－01－01

《中华人民共和国海关进出境运输工具监管办法》（以下简称《办法》）自生效日期起，《中华人民共和国海关对国际民航机监管办法》、《中华人民共和国海关对国际铁路联运进出境列车和所载货物、物品监管办法》、《中华人民共和国海关对进出境国际航行船舶及其所载货物、物品监管办法》同时废止。《办法》共6章45条，包括总则、备案管理、运输工具管理、物料管理、运输工具工作人员携带物品管理和附则6部分，是海关对进出境运输工具监管的基本规章。

一、主要解决的问题

《办法》将《中华人民共和国海关对进出境船舶及其所载货物监管办法》、《中华人民共和国海关对进出国境公路车辆管理办法》、《中华人民共和国海关对国际铁路联运进出境列车和所载货物监管办法》、《中华人民共和国海关对国际民航机监管办法》进行合并。其原因在于：一是适应当前国际物流发展的需要；二是加强实际监管，规范作业流程的需要；三是适应海关监管改革发展的需要；四是完善海关法律架构的需要。

《办法》充分吸收借鉴了发达国家有关进出境运输工具的监管经验，将我国海关近年来的一些成熟的管理方法和模式进行了固化，为监管部门规范运输工具的管理提供了重要的法律支持：一是明确了进出境运输工具、运输工具负责人、运输工具服务企业等概念，执法的范畴更加明晰；二是明确了运输工具及企业的备案管理及办理海关手续的有关要求，管理相对人的责权更加明晰；三是明确了海关对进出境运输工具及运输工具的物料、所载人员和物品的有关监管要求，管理制度更加完善，执法操作更加规范和便利。

二、企业需要关注的八个要点

（一）适用范围

海关对经营性进出境运输工具的监管适用《办法》，对非经营性进出境运输工具的监管比照《办法》管理。

小贴士 非经营性进出境运输工具是指专业从事科学考察的进出境运输工具、远洋渔船、石油勘探与海上钻井平台等工程作业船、专业公务运输船以及国家元首和政府首脑乘坐的专机。

海关提醒 海关对来往香港、澳门小型船舶和公路车辆的监管，另按照《中华人民共和国海关关于来往香港、澳门小型船舶及所载货物、物品管理办法》以及《中华人民共和国海关关于来往香港、澳门公路货运企业及其车辆和驾驶员的管理办法》有关规定执行。

（二）运输工具的进出境地点

进出境运输工具应当通过设立海关的地点进境或者出境，在海关监管场所停靠，装卸货物、物品和上下人员。经国务院或者国务院授权机关批准的除外。

如果遭遇不可抗力的原因，进出境运输工具被迫在未设立海关的地点或者在非海关监管场所停靠、降落或者抛掷、起卸货物、物品以及上下人员的，应当立即报告附近海关。

小贴士 “不可抗力”是指当事人对某一事件的发生与后果不能避免并且不能克服的客观情况。不可抗力一般可以分为两种：一种是因自然原因引起的，如暴雨、冰雹、地震、海啸或台风等；另一种是因社会原因引起的，如战争、罢工等。

（三）备案

1. 备案范围。

备案的范围包括进出境运输工具、进出境运输工具负责人和进出境运输工具服务企业。

2. 备案地点。

考虑到运输企业的注册地与实际业务所在地经常不一致，如果要求在注册地海关备案，将造成备案与现场监管脱离，因此《办法》规定在经营业务所在地直属海关或者直属海关授权的隶属海关。

3. 多经营业务所在地的问题。

在实际操作中，运输企业在多个口岸均经营业务，海关对备案实行联网管理，实现一地海关备案，全国海关有效，避免同一个企业需要在多个经营业务所在地进行备案的问题。

4. 备案文书。

文书格式详见海关总署公告2010年第79号。

5. 备案撤销。

进出境运输工具负责人、进出境运输工具服务企业可以主动申请撤销备案，海关也可以依法撤销备案。

（四）运输工具的预报、确报和申报

1. 预报：进境运输工具负责人应当在规定时限将运输工具预计抵达境内目的港和预计抵达时间以电子数据形式通知海关。出境运输工具负责人应当在出境运输工具离开设立海关的地点驶往境外的2小时以前，将驶离时间以电子数据形式通知海关。

海关提醒 只有公路车辆负责人因客观条件限制，经海关批准，才可以采用电话、传真等方式通知海关。

2. 确报：进境运输工具抵达设立海关的地点以前，运输工具负责人应当将进境时间、抵达目的港的时间和停靠位置通知海关。

3. 申报：进境运输工具抵达设立海关的地点时以及运输工具出境时，运输工具负责人应当按不同运输方式向海关申报，分别提交申报单以及上述申报单中列明应当交验的其他单证。

小贴士 对临时出境的运输工具，运输工具负责人可以在其驶离设立海关的地点以前将驶离时间通知海关。进境运输工具负责人也可以在运输工具进境前提前向海关办理申报手续。

（五）在港期间配合海关监管

1. 海关检查进出境运输工具时，运输工具负责人应当到场，并根据海关的要求开启舱室、房间、车门；有走私嫌疑的，并应当开拆可能藏匿走私货物、物品的部位，搬移货物、物料。

2. 海关要求进出境运输工具工作人员进行集中，运输工具负责人应配合海关实施检查。海关检查完毕后，应当按规定制作检查记录。

3. 海关派员对进出境运输工具值守的，进出境运输工具装卸货物、物品以及上下人员应当征得值守海关人员同意。

4. 进出境运输工具负责人应当在进出境运输工具装卸货物的 1 小时以前通知海关；航程或者路程不足 1 小时的，可以在装卸货物以前通知海关。

5. 进出境运输工具装卸货物、物品完毕后，进出境运输工具负责人应当向海关递交反映实际装卸情况的交接单据和记录。

6. 进出境运输工具在海关监管场所停靠期间更换停靠地点的，进出境运输工具负责人应当事先通知海关。

（六）境内续驶

进出境运输工具在境内从一个设立海关的地点驶往另一个设立海关的地点的，应当符合海关监管要求，驶离地海关应当制发关封。进出境运输工具负责人应当妥善保管关封，抵达另一设立海关的地点时提交目的地海关。

（七）物料管理

1. 物料供应。

为了兼顾各类运输工具在物料供应上的差异，《办法》没有对非国家限制进出境或者涉及国计民生的物料进行限制，但上述物料不准出售或者移作他用。且海关认为必要的时候，可以对留置在运输工具的燃料、油料、零配件等进行检查和加封。《办法》对添加、起卸国家限制进出境或者涉及国计民生的物料数量作了限制，上述物料只有在自用合理范围内免证免税。实践中，涉及国计民生的物料主要指粮食、油品等。“自用合理数量”中的“自用”包括运输工具自身使用和承载人员使用，“合理数量”以满足运输工具和承载人员日常用途和紧急情况使用为限。

海关提醒 添加、起卸国家限制进出境或者涉及国计民生的物料超出自用合理数量范围的，应当按照进出口货物的有关规定办理海关手续。

2. 废弃物料的处理。

《办法》对废弃物料的处理提出了一个处置原则、两种留置措施和一个补救方法。一个处置原则是指对于运输工具使用过的废弃物料应当复运出境；两种留置措施是指对属于《自动进口类可用作原料的废物目录》和《限制进口类可用作原料的废物目录》的按货物办理海关手续，对不属于上述两个目录范围的物料进行无害化处理；一个补救方法是指对于拟按照上述措施处置，但没有处置到位的，海关可以责令退运，按照《中华人民共和国海关进口货物直接退运管理办法》办理。

3. 扫舱地脚的处理。

经海关核准，同时符合下列条件的扫舱地脚，可以免税放行；涉及许可证件管理的，进出境运输工具负责人免于提交许可证件：

（1）进口货物为散装货物；

（2）进口货物的收货人确认运输工具已经卸空；

（3）数量不足1吨，且不足进口货物重量的0.1%。

小贴士 扫舱地脚，是指经进口货物收货人确认进出境运输工具已经卸空，但因装卸技术等原因装卸完毕后，清扫进出境运输工具剩余的进口货物。

（八）运输工具工作人员携带物品的管理

运输工具工作人员携带物品管理部分规定了运输工具工作人员携带物品应当向海关申报并接受海关监管，物品以服务期间必需和自用合理数量为限，物品进入境内使用应办理海关手续等内容。

海关提醒 运输工具工作人员不得为其他人员托带物品进境或者出境。

三、企业容易出错的六个方面

（一）运输工具的用途限制

作为运输工具的船舶、航空器、铁路列车和公路车辆，当其成为海关监管对象时可以具有双重属性，用于载运货物、物品和旅客进出境、承担国际运输业务的，海关将其作为进出境运输工具，按照《办法》监管；境外的运输工具进境后因故发生转让、移作他用而不复运出境的或者境内的运输工具在出境前申报将发生转让、移作他用于境外的，在法律属性上由“运输工具”转为“进出口货物”，必须办理货物进出口手续。

（二）备案变更

运输工具备案表、运输工具负责人备案表和运输工具服务企业备案表的内容发生变更的，进出境运输工具负责人、进出境运输工具服务企业应当在海关规定的时限内持备案变更表和有关文件到备案海关办理备案变更手续。

（三）监管场所应关注的时间点

进出境运输工具抵达或驶离监管场所时，监管场所经营人应当通知海关。

（四）运输工具的作业禁区

进境运输工具在向海关申报以前或者未经海关同意，不得装卸货物、物品，除引航员、口岸检查机关工作人员外不得上下人员。海关制发结关通知书以后，非经海关同意，出境运输工具不得装卸货物、上下旅客。

小贴士 结关通知书是海关在货物、物品装载完毕或者旅客全部登机（船、车）并审核出境运输工具负责人向海关提交的结关申请后制发的。

（五）境内续驶的禁区

未经驶离地海关同意，进出境运输工具不得改驶其他目的地；未办结海关手续的，不得改驶境外。

（六）出口手续的重新办理

进出境运输工具在办结海关出境或者续驶手续后的 24 小时未能驶离的，运输工具负责人应当重新办理有关手续。

第八章　境内承运海关监管货物的运输企业及其运输工具

《中华人民共和国海关关于境内公路承运海关监管货物的运输企业及其车辆、驾驶员的管理办法》于2001年9月27日以海关总署令第88号发布。2004年11月30日，海关总署以第121号令公布《海关总署关于修改〈中华人民共和国海关关于境内公路承运海关监管货物的运输企业及其车辆、驾驶员的管理办法〉的决定》对其进行了修正。该办法自2005年1月1日起实施。原《中华人民共和国海关关于在广东地区载运海关监管货物的境内汽车运输企业及其车辆的管理办法》、《中华人民共和国海关对境内汽车载运海关监管货物的管理办法》、《中华人民共和国海关总署关于对〈中华人民共和国海关对境内汽车载运海关监管货物的管理办法〉适用范围问题的批复》和《关于转发〈来往港澳货运汽车分流管理工作会议纪要〉的通知》同时废止。

《中华人民共和国海关关于境内公路承运海关监管货物的运输企业及其车辆、驾驶员的管理办法》

【文　　号】海关总署令第121号

【发布日期】2004－11－30

【生效日期】2005－01－01

本办法主要规范了境内公路承运海关监管货物的运输企业及其车辆、驾驶员的海关注册、备案及其运营管理违法责任等方面。

一、企业需要关注的七个要点

（一）注册与备案的主体

承运海关监管货物的运输企业、承运海关监管货物的车辆需要办理海关注册，承运海关监管货物的驾驶员需要办理备案手续。

（二）承运海关监管货物的运输企业在海关注册所需的资质

1. 从事货物运输业务 1 年以上，注册资金不低于 200 万元人民币；

2. 按照《海关法》第六十七、第六十八条规定，有具有履行海关事务担保能力的法人、其他组织或者公民提供的担保；

3. 企业财务制度和账册管理符合国家有关规定；

4. 企业资信良好，在从事运输业务中没有违法前科。

（三）承运海关监管货物的车辆应当具备的条件

承运海关监管货物的车辆应为厢式货车或集装箱拖头车，经海关批准也可以为散装货车。上述车辆应当具备以下条件：

1. 用于承运海关监管货物的车辆，必须为运输企业的自有车辆，其机动车辆行驶证的车主列名必须与所属运输企业名称一致；

2. 厢式货车的厢体必须与车架固定一体，厢体必须为金属结构，无暗格，无隔断，具有施封条件，车厢连接的螺丝均须焊死，车厢两车门之间须以钢板相卡，保证施封后无法开启；

海关提醒 有特殊需要，需加开侧门的，须经海关批准，并符合海关监管要求。

3. 集装箱拖头车必须承运符合国际标准的集装箱；

4. 散装货车只能承运不具备加封条件的大宗散装货物，如矿砂、粮食及超大型机械设备等；

5. 从事特种货物运输的车辆须具有主管部门的批准证件。

（四）承运海关监管货物的驾驶员应当具备的条件

1. 具有中华人民共和国居民身份证；
2. 为运输企业职工；
3. 没有违法犯罪前科；
4. 遵守海关的有关管理规定。

（五）备案与注册所需提供的材料

1. 运输企业办理注册登记提供的材料：
（1）承运海关监管货物境内运输企业注册登记申请表；
（2）工商行政管理部门核发的营业执照复印件；
（3）交通运输管理部门核发的道路运输经营许可证复印件；
（4）技术监督部门核发的中华人民共和国组织机构代码证复印件；
（5）承运海关监管货物车辆的驾驶员名单及备案登记资料。

海关提醒 企业更换驾驶员的，应当及时向海关办理驾驶员的变更备案手续。

2. 办理车辆注册登记时，应当向海关提交下列文件：
（1）承运海关监管货物境内运输车辆注册登记申请表；
（2）公安交通管理部门核发的机动车行驶证复印件；
（3）运载危险品的车辆需提交公安消防部门核发的易燃易爆化学物品准运证复印件；
（4）车辆彩色照片 2 张（要求：前方左侧面 45°，4 ×3 寸；能清楚显示车牌号码；车头及车厢侧面喷写企业名称）。
3. 驾驶员办理备案登记时，应当向海关提交以下文件：
（1）承运海关监管货物境内运输车辆驾驶员备案登记表；
（2）驾驶员的国内居民身份证、机动车驾驶员驾驶证（复印件）；

(3）驾驶员彩色近照2张（规格：大1寸、免冠、红底）。

（六）通过海关注册后颁发的相关证明文书

1. 对运输企业经审核合格的，颁发“境内公路运输企业载运海关监管货物注册登记证书”。

2. 车辆审核合格的，颁发“中华人民共和国境内汽车载运海关监管货物车辆准载证”和“中华人民共和国海关境内汽车载运海关监管货物载货登记簿”。

（七）变更和注销

1. 对于不再从事海关监管货物运输业务的运输企业、车辆、驾驶员，应向注册地海关交回注册登记证书、汽车载货登记簿、准载证，并办理相应手续。

2. 车辆更换（包括更换车辆、更换发动机、更换车辆牌照号码）、改装车体等，应按规定重新办理注册登记手续。

二、企业容易出错的五个方面

（一）海关的年审

运输企业、车辆应于每年五月底前参加海关组织的年审。

海关提醒 对逾期不办理年审或年审不合格的运输企业、车辆，海关暂停其办理承运海关监管货物的手续；逾期3个月未年审的，海关视其自动放弃承运海关监管货物资格，并予注销，收回有关证件。

（二）擅自更改固定路线和目的地

承运海关监管货物的车辆应按海关指定的路线和要求行驶，并在海关规定的时限内运抵目的地海关，不得擅自改变路线、在中途停留并装卸货物。

海关提醒 遇特殊情况，车辆在运输途中出现故障，需换装其他运输工具时，应立即通知附近海关，在海关监管下换装，附近海关负责及时将换装情况通知货物出发地和目的地海关。

（三）载货登记簿、准载证等相关证件遗失或损毁

遗失、损毁、涂改、转借海关核发的载货登记簿、准载证等相关证件，应当到海关办理相关手续，若妨碍海关监管工作或者影响办理海关有关手续，海关将会给予警告处理。

（四）货物在运输过程中遗失、损毁

海关监管货物在境内运输途中，发生损坏或者灭失的，应当立即向附近海关报告。对于意外损坏或者遗失的货物，除了是因为不可抗力的原因，货运企业应当承担相应的税款及其他法律责任。

（五）车辆故障不能行使

承运海关监管货物的车辆在运输途中出现故障，不能继续行驶，需换装其他运输工具时，驾驶员或其所属企业应当在附近海关或货物主管海关报明情况。不及时报告且无正当理由的，海关将会给予警告处分。

海关提醒 海关对违反规定的企业、车辆、人员的视情节分别给予警告、暂停和撤销其注册登记等多种处罚。建议企业人员加强学习有关规定，以避免影响企业正常经营活动。

第九章　用于装载海关监管货物的集装箱和集装箱式货车车厢

用于装载海关监管货物的集装箱和集装箱式货车车厢涉及的政策法规主要有《中华人民共和国海关对用于装载海关监管货物的集装箱和集装箱式货车车厢的监管办法》，该办法于2003年11月21日经海关总署署务会讨论通过，并于2004年3月1日起施行。本办法包括六章三十三条，由总则、集装箱制造核准、集装箱式货车车厢的制造或者改装、集装箱和集装箱式货车车厢的维修、对集装箱和集装箱式货车车厢的监管、附则组成。

《中华人民共和国海关对用于装载海关监管货物的集装箱和集装箱式货车车厢的监管办法》

【文　　号】海关总署令第110号

【发布日期】2004－01－29

【生效日期】2004－03－01

一、企业需要关注的五个要点

（一）适用范围

本办法涉及的监管对象包括集装箱和集装箱式货车车厢及其所有人、营运人或者他们的代理人等。

（二）海关核准

由于2010年7月4日国务院颁布的《国务院关于第五批取消和下放管理层级行政审批项目的决定》（国发〔2010〕21号）取消了海关对“制造、改装、维修集装箱、集装箱式货车车厢的工厂核准”的行政许可项目，因此，在研读本办法时应当予以调整。

1. 境内制造的集装箱申请我国海关批准牌照，中国船级社对集装箱图纸进行审查，按照规定进行实体检验，检验合格的，核发“按定型设计批准证明书”或“按制成以后批准证明书”。

2. 境外制造的集装箱申请我国海关批准牌照的，制造厂或者所有人应当提交集装箱有关图纸，中国船级社审查并现场确认后核发“按制成以后批准证明书”。

3. 集装箱式货车车厢申请海关批准牌照，中国船级社对申请海关批准牌照的集装箱式货车车辆的图纸进行审定，并按照规定对集装箱式货车车厢进行实体检验，检验合格的，核发“集装箱式货车车厢批准证明书”。

4. 境内制造的集装箱可以按规定申请我国海关批准牌照，也可以向加入联合国《1972年集装箱关务公约》的境外其他国家有关当局申请外国海关的批准牌照。

5. 经维修后，发生箱（厢）体特征变更的，集装箱和集装箱式货车车厢的所有人或者申请人必须拆除海关批准牌照，同时应当向中国船级社提出书面检验申请，重新办理海关批准牌照。

海关提醒 用于装载海关监管货物的集装箱和集装箱式货车车厢必须安装海关批准牌照。目前，海关总署授权中国船级社统一办理我国海关批准牌照。

（三）进出口管理

1. 承载集装箱的运输工具在进出境时，承运人、营运人或者其代理人应当向海关如实申报，递交载货清单，传输载货清单电子数据。

小贴士 载货清单上应当列明运输工具名称、航（班）次号或者集装箱式货车车牌号、国籍、卸货港、集装箱箱号或者集装箱式货车车厢号、尺寸、总重、自重、箱（厢）体内装载货物的商品名称、件数、重量、经营人、收发货人、提（运）单或者装货单号等有关内容。

2. 集装箱和集装箱式货车车厢无论是否装载货物，海关准予暂时进境和异地出境的，营运人或者其代理人无须对箱（厢）体单独向海关办理报关手续。

3. 未经海关许可，任何人不得擅自开启或者损毁集装箱和集装箱式货车车厢上的海关封志，更改、涂抹箱（厢）号，取出或者装入货物，将集装箱或者集装箱式货车车厢及其所载货物移离海关监管场所。

（四）调拨

在境内沿海港口之间调运。班轮公司或者其代理人凭交通主管部门的批准文件和自制的集装箱调运清单向调出地和调入地海关申报。其他运输方式在境内调拨或者运输的空集装箱，无须再办理海关手续。

小贴士 调运清单内容应包括：承运集装箱原进境船舶名称、航（班）次号、日期、承运调运空箱的船舶名称、航（班）次号、集装箱号、尺寸、目的口岸、箱体数量等，并向调出地和调入地海关传输相关的电子数据。

（五）新造集装箱出口退税

出口新造集装箱，生产企业按规定运抵海关指定堆场，办理报关和出口核销手续后，海关签发出口退税专用报关单。

二、企业容易出错的五个方面

（一）安装海关批准牌照

集装箱和集装箱式货车车厢投入运营时，应当由其所有人申请安装海关批准牌照。

（二）作为货物进出口

集装箱和集装箱式货车车厢作为货物进出口时，无论其是否装载货物，有关收发货人或者其代理人应当按照进出口货物向海关办理报关手续。

（三）暂时进境

暂时进境的集装箱和集装箱式货车车厢应于入境之日起6个月内复运出境。如因特殊情况不能按期复运出境的，营运人应当向暂时进境地海关提出延期申请，经海关核准后可以延期，但延长期不得超过3个月，逾期应按规定向海关办理进口及纳税手续。

海关提醒 海关登记过的集装箱，进出境时不受暂时进出境期限的限制。

（四）登记

境内所有人在境内生产的集装箱以及我国营运人购买进口的集装箱在投入国际运输前，营运人应当向其所在地海关办理登记手续。已在海关登记的集装箱，进出境时不受期限的限制。

海关提醒 境内生产的集装箱已经办理出口及国内环节税出口退税手续的，则视同境外箱，不得登记。

（五）报废

境内生产的集装箱及我国营运人购买进口的集装箱及厢式货车报废时，应该向所在地海关办理注销手续。

其他暂时进境的集装箱和集装箱式货车车厢严重损坏时，按照《1972年集装箱关务公约》的有关规定，由其营运人或代理人先按普通进口货物缴纳进口关税后归其所有，或由营运人申请放弃，或在进境地海关的监督下予以销毁。

第十章　舱单与转关

本章所称“舱单”是指反映进出境运输工具所载货物、物品及旅客信息的载体，包括原始舱单、预配舱单、装（乘）载舱单。

舱单涉及的政策法规主要有是《海关法》与《中华人民共和国海关进出境运输工具舱单管理办法》，转关涉及的政策法规主要有《中华人民共和国海关关于转关货物监管办法》。

第一节　相关法律体系

海关舱单管理已基本形成包括法律、行政法规、部门规章以及规范性文件四个层次的法律体系框架，对于适应国际贸易链安全与便利的要求，促进现代国际物流的发展，方便旅客合法进出境，构建统一的、规范的舱单管理模式等方面发挥着重要的作用。目前，涉及转关的主要是部门规章这一层次的法律体系框架。

一、法律

涉及舱单管理的法律主要是《海关法》。其中涉及舱单的内容主要是对舱单申报主体以及相关法律责任作了规定。

二、行政法规

涉及舱单管理的行政法规主要有《中华人民共和国海关行政处罚实

施条例》。该条例已经2004年9月1日国务院第62次常务会议通过，现予公布，自2004年11月1日起施行。该条例对舱单管理内容进行了明确，规范了海关行政处罚，保障了海关依法行使职权，保护公民、法人或者其他组织的合法权益，依法不追究刑事责任的走私行为和违反海关监管规定的行为，以及法律、行政法规规定由海关实施行政处罚的行为的处理。

三、部门规章

1. 2008年发布，2009年开始实施的《中华人民共和国海关进出境运输工具舱单管理办法》，主要规范了海关对进出境运输工具舱单的管理，明确了舱单电子数据传输的对象、范围和时限。

2. 2001年发布，2001年开始实施的《中华人民共和国海关关于转关货物监管办法》，主要是为了加强海关对转关货物的监管，方便进出口货物收发货人办理海关手续。

四、规范性文件

共有7个海关总署公告明确了舱单电子数据的格式：

（1）2008年发布，2008年开始实施的《海关总署关于公布进出境水运和空运运输工具货运舱单等电子数据格式的公告》。

（2）2008年发布，2008年开始实施的《海关总署关于公布进出境水运和空运运输工具货运舱单电子传输报文格式的公告》。

（3）2008年发布，2009年开始实施的《海关总署关于公布进出境和境内承运海关监管货物的水运、空运运输工具传输数据项的公告》。

（4）2008年发布，2009年开始实施的《海关总署关于进出境船舶所载货物、物品舱单传输的有关问题的公告》。

（5）2008年发布，2009年开始实施的《海关总署关于进出境航空器载运货物、物品舱单传输的有关问题的公告》。

（6）2008年发布，2009年开始实施的《海关总署关于实施〈进出境运输工具舱单管理办法〉有关事宜的公告》。

（7）2009 年发布，2009 年开始实施的《海关总署关于进出境航空器所载旅客舱单传输有关问题的公告》。

第二节 《中华人民共和国海关法》中涉及舱单的规定

《海关法》明确了海关对于运输工具进出境的监管，以及对运输工具所运载的旅客、货物和物品的监管，企业应当根据《海关法》进行如实申报、办结海关手续。

一、舱单申报主体

《海关法》第十四条规定："进出境运输工具到达或者驶离设立海关的地点时，运输工具负责人应当向海关如实申报，交验单证，并接受海关监管和检查。"本条款明确规定了舱单传输的主体是运输工具负责人。运输工具负责人或者其代理人必须依法向海关如实申报该运输工具及其载运货物、人员的真实情况，交验载货清单、旅客名单和海关要求提交的其他单据、证明，接受海关的监管和检查。

以进出境船舶为例，船舶负责人申报内容包括船舶到达和驶离的时间、停留地点（包括本港和上下港）、船上船员名单及其自用物品、船上的燃料等船舶用品、所载集装箱数量及货物和物品的数量、本港装卸货的详细信息等内容。其中，由于海关监管的重点是进出境的货物和物品，因此运输工具在本港装卸货的详细信息是运输工具负责人申报的主要内容，在实际操作中是以向海关提供进出口舱单的形式完成的。

二、法律责任

《海关法》对企业在舱单数据申报不实、违反海关监管规定的处罚进行了明确。

1.《海关法》第八十六条第三、第五款规定："违反本法规定有下列行为之一的，可以处以罚款，有违法所得的，没收违法所得：（三）进出口货物、物品或者过境、转运、通运货物向海关申报不实的；（五）进出境运输工具未经海关同意，擅自装卸进出境货物、物品或者上下进出境旅客的。"

2. 企业在舱单传输后，海关发现原始舱单中列有我国禁止进境的货物、物品，可以通知运输工具负责人不得装载进境。

3. 企业对于海关反馈审核结果是不准予装载或不准予卸载的，舱单传输人应当及时通知运输工具负责人不给予装载或卸载。如果运输工具负责人故意装载或卸载此类货物、物品等，由海关依照《海关法》和《海关行政处罚实施条例》的有关规定予以处理；构成犯罪的，依法追究刑事责任。

第三节　《中华人民共和国海关进出境运输工具舱单管理办法》

【文　　号】海关总署令第172号

【发布日期】2008－03－10

【生效日期】2009－01－01

《中华人民共和国海关进出境运输工具舱单管理办法》（以下简称《舱单管理办法》），自2009年1月1日施行起，1999年2月1日海关总署令第70号公布的《中华人民共和国海关舱单电子数据传输管理办法》同时废止。新的《舱单管理办法》在适用范围、传输主体、传输时限、舱单备案和变更等方面均作出了调整或明确。

本办法的出台为舱单管理方面提供了统一的法律依据，规范了海关在舱单管理的执法行为，促进了国际贸易便利和保障了国际贸易安全。

一、企业需要关注的七个要点

（一）体例与结构

相对于原管理办法，新《舱单管理办法》作了较大改动：条文从原来的十三条增加至现今的四十条，增加了铁路列车、公路车辆舱单管理和舱单变更等内容，包括总则、进境舱单管理、出境舱单管理、舱单变更和附则五章；同时，整合、细化了进境舱单和出境舱单提前向海关传输的时限，填补了海关对铁路列车、公路车辆舱单管理的立法空白。

（二）扩大了适用范围

原管理办法由于客观原因，规定的适用范围仅限于海关对海运和空运舱单电子数据交换的管理，已经严重不适应当前经济形势发展的要求。《舱单管理办法》根据目前各种运输方式发展的现状和海关监管要求，扩大了适用范围，包括对进出境船舶、航空器、铁路列车及公路车辆舱单的管理。《舱单管理办法》还突破了以前舱单只针对货物的局限，将物品（包括行李物品、邮递物品等）及旅客舱单纳入《舱单管理办法》中进行管理。

（三）扩充了舱单管理的基础概念

《舱单管理办法》对舱单重新作了界定，并按进出境方式对舱单进行了分类，包括进境的原始舱单和出境的预配舱单、装（乘）载舱单。此外，《舱单管理办法》对涉及舱单及相关电子数据管理的一些常用术语作了统一解释。

（四）明确了舱单等电子数据的传输主体

舱单电子数据的传输包括两部分，一部分是舱单电子数据，另一部分是与舱单相关的其他电子数据，如理货报告等。因此，《舱单管理办法》将传输上述舱单电子数据的主体相应分为两类：一类是舱单传输人（主要包括运输工具负责人、无船承运业务经营人等义务主体）；另一类是相关数据传输人（包括理货部门、监管场所经营人及出口货物发货人）。根据《中华人民共和国海关行政处罚实施条例》的规定，上述两类主体有义务按照规定期限向海关传输舱单及相关电子数据，否则被视为违反海关监管规定。

同时，《舱单管理办法》明确规定上述两类传输主体应当向海关备案，海关主要基于两方面的考虑，一是通过备案，海关可以充分了解舱单传输人及相关数据传输人的有关信息，便于海关开展风险管理工作；二是通过备案，方便企业通过海关建立的“进出境舱单管理系统”进行舱单等电子数据的传输，有利于海关对企业的分类管理，且企业通过分类管理可以享受到海关“守法便利”的各项措施。

（五）规定了舱单数据的传输时限

舱单等电子数据的提前传输是《舱单管理办法》的核心内容和基本原则。《舱单管理办法》根据海关监管业务的实际需求，结合各种运输方式的特点，对进境舱单和出境舱单电子数据的传输时限作了具体规定，主要考虑了以下四个方面的因素：一是参考《全球贸易安全与便利标准框架》（以下简称《框架》）有关规定列明的舱单传输时限；二是海关内部作业流程的实际需要；三是不同规模的企业传输数据的能力不同，需要规定一个最长时限以适应小规模企业的传输能力；四是世界海关间数据交换的实际需要。《舱单管理办法》通过规定舱单等电子数据在各个环节的传输时限，改变原有的一次传输方式，对物流的各个环节的作业所产生的数据进行收集、串联、整合形成海关舱单，使舱单信息更具准确性和可靠性（具体舱单传输时限见本节“二、企业容易出错的三个方面”）。

（六）舱单数据的变更

原管理办法仅对舱单变更作了原则性规定。为了规范舱单等电子数据的变更，减少舱单变更的随意性及数据传输的错误率，《舱单管理办法》第四章作出了专门规定，包括自由变更、依申请变更及处罚后变更等内容。

1. 自由变更是指舱单传输人无须海关同意，可以直接对已传输的舱单进行变更。其前提是在原始舱单和预配舱单规定的传输时限以前，但是货物、物品所有人已经向海关办理货物、物品申报手续的除外。目的是为了鼓励舱单传输人在规定时间内主动纠正舱单数据，帮助海关在准确、完整、真实的舱单数据基础上提高风险管理的成效。

2. 依申请变更是指在原始舱单和预配舱单规定的传输时限传输舱单数据后，由于超出舱单传输人控制能力的客观原因，造成舱单传输错误，舱单传输人可以向海关提出申请变更舱单，经海关审批同意后，由海关进行更改。目的是为了保障舱单传输人的合法权益，明确舱单数据传输不准确的免责情况。

3. 处罚后变更是指舱单传输人未在规定时限内申报舱单数据或申报的舱单数据不真实，并且不能举证其行为可适用于本《舱单管理办法》三十一条所列的免责条款，海关认定其行为违反了本《舱单管理办法》的规定，海关应按本《舱单管理办法》第三十七条给予舱单传输人处罚，并在需要变更舱单的情况下，对舱单中不实之处予以纠正。

案例 某国际航行船舶在澳大利亚的肯布拉港计划装载250个40尺集装箱运至中国青岛港，其中铜矿石有200个40尺集装箱（重量为6 000吨），含铜的矿灰及残渣有50个40尺集装箱（重量为1 500吨）。该船传输原始舱单数据后，海关反馈信息“含铜的矿灰及残渣有50个40尺集装箱不能装载”，而后该船不予理会海关的信息，收货人要求船长将货物名称改为铝矿运载到青岛港。该船卸货后，海关经对该50个集装箱货物查验发现含铜的矿灰及残渣是禁止进口货物。这种情况，海关将对运输工具负责人和收货人作出怎样的处罚？

根据《舱单管理办法》第十条规定，海关发现原始舱单中列有我国禁止进境的货物、物品，可以通知运输工具负责人不得装载进境。该船主在收到海关反馈信息含铜的矿灰及残渣有50个40尺集装箱不能装载的情况下，按照收货人的要求，伪报货物品名传输舱单数据，导致禁止进口货物进入中国境内，海关将按照《海关法》和《中华人民共和国海关行政处罚实施条例》对收货人以走私罪追究刑事责任，对运输工具负责人作出相应的行政处罚和罚金，同时要求收货人或运输工具负责人将该50个40尺集装箱含铜的矿灰及残渣退运出境。

（七）关于舱单等电子数据的格式

作为《舱单管理办法》的配套措施，海关总署已经开发“进出境运输工具舱单管理系统”，并已初步确定中国海关舱单数据元，为风险分析提供基础数据支持。这批数据元是经过国家各运输领域专家结合WCO（世界海关组织，World Customs Organization）数据元多次进行研讨所确定的，由于其数量庞大，每年要根据需要进行个别调整，故不宜作为本办法的附件。因此，《舱单管理办法》仅列明了舱单等电子数据传输人应当向海关传输的数据，其申报数据项海关总署已对外公告，技术报文格式已经由海关以公告的形式公布并同步实施。

小贴士 关于技术报文格式，请查询如下公告：海关总署公告2008年第13号，海关总署公告2008年第31号，海关总署公告2008年第54号，海关总署公告2008年第80号，海关总署公告2008年第81号，海关总署公告2008年第88号，海关总署公告2008年第97号，海关总署公告2008年第101号，海关总署公告2008年第102号，海关总署公告2009年第41号。

二、企业容易出错的三个方面

自《舱单管理办法》实施以来，海关发现，企业在以下三个方面容易出错，从而导致损失。

（一）舱单传输时限

《舱单管理办法》根据海关监管业务的实际需求，结合各种运输方式的特点，对进境舱单和出境舱单电子数据的传输时限作了具体规定。企业要严格按照规定的时限进行传输。

1. 进境运输工具载有货物、物品的，舱单传输人应当在下列时限向海关传输原始舱单主要数据：

（1）集装箱船舶装船的24小时以前，非集装箱船舶抵达境内第一目的港的24小时以前；

（2）航程4小时以下的，航空器起飞前；航程超过4小时的，航空器抵达境内第一目的港的4小时以前；

（3）铁路列车抵达境内第一目的站的2小时以前；

（4）公路车辆抵达境内第一目的站的1小时以前。

2. 进境运输工具载有旅客的，舱单传输人应当在下列时限向海关传输原始舱单电子数据：

（1）船舶抵达境内第一目的港的2小时以前；

（2）航程在1小时以下的，航空器抵达境内第一目的港的30分钟以前；航程在1小时至2小时的，航空器抵达境内第一目的港的1小时以前；航程在2小时以上的，航空器抵达境内第一目的港的2小时以前；

（3）铁路列车抵达境内第一目的站的2小时以前；

（4）公路车辆抵达境内第一目的站的1小时以前。

（二）纸质舱单

1. 纸质舱单适用的条件是：因计算机故障等原因无法以电子数据传输舱单等相关数据。在实践中存在以下几点问题：

（1）部分铁路、公路口岸未实现计算机管理，或者部分口岸在一个时期内无法实现联网数据的问题，无法进行电子数据传输的问题。《舱单管理办法》施行后1年以内，经海关总署批准，海关对进出境铁路列车及公路车辆舱单的管理，可以暂不适用本办法。

（2）由于诸如计算机网络故障等原因在较短的时间内无法进行数据传输的，可以经过直属海关或直属海关授权的隶属海关批准使用纸质舱单申报。

（3）由于计算机系统故障等原因造成单艘（次、票）无法进行舱单数据传输的，可以经过直属海关或直属海关授权的隶属海关批准，递交纸质舱单申报。但在故障排除后，应当按照海关要求补传输舱单数据。

2. 海关所采取的保证措施：允许递交纸质舱单。采用纸质舱单申报，客观上是一种应急或补救操作。纸质舱单具有与电子数据舱单相同的法律效力。

3. 适用纸质舱单的要求：按照《舱单管理办法》所规定的电子实现提交的时限，提交纸质单证。

（三）滞后处理

《舱单管理办法》中总则“滞后处理”单独作为一条写入罚则。关于这一条款需要关注两点：

1. 关于滞后处理。滞后处理就是将涉及的货物、物品的通关手续滞后，在海关办理完毕相应的运输工具进出境手续后，方可以办理涉及的货物、物品的通关手续。对于违反本办法所规定的“舱单及相关数据传输要求”的情况，海关可以暂时不办理运输工具进出境手续。这是海关对所涉及的货物、物品进行“惩罚”的一种措施。

海关提醒 （1）分拨货物、物品提交理货报告后，海关才给予办理货物、物品的查验、放行手续。

（2）疏港分流货物、物品提交运抵报告后，海关才给予办理货物、物品的查验、放行手续。

（3）海关接受预配舱单主要数据传输后，方予办理出口货物、物品的报关手续；海关接受预配舱单其他数据传输后，方予以办理出口货物、物品放行手续。

（4）海关接受旅客预配舱单主要数据传输后，运输工具方可为旅客办理登机（船、车）手续。

（5）出口货物运抵报告提交后，正常到货的，海关方予办理对应货物、物品的查验、放行手续。

（6）运输工具负责人应当在货物、物品装载完毕或者旅客全部登机

（船、车）后向海关提交结关申请，经海关办结手续后，出境运输工具方可离境。

2. 滞后处理的实现方式是指暂不办理运输工具进出境手续。根据现行的有关规定，进出境运输工具在未办结海关手续前，不得装卸货物、上下旅客。暂不办理运输工具进出境手续，客观上会造成所涉及的货物、物品、旅客的通关手续被滞后处理。

第四节 《中华人民共和国海关关于转关货物监管办法》

【文　　号】海关总署令第 89 号

【发布日期】2001 - 09 - 30

【生效日期】2001 - 10 - 15

《中华人民共和国海关关于转关货物监管办法》是根据《海关法》及其他相关法律、行政法规而制定的，其主要目的是为了加强海关对转关货物的监管，方便进出口货物收发货人办理海关手续。

一、明确转关货物

转关货物是指：

1. 由进境地入境，向海关申请转关、运往另一设关地点办理进口海关手续的货物；（如从天津入境，火车转至西安办理海关手续）

2. 在起运地已办理出口海关手续运往出境地，由出境地海关监管放行的货物；（如从西安办理出口手续，飞机转至北京出境）

3. 从境内一个设关地点运往境内另一个设关地点，需经海关监管的货物。（如出口货物从苏州转至上海综合保税区）

案例 某进出口公司从西班牙运输货物到天津新港，再由新港转关拖到北京清关参加北京某国际展览。由于船公司在运输途中耽误了1个星期，以致货物不能按原计划运到。出于参展的需要，该公司将目的港从新港改到深圳盐田港，从西班牙到新港途经盐田，而盐田到新港船要走8天，汽车只需要走3天，因此这样节省了5天的时间。所以该公司选择从深圳转关至北京，这样一来节省了5天，最后恰好赶上了参展。

二、申请转关应符合的六个条件

1. 转关的指运地和起运地必须设有海关；
2. 转关的指运地或起运地应当设有经海关批准的监管场所；
3. 转关承运人应当在海关注册登记；
4. 承运车辆符合海关监管要求；
5. 按海关对转关路线范围和途中运输时间所作的限定将货物运抵指定的场所；
6. 转关货物应符合海关的限制性规定。

小贴士 海关根据工作需要，可以派员押运转关货物，进出口货物收发货人或其代理人、承运人应当按规定向海关缴纳规费，并提供方便做好配合工作。

三、对转关货物做出的限制性规定

下列货物不得申请转关：

1. 动物废物、冶炼渣、木制品废料、纺织品废物、贱金属及其制品的废料、各种废旧五金、废电机、废电品产品、废运输设备、废塑料、碎料及下脚料等；

2. 消耗臭氧层物资、化学武器关键前体、可作为化学武器的化学品、化学武器原料、易制毒化学品等；

3. 汽车整车，包括整套散件和二类底盘；

4. 国家检验检疫部门规定必须在口岸检验检疫的商品。

四、企业可以选择的三种转关方式

（一）提前报关转关

提前报关转关是指进口货物在指运地先申报，再到进境地办理进口转关手续；出口货物在未运抵起运地监管场所前先申报，货物运抵监管场所后再办理出口转关手续的转关。

小贴士 提前报关的转关货物，进境地海关因故无法调阅进口转关数据时，可以按直转货物的规定办理转关手续；无法提前报关的快件类货物，可以按直转方式办理转关手续。

（二）直转转关

进口直转转关是指进口货物在进境地海关办理转关手续，货物运抵指运地再在指运地海关办理申报手续的转关。

出口直转转关是指出口货物在运抵起运地海关监管场所申报后，在起运地海关办理出口转关手续再到出境地海关办理出境手续的转关。

（三）中转转关

进口中转转关是指持全程提运单需换装境内运输工具的进口中转货物由收货人或其代理人先向指运地海关办理进口申报手续，再由境内承运人或其代理人批量向进境地海关办理转关手续的转关。

出口中转转关是指持全程提运单需换装境内运输工具的出口中转货物由发货人或其代理人先向起运地海关办理出口申报手续，再由境内承运人或其代理人按出境工具分列舱单向起运地海关批量办理转关手续，并到出境地海关办理出境手续的转关。

五、转关运输的期限

（一）直转方式转关的期限

直转方式转关的进口货物应当自运输工具申报进境之日起 14 日内向进境地海关办理转关手续，在海关限定期限内运抵指运地之日起 14 日内，向指运地海关办理报关手续。逾期按规定征收滞报金。在进境地办理转关手续逾期的，以自载运进口货物的运输工具申报进境之日起 15 日为征收滞报金的起始日；在指运地申报逾期的，以自货物运抵指运地之日起 15 日为征收滞报金的起始日。

（二）提前报关方式转关的期限

进口转关货物应在电子数据申报之日起 5 日内，向进境地海关办理转关手续，超过期限仍未到进境地海关办理转关手续的，指运地海关撤销提前报关的电子数据。

出口转关货物应于电子数据申报之日起 5 日内，运抵起运地海关监管场所，办理转关和验放等手续，超过期限的，起运地海关撤销提前报关的电子数据。

六、转关流程

（一）进口货物的转关

1. 提前报关的转关。

进口货物的收货人或其代理人在进境地海关办理进口货物转关手续前，向指运地海关录入进口货物报关单，并发送电子数据。

提前报关的转关货物收货人或其代理人应向进境地海关提供进口转关货物申报单编号，并提交下列单证办理转关运输手续：

（1）进口转关货物核放单（广东省内公路运输的，交验进境汽车载货清单）；

（2）中华人民共和国海关境内汽车载运海关监管货物载货登记簿（以下简称汽车载货登记簿或船舶监管簿）；

（3）提货单。

2. 直转方式的转关。

货物的收货人或其代理人在进境地录入转关申报数据，持下列单证直接办理转关手续：

（1）进口转关货物申报单（广东省内公路运输的，交验进境汽车载货清单）；

（2）汽车载货登记簿或船舶监管簿。

3. 中转方式的转关。

具有全程运单、需要换装境内运输工具的中转转关货物，由境内承运人或其代理人向进境地海关提交进口转关货物申报单、进口货物中转通知书、按指运地目的港分列的纸质舱单（空运方式提交联程运单）等单证办理货物转关手续。

（二）出口货物的转关

1. 提前报关的转关。

由货物的发货人或其代理人在货物未运抵起运地海关监管场所前，录入并向起运地海关发送出口报关单电子数据，向起运地海关办理报关单审单、接单、查验、放行手续。

发货人或代理人应在起运地填报录入出口货物报关单，在起运地海关办理出口通关手续后，计算机自动生成出口转关货物申报单数据，传送至出境地海关。

发货人或其代理人应持下列单证向起运地海关办理出口转关：

（1）出口货物报关单；

（2）汽车载货登记簿或船舶监管簿；

（3）广东省内公路运输的，递交出境汽车载货清单。

货物运抵出境地后，发货人或其代理人应持下列单证向出境地海关办理转关货物出境手续：

（1）起运地海关签发的出口货物报关单；

（2）出口转关货物申报单或出境汽车载货清单；

（3）汽车载货登记簿或船舶监管簿。

例如，江苏某机械制造股份有限公司向香港某船务有限公司出口集装箱半挂车 5 辆，经海关批准，该批货物在运抵起运地海关监管现场前，先向该海关录入出口货物报关单电子数据，货物运至海关监管现场后，转关至上海吴淞口岸装运出境。该方式即属于提前报关的出口转关。

2. 直转方式的转关。

由发货人或其代理人在货物运抵起运地海关监管场所后，向起运地海关传送出口货物报关单电子数据，在起运地海关办理出口通关手续后，计算机自动生成出口转关货物申报单数据，传输至出境地海关。

发货人或其代理人应持下列单证在起运地海关办理出口转关手续：

（1）出口货物报关单；

（2）出口转关申报单（汽车载货登记簿或船舶监管簿）；

（3）广东省内运输的，递交出境汽车载货清单。

直转的出口转关货物到达出境地后，发货人或其代理人应持下列单证向出境地海关办理转关货物的出境手续：

（1）起运地海关签发的出口货物报关单；

（2）出口转关货物申报单或出境汽车载货清单；

（3）汽车载货登记簿或船舶监管簿。

3. 中转方式的转关。

具有全程提运单、需要换装境内运输工具的出口中转转关货物，货物的发货人或其代理人向起运地海关办理出口报关手续后，由承运人或其代理人向起运地海关传送并提交出口转关货物申报单，凭出境运输工具分列的电子或纸质舱单、汽车载货登记簿或船舶监管簿等单证，向起运地海关办理货物出口转关手续。

经起运地海关核准后，签发出口货物中转通知书，承运人或其代理人凭以办理中转货物的出境手续。

（三）境内监管货物的转关

境内监管货物的转关运输，除加工贸易深加工结转及 ATA 单证册货物按有关规定办理外，均应按进口转关方式办理，具体如下：

1. 提前报关的，由收货人或其代理人在转出地（相当于进境地）海关办理监管货物转关手续前，录入并向转入地海关传送进口货物报关单及转关申报单电子数据。

转入地货物收货人或其代理人应持进口转关货物核放单和汽车载货登记簿或船舶监管簿，并提供进口转关货物申报编号，向转出地海关办理转关手续。

2. 直转转关的，由收货人或其代理人在转出地录入转关申报数据，持进口转关申报单和汽车载货登记簿或船舶监管簿，直接向转出地海关办理转关手续。

第十一章　监管场所

监管场所是指进出境运输工具或者境内承运海关监管货物的运输工具进出、停靠，以及从事进出境货物装卸、储存、交付、发运等活动，办理海关监管业务，符合海关设置标准的特定区域。近年来我国对外贸易的不断发展，海关监管业务量迅猛增长，作为海关对进出口货物、物品和运输工具实施管理主要场所的海关监管场所，需要实现集约化、信息化、规范化和专业化管理。

《中华人民共和国海关监管场所管理办法》是海关监管场所管理的基本规章，共四章二十八条，包括总则、监管场所的设立、海关对监管场所的监督管理、附则四部分，以及《中华人民共和国海关监管场所设置标准》（以下简称《设置标准》）等八个附件。

第一节　《中华人民共和国海关监管场所管理办法》

【文　　号】海关总署令第171号

【发布日期】2008－01－30

【生效日期】2008－03－01

《中华人民共和国海关监管场所管理办法》是根据《海关法》和有关法律、行政法规的规定而制定的，其主要是为了规范海关对监管场所的管理。总则部分规定了监管场所的定义、本办法的适用范围、海关对监管场所管理的原则、监管场所经营企业或者管理者的义务等内容。

一、条文梳理

1. 适用范围：监管场所的设立以及海关对监管场所的监督管理适用本办法。海关对免税商店的管理另按照有关规定执行。

2. 管理原则：海关对监管场所实行统一编码、计算机联网和分类管理。

3. 企业义务：监管场所经营企业或者管理者应当按照《设置标准》建设监管场所，配备相应设备，并为海关提供查验场地和办公设施。

二、企业需要关注的三个方面

1. 关于海关监管场所定义。海关依据《海关法》及其他有关法律、法规，对运输工具、货物、物品的进出境活动实施监管，并在特定的区域即特定的监管场所内行使监管权。海关对监管场所的管理作为海关监管业务的组成部分和物流监控的一个重要环节，与海关对运输工具、货物和物品的监管业务是相互联系、不可分割的。除了一部分延伸性的海关业务外，一般的海关监管业务都在海关监管场所内办理。在现行的海关法律体系内，具有法律意义的区域已有关境、海关监管区和海关附近沿海沿边地区，监管场所应为前两者之后的较小区域。一方面，监管场所的定义应当适用于所有的海关监管场所；另一方面，该定义应当突出与前两者的区别。因此，本办法对“监管场所”作如下定义：“本办法所称监管场所是指进出境运输工具或者境内承运海关监管货物的运输工具进出、停靠，以及从事进出境货物装卸、储存、交付、发运等活动，办理海关监管业务，符合海关设置标准的特定区域。”以上的定义既与《海关法》的有关内容相衔接，又增加了符合海关设置标准的物理要求，使海关监管场所与海关监管区的概念有了明显区分。

2. 关于监管场所实行统一编码管理。对监管场所进行统一编码的主要目的：一是建立监管场所电子底账，明确海关监管对象，实现对监管场所的信息化管理；二是监管场所编码作为监管最基础的备案代码，将广泛应用于海关其他的业务操作系统中，如运输工具动态管理系统和转关系统等，以进一步提升海关的监管效能。

3. 关于监管场所的计算机联网管理。计算机联网主要有两个范围：一是监管场所经营企业应当对监管场所的日常管理实施计算机管理，便于海关进入计算机系统，查询和统计该场所的运输工具和货物的停靠、存储位置及相关处理情况；二是监管场所经营企业应按照海关的监管需要，设置卡口和配备相应设备，并与海关计算机联网，按照海关要求的格式实现相关电子数据的传送、交换，使不同监管场所间互相进出的运输工具和货物、物品信息可以实行比对，进而实现自动验放。

案例 某企业向海关递交监管场所设立申请。该企业经工商行政管理部门注册登记，具有独立企业法人资格，注册资本为2 000万元，高于本办法中“不低于人民币300万元”的规定，同时企业也递交了规定的纸质材料。但是海关审批未通过。企业收到了海关制发的“中华人民共和国海关不予批准设立监管场所决定书”。经过海关解释原因，企业恍然大悟，原来问题出在土地使用权上。本办法规定“具有专门储存货物的营业场所，拥有营业场所的土地使用权。租赁他人土地、场所经营的，租期不得少于5年”。拟建监管场所的土地是该企业向其他单位租赁的，但是合同上租期只有2年。

第二节 《中华人民共和国监管场所设置标准》

《设置标准》规定了码头、公路转关监管点等12大类监管场所的设置、管理标准。

一、条文梳理

（一）各类监管场所几乎都涉及以下要求

以码头类监管场所中一般型码头监管场所为例：

1. 区域划分：如要求“具有独立的封闭区域”。

2. 隔离要求：如要求“设立隔离围网（墙），高度不低于2.5米”。

3. 卡口建设：如要求“建立通道出入卡口，配置符合海关监管要求的卡口设备（电子栏杆、电子读写设备、电子识别设备、电子监控设备、电子地磅等）并与海关联网”。

4. 信息化管理：如要求“配备电子计算机管理系统，并与海关电子计算机联网，能按照海关要求的格式实现相关电子数据的传送、交换，海关可进入监管场所电子计算机管理系统查询、统计运输工具和货物的停靠、存储位置及相关处理情况”。

5. 视频监控：如要求“安装具有存储功能（存储时间不少于3个月）的视频监控系统，供海关对监管场所进行监控，监管场所灯光及监控系统应当满足海关实施全方位24小时监控需要”。

6. 仓库、堆场及设施：如要求“具有专门储存、堆放、装卸海关监管货物的仓库、场地及设施，并设置明显区分标志”。

7. 查验场地、设备：如要求“提供满足海关查验货物要求的场地，并配备便于海关实施查验的相关设备”。

8. 预留场地和设施：如要求“根据海关需要，提前预留大型集装箱检查设备等所需的场地和设施”。

9. 扣留仓库：如要求“提供存放海关扣留货物的仓库”。

10. 办公场所：如要求“为海关提供必要的办公场所。办公场所应具备网络、通信、取暖、降温、休息和卫生等条件”。

（二）各类监管场所之间也有个性化的不同

1. 专用型码头类监管场所，根据经营货物的不同类型，有的通过管道（如化工品）、有的通过传送带（如粮油、矿产品）或其他专用设施实现货物装卸和存储。

2. 储罐类监管场所中要求“储罐应当安装符合海关要求的测量仪器，确保采集数据原始、真实、准确，并与海关联网”。储罐内的液、气体看不见、摸不着，安装符合要求的测量仪器，这是海关监管的要求，对监管场所经营企业实现自动化、信息化、高效化管理也具有重要意义。

3. 其他类型的监管场所也根据各自业务特点配备相应设施、设备。如快件类监管场所需“具备自动传输和分拣设备”、配备“小型电子地磅”；旅客通关类监管场所需“在出境或者入境封闭区域建立出入通道，并分别设置‘申报通道’、‘无申报通道’、‘外交礼遇通道’和‘工作人员通道’”，“建有相应的网络、设备，实时、准确提供中转旅客电子信息”等；国际邮件类监管场所“具有专门储存、堆放、装卸海关监管邮件的仓库、场地及设施，并设置明显区分标志”等。

二、各类监管场所的设置标准

海关监管场所的设立是以海关监管业务的存续为必要条件，随海关监管业务的中止而撤销。海关监管场所的设立，无论是哪一种类型的，都必须依据有关法律法规的规定，经过特定的程序予以确认。因此，从实现海关相关管理职能，完善监管场所管理的需要出发，不同类型的海关监管场所的设置应符合一定条件。考虑到海关监管场所的业务类型比较复杂，相应的设置标准也不尽一致，因此本办法在附件中根据不同类型的监管场所的业务特点分类制定了《设置标准》作为监管场所建设和验收的标准和依据。十二类监管场所的设置标准详见本书附件一。

案例 某企业经过海关审批同意设立监管场所之后，开始项目建设。10个月后，建设完成，企业向海关递交验收申请。海关组织人员到现场验收，却作出了验收不合格的结论。企业很困惑，觉得各项设施都是按照《设置标准》进行的，为什么会不合格？海关验收人员指出了该场所视频监控系统的问题。根据《设置标准》规定，“安装具有存储功能（储存时间不少于3个月）的视频监控系统，供海关对监管场所进行监控，监管场所灯光及监控系统应当满足海关实施全方位24小时监控需要”。而该监管场所虽然安装有视频监控系统，但缺少对查验场地、海关扣留仓库、卡口等海关监管的重要位置的监控，不满足海关实施“全方位”监控的需要。企业此时如梦方醒，后悔在建设过程中未与海关及时沟通。

小贴士 虽然本办法明确了监管场所的设置标准，但对于从未进行过监管场所建设的企业或管理者来讲，对其中的细节可能不是很清楚。建议企业在建设规划监管场所时多跟海关沟通联系，接受海关的指导，这样可以少走弯路，减少不必要的麻烦。

行邮篇

第十二章　进出境旅客及行李物品

进出境旅客指进出境的居民和非居民。“居民”指出境居留后仍回到境内其通常定居地者；“非居民”指进境居留后仍回到境外其通常定居地者。

行李物品指旅客为其进出境旅行或者居留的需要而携运进出境的物品，包括旅途必需物品、旅行自用物品、安家物品（含货币、金银、有价证券）。

本章主要介绍部门规章《中华人民共和国海关对进出境旅客行李物品监管办法》与规范性文件《关于在全国各对外开放口岸实行新的进出境旅客申报制度的公告》。

第一节　相关法律体系

目前海关旅检监管已基本形成包括法律、行政法规、部门规章、规范性文件四个层次的法律体系框架，其在加强出入境旅客行李物品监管、提高进出境旅客通关效率、维护海关国际形象等方面发挥着巨大的作用。

一、法律

在以下法律中，对涉及海关旅检监管的部分均有明文规定，是旅检现场执法的重要依据。

1.《中华人民共和国刑法》，其中涉及对毒品、麻醉药品和精神药品的海关监管规定。

2.《海关法》，其中涉及旅检部分的监管规定是海关旅检现场主要执法依据之一。

3.《全国人大常委会关于禁毒的决定》（主席令第 38 号），其中涉及海关对对毒品、麻醉药品和精神药品的进出境监管、查缉的规定。

4.《中华人民共和国枪支管理法》（主席令第 72 号），对枪支进出境的海关监管做出了规定。

5.《中华人民共和国文物保护法》（主席令第 84 号），主要参照其中涉及文物进出境的海关验放规定。

二、行政法规

海关旅检监管主要涉及的行政法规包括对进出境行李物品的监管放行标准、对申报标准的确定、对禁限物品的规范和约束等，具体地讲，主要有以下几部：

1.《公安部对部分刀具实行管制的暂行规定》（〔83〕公发（治）31 号），其中涉及海关对管制刀具的监管规定。

2.《中华人民共和国国家货币出入境管理办法》（国务院令第 108 号），主要对国家货币出入境限额及验放作出规定。

3.《中华人民共和国无线电管理条例》（国务院、中央军事委员会令第 128 号），其中涉及海关对无线电接收设备的进出境管制规定。

4.《卫星电视广播地面接收设施管理规定》（国务院令第 129 号），是海关对卫星电视广播地面接收设施进出境监管的执法依据。

5.《中华人民共和国外汇管理条例》（国务院令第 532 号），主要参照其中外汇现金的进出境管理规定。

6.《中华人民共和国人民币管理条例》（国务院令第 280 号），主要涉及人民币进出境监管的相关规定。

7.《中华人民共和国金银管理条例》，其中对金银制品进出境的限量规定是海关对此类物品的监管执法依据。

8.《中华人民共和国知识产权海关保护条例》（国务院令第179号），是海关对侵犯知识产权物品进出境监管及处罚的执法依据。

9.《麻醉药品和精神药品管理条例》（国务院令第442号），其中涉及海关对麻醉药品和精神药品的进出境监管、查缉的规定。

10.《中华人民共和国濒危野生动植物进出口管理条例》（国务院令第465号），主要是对濒危野生动植物进出口的管理规定。

三、部门规章

海关旅检监管涉及的部门规章，是现场执法、监管的主要依据和参考，主要有以下几部：

1.《中华人民共和国海关对进出境旅客行李物品监管办法》（署令第9号），其中对进出境旅客行李物品监管作出了具体全面而详尽的规定。（注：中国籍旅客按照《海关对中国籍旅客进出境行李物品的管理规定（署令第58号）》进行管理）。

2.《中华人民共和国海关对进出境旅客旅行自用物品的管理规定》（署令第35号），对自用物品的范围、限量以及监管作出了规定。

3.《中华人民共和国禁止进出境物品表》和《中华人民共和国限制进出境物品表》（署令第43号），对禁限物品的种类及监管办法作出了规定。

4.《中华人民共和国海关关于进出境旅客通关的规定》（署令第55号），涉及海关对进出境旅客通关的新规定。

5.《中华人民共和国海关对旅客携带和个人邮寄中药材、中成药出境的管理规定》（署令第12号），是海关监管中药材、中成药出境的执法依据。

6.《中华人民共和国海关关于〈中华人民共和国知识产权海关保护条例〉的实施办法》（署令第183号），是海关对侵犯知识产权物品进出境监管的执法依据之一。

7.《文物进出境审核管理办法》（文化部令第42号），对文物出境监管作出了专门的规定。

四、规范性文件

海关旅检对进出境行李物品的监管执法依据同样参照海关总署相关公告条文规定，主要有以下几部：

1. 海关总署2004年第7号《关于对20种商品停止减免关税和进口环节增值税的公告》。

2. 海关总署、质检总局2005第28号《关于填写〈中华人民共和国海关进/出境旅客行李物品申报单〉有关事项的公告》。

3. 海关总署2007年第72号《关于在全国各对外开放口岸实行新的进出境旅客申报制度的公告》。

以上三个公告主要对旅检进出境行李物品征税及申报单填写规范作出了详细规定。

4. 国家濒管办、海关总署2005年第5号《关于重新调整“野生动植物允许进出口证明书”和“非进出口野生动植物种商品目录物种证明”签发机关及其管辖范围、联系方式的公告》。

5. 濒危物种进出口管理办公室、海关总署2009年第3号《关于公布〈进出口野生动植物种商品目录〉的公告》。

以上两个公告主要对濒危物种进出口监管要素及进出境相关证明文件的提供作出了要求。

6. 国家食品药品监督管理局、海关总署2009年第87号《关于麻醉药品和精神药品海关商品编号的联合公告》，是海关对麻醉药品和精神药品进出境监管的执法依据之一。

7. 环境保护部海关总署2009年第76号《关于公布〈中国严格限制进出口的有毒化学品目录〉（2010年）的联合公告》，对海关限制进出口的有毒化学品进行了明确划分。

8. 海关总署2008年第104号《关于办理外国常驻新闻机构、外国记者采访器材进出境手续的公告》。

9. 海关总署2009年第19号《关于港澳常驻新闻机构和港澳记者采访器材进出境海关手续的公告》。

10. 海关总署2009年第31号《关于台湾记者采访器材进出境海关手续的公告》。

11. 海关总署2009年第59号《关于境外记者办理异地返还采访器材保证金海关手续的公告》。

以上四个公告（第8至第11）是海关对各种类型记者携带采访用摄影摄像器材出入境监管的主要执法依据。

五、其他规范性文件

海关总署出台的涉及旅客行李物品管理的其他规范性文件，是海关进出境监管执法的重要补充，也是海关旅检维护正常通关秩序、保证旅客通关效率的重要法律支持。主要有以下几部：

1. 《关于调整海关对旅客携带进境免税烟酒限量的通知》（〔88〕署行字第980号）。

2. 《海关总署关于简化和规范进出境旅客申报制度改革有关问题的通知》（署监发〔2008〕15号）。

以上两个文件主要针对旅客征免税物品及申报制度的规范做出了明确规定。

3. 《海关总署关于实施〈中华人民共和国海关对高层次留学人才回国和海外科技专家来华工作进出境物品管理办法〉有关问题的通知》（署监发〔2006〕0622号）。

4. 《关于海外高层次留学人才回国工作绿色通道有关入出境及居留便利问题的通知》（人社部发〔2009〕0113号）。

以上两个文件主要对高层次人才入出境行李物品的验放作出了规定。

5. 《国家外汇管理局海关总署关于印发〈携带外币现钞出入境管理暂行办法〉的通知》（汇发〔2003〕0102号）。是对外汇出入境监管的具体规定。

6. 《关于印发〈对金银进出国境的管理办法〉的通知》（〔84〕银发字第13号）。

7. 《关于对旅客携带旅途自用黄金饰品进出境验放问题的通知》（署监二〔1992〕1186号）。

以上两个文件（第6和第7）是海关对金银及其制品进出境监管验放的管理标准。

8.《海关总署关于对出境文物凭国家文物局颁发的〈文物出境许可证〉验放问题的通知》（署监〔1995〕126号）。

9.《关于发布〈暂时进境文物复出境管理规定〉的通知》（文物文字〔1995〕295号）。

以上两个文件是海关对文物进出境监管的重要执法依据。

10.《关于将仿真武器列为禁止进出境物品的通知》（署监二〔1993〕50号）。

11.《关于依法严厉打击走私、制造、销售仿真手枪违法犯罪活动的通知》（公通字〔2002〕5号）。

以上两个文件是海关对武器、仿真武器进出境监管的执法依据。

12.《关于加强麻醉药品精神药品进出口管理有关问题的通知》（国药监安〔2001〕585号），是海关对麻醉药品精神药品进出口监管的执法依据之一。

13.《海关总署关于旅客携带玩具型无线电通信设备、遥控设备进境管理问题的补充通知》（〔89〕署监二字第957号）。

14.《进口无线电发射设备的管理规定》（国无管〔1995〕15号）。

15.《关于进一步加强无线广播电视发射设备管理的通知》（广发技字〔2002〕585号）。

以上三个文件（第13至第15）为海关对进出口无线设备的监管提供了执法依据。

16.《监管司关于对旅客携运进境卫星电视接收设备加强管理的通知》（监管〔1999〕2号），对卫星电视接收设备的出入境监管作出了规定。

第二节　《中华人民共和国海关对进出境旅客行李物品监管办法》

【文　　号】海关总署令第9号

【发布日期】1989－11－01

【生效日期】1989－12－01

《中华人民共和国海关对进出境旅客行李物品监管办法》是根据《海关法》以及其他有关法律、行政法规的规定而制定的，其目的是为了规范海关对进出境旅客行李物品的监管，提高旅客通关效率。

一、行李物品的申报

本办法第三条规定：进出境旅客必须将所带的全部行李物品交海关查验。在交验前，应填写“旅客行李申报单”或海关规定的其他申报单证向海关申报；或按海关规定的申报方式如实向海关申报。

旅客进出境经由实施“红绿通道”验放制度的，应按照海关公布的选择“红绿通道”的规定，选择通道，办理行李物品进境或出境手续。

海关提醒 1.“书面申报”是旅客申报的唯一方式，其他任何方式的申明或表示均不视为申报。

2. 携带物品有应向海关申报物品的，须填写申报单，向海关书面申报，但海关免于监管的人员以及随同成人旅行的16周岁以下旅客除外。

案例 旅客小张入境时至海关申报台咨询，得知超过5 000美元现钞且需复带出境的，需要向海关申报，于是领取了一张申报单，填写申报随身携带的10 000美元现钞，但填写完后由于急着取托运行李，忘了回到申报台盖章确认。半个月后复出境时，他向海关提交了未经盖章的申报单，并声称半个月前入境时向关员口头告知了他携带10 000美元现钞的情况，要求当时接受问询的关员出面替他证明。出境海关鉴于其申报单并未加盖海关印鉴，且他所说的口头告知并不属于海关认可的申报方式，因此放行其5 000美元现钞，其余5 000美元小李只能转交送站的亲戚留在境内。

“书面申报”是旅客申报的唯一方式，口头申报是无效的。如果在海关领取申报单填写后，一定要记得及时由关员验核盖章，没有海关印鉴的申报单，也是无效的。

二、行李物品的查验

本办法第四条规定：查验进出境旅客行李物品的时间和场所，由海关指定。海关查验行李物品时，物品所有人应当到场并负责搬移物品，开拆和重封物品的包装。海关认为必要时，可以单独进行查验。海关对进出境行李物品加施的封志，任何人不得擅自开启或者损毁。

案例 旅客贾某从国外回来，一个行李箱在托运途中遗失，后被航空公司作为遗留行李带至海关进行检查，海关机检后认为需要进一步开箱检查，航空公司于是通知贾某需至海关现场。贾某得知某些国家的海关有“海关锁”的说法，他担心我国海关也会用自有的钥匙直接把他的箱子打开，于是打来电话咨询。

我国海关规定，海关查验行李物品时，物品所有人应当到场并负责搬移物品，开拆和重封物品的包装。因此，没有当事人或其委托人在场的情况下，海关是绝对不会擅自开拆旅客的行李物品的，旅客不需担心自己的行李被海关自行打开后进行查验的情况存在。贾某可以自行到达海关现场或委托他人到场接受海关开箱检查。

三、行李物品的限额

本办法第六条规定：旅客行李物品，应以自用合理数量为限，超出自用合理数量范围的，不准进境或出境。旅客行李物品，经海关审核，按本办法附件《旅客进出境行李物品分类表》规定的范围验放。进出境物品的合理数量和准许各类旅客进出境物品的具体限值、限量及征免税规定，另行制定。

“自用”指旅客本人自用、馈赠亲友而非为出售或出租。“合理数量”指海关根据旅客旅行目的和居留时间所规定的正常数量。这是海关对进出境旅客行李物品实行征税、免税、扣留、退运等的重要依据之一。

案例 旅客小杨从日本旅游回国，入境时携带了面霜50瓶、精华液40瓶、眼影80盒、睫毛膏100支、唇膏50支。据她叙述，是为自用及送给国内亲友的，但经海关工作人员认定，该数量已经超过了自用标准，因此对该批物品按货物报关处理。

虽然海关放行的自用标准里允许旅客本人自用和馈赠亲友，但该案例中小杨携带的数量已经明显超出了上述两条用途，达到了可出售的标准，因此不能算作自用合理数量直接放行。

四、禁限物品处理

本办法第七条规定旅客携运《中华人民共和国禁止进出境物品表》所列的物品进出境，在海关检查以前主动报明的，分别予以没收或者责令退回，并可酌情处以罚款。藏匿不报的，按照《海关法》第四十七条、第四十八条的规定处罚。

旅客携运《中华人民共和国限制进出境物品表》所列物品和中华人民共和国政府特别管制的物品进出境，海关按国家有关法规办理。

小贴士 禁限物品管理请参阅本书第十五章第二节《中华人民共和国禁止进出境物品表》和《中华人民共和国限制进出境物品表》。

五、高层次留学人才相关进出境规定

高层次留学人才携物品进出境，海关凭“为中央单位海外高层次留学人才办理入出境物品免税手续的证明”或“为地方海外高层次留学人才办理入出境物品免税手续的证明”验放。

第三节 《关于在全国各对外开放口岸实行新的进出境旅客申报制度的公告》

【文　　号】海关总署公告2007年第72号

【发布日期】2007－12－11

【生效日期】2008－02－01

海关总署2007年第72号《关于在全国各对外开放口岸实行新的进出境旅客申报制度的公告》，主要是为了进一步简化和规范进出境旅客申报手续，方便旅客进出境，在全国各对外开放口岸实行新的进出境旅客申报制度，对旅客携带进出境需要申报的物品进行了详细全面的规定，并就出入境旅客返程注意事项、享有免验礼遇人员范围及违反海关规定的处罚事宜等各方面作出规定。

一、需要申报的情形

（一）进境旅客需申报的物品

进境旅客携带有下列物品的，应在申报单相应栏目内如实填报，并将有关物品交海关验核，办理有关手续：

1. 动、植物及其产品，微生物、生物制品、人体组织、血液制品。

旅客携带中药材、中成药出境，前往港澳地区的，总值限人民币150元，前往国外的，限人民币300元。麝香不准携带或邮寄出境。

2. 居民旅客在境外获取的总值超过人民币5 000元（含5 000元，下同）的自用物品。

此处的“居民旅客”指出境居留后仍回到境内其通常定居地者。入境主动申报的居民旅客的征税物品享有5 000元人民币的免税额度。

3. 非居民旅客拟留在中国境内的总值超过2 000元的物品。

此处的“非居民旅客”指进境居留后仍回到境外其通常定居地者。

4. 酒精饮料超过 1 500 毫升（酒精含量 12 度以上），或香烟超过 400 支，或雪茄超过 100 支，或烟丝超过 500 克。

小贴士 此条规定按烟酒的一般容量标准即为“两条烟两瓶酒”，但特殊容量的另计。对旅客携带超出 750 毫升/瓶的酒类，每满 750 毫升按照 1 瓶计征关税，超出部分不足 750 毫升的不予计算。对旅客携带不超出 750 毫升/瓶的酒类，按瓶计算，不累计毫升数。

案例 旅客李某携带入境 3 瓶酒精度为 13 度的葡萄酒，其中 2 瓶为 750 毫升，1 瓶为 850 毫升。海关免税放行其 2 瓶 750 毫升（共计 1 500 毫升）的葡萄酒，另一瓶 850 毫升的，按照 1 瓶计征关税。

根据规定，对旅客携带超出 750 毫升/瓶的酒类，每满 750 毫升按照 1 瓶计征关税，超出部分不足 750 毫升的不予计算。因此，需要征税的那瓶 850 毫升的酒，仍然按照“1 瓶”计征关税，即按照海关完税价格 200 元（葡萄酒：12 度至 22 度（不含 22 度）的完税价格为 200 元/瓶）的 50% 即 100 元征收关税。

5. 人民币现钞超过 20 000 元，或外币现钞折合超过 5 000 美元。

国家对货币出入境实行限额管理制度。中国公民出入境、外国人出入境，每人每次携带的人民币不得超出限额。

外币现钞折合超过 5 000 美元并需复带出境的，申报后入境。外币现钞进境未申报的，一般情况下补申报，数额巨大（折合超百万人民币）的情况下，海关另行处理。

案例 一美国籍旅客入境时向海关申报 30 000 美元现钞，关员在验核时发现其申报的外币全部残破严重，故不接受其申报，对其进行解释教育后放行。

外币现钞折合超过 5 000 美元向海关申报的，如果是残破严重的货币，可能出现入境时申报残破货币、复出境时却携带全新货币出境的情况，造成国家外汇流失，因此，残破货币总额虽然超过5 000美元，但海关仍不接受此类申报，并要对申报者进行教育。

6. 分离运输行李，货物、货样、广告品。

分离运输行李入境时未申报的，可自入境之日起6个月内至入境地海关补办手续。

货物、货样、广告品按货物报关流程申报，不接受个人物品形式的申报。

案例1 李某携带一台工厂监测仪器入境，声称此仪器是公司让他带进境的样品，并出示了公司相关发票证明。海关验核后告之李某：工厂监测仪器不属于旅客旅途自用物品范围，因此海关不接受该仪器以个人物品形式进行申报，故必须依照货物样品手续报关。

案例2 旅客小王2月10日入境，他有分离运输行李在他入境后一段时间内托运回国，但他在2月10日入境时忘记向海关申报。3月5日，他来到当初入境地海关现场希望补办手续。

根据规定，旅客在入境当日起的6个月内，可以返回当日入境地海关现场补办分离运输行李申报手续，但必须提供入境当日航班号、日期等信息，不能本人前去办理的，可委托他人代办，但被委托人需要提供委托人护照原件或复印件、委托书以及被委托人本人身份证件原件。所以小王可到入境地海关补办手续，同时须提供相关信息。

7. 其他需要向海关申报的物品。

（二）出境旅客需申报的物品

出境旅客携带有下列物品的，应在申报单相应栏目内如实填报，并将有关物品交海关验核，办理有关手续：

1. 文物、濒危动植物及其制品、生物物种资源、金银等贵重金属。

任何单位或者个人运送、邮寄、携带文物出境，应当向海关申报；海关凭文物出境许可证及火漆印放行。

濒危动植物及其制品、生物物种资源，凭野生动植物允许进出口证明书/非进出口野生动植物种商品目录物种证明核放。

携带或复带金银出境，限量50克（含50克，白银饰品据此相应从宽掌握），超出部分海关凭中国人民银行出具的证明或者原入境时的申报单登记的数量查验放行；不能提供证明的或者超过原入境时申报单的登记的数量的，不许出境。

海关提醒 严禁进出口犀牛角和虎骨（包括其任何可辨认部分和含其成分的药品、工艺品等）。对旅客携带进境的药用羚羊角限50克，超出的，海关凭中华人民共和国濒危物种进出口管理办公室的批件，按照《中华人民共和国海关进出口税则》予以征税放行。

案例 王某携带一件瓷器到国内做鉴定，复出境时向海关出示了文物出境许可证及火漆印，但关员验核时发现火漆印已经被人为损毁，于是对其携带的文物不予放行。

文物出境时，海关验凭完整、无损坏的文物出境许可证及火漆印放行。火漆印必须由海关拆封，旅客不可私自拆毁。因此，海关对该物品不予放行。

2. 居民旅客需复带进境的单价超过5 000元的照相机、摄像机、手提电脑等旅行自用物品。

上述物品只能按出境时原物品性状申报，填写申报单并经海关验核盖章后，旅客需保存该申报单至复入境时向海关提交，该申报单仅限一次进出境有效。

案例 袁某出境时携带一台旧的惠普笔记本电脑向海关申报，关员验核该电脑的品牌型号及编号后盖章放行。1个月后，袁某复入境并向海关提交该申报单，关员核对实物时发现他携带入境的电脑虽然品牌仍为惠普，但型号与申报不符且电脑为全新，因此该复入境申报无效。经询问发现他携带入境的是境外重新购买的新电脑，最后对其进行教育后征税放行。

根据规定，海关对出境申报的物品要进行品牌型号及编号核对，且海关只对需复带进境的物品接受申报，如果复入境时携带的不是同一物品，则该申报是无效的。

3. 超过20 000元人民币现钞，或超过折合5 000美元外币现钞。

国家对货币出入境实行限额管理制度。中国公民出入境、外国人出入境，每人每次携带的人民币不得超出限额。

海关提醒 外币现钞旅客主动申报的，凭外汇指定银行开具的携带外汇出境许可证放行。出境人员携出金额在等值10 000美元以上的，应当向存款或购汇银行所在地国家外汇管理局各分支局申领携带证，海关凭加盖外汇局印章的携带证验放。

案例 某韩国籍旅客携带50 000人民币现钞入境，向海关申报，关员告知其只可携带20 000人民币现钞出入境的规定，放行20 000人民币现钞，其余30 000人民币现钞作待退外处理。

根据规定如果携带了超过20 000元的人民币现钞入境且主动向海关申报，海关对超出部分进行待退外处理，即旅客复出境时将超出部分复带出境。

4. 货物、货样、广告品。

旅客需提前至通关现场海关货物柜台进行咨询并申报，此类物品不接受以个人物品形式进行的申报。

5. 其他需要向海关申报的物品。

（三）“中华人民共和国进出境旅客行李物品申报单”

需要申报的旅客，通关时选走海关红色通道，填写“中华人民共和国进出境旅客行李物品申报单”（如下图）。

正面

中 华 人 民 共 和 国 海 关
进出境旅客行李物品申报单

请仔细阅读申报单背面的填单须知后填报

姓＿＿ 名＿＿ 男□ 女□
护照（进出境证件）号码＿＿
出生日期＿＿年＿＿月＿＿日 国籍（地区）＿＿

进境旅客填写	出境旅客填写
来自何地＿＿	前往何地＿＿
进境航班号/车次/船名＿＿	出境航班号/车次/船名＿＿
进境日期　　年　　月　　日	出境日期　　年　　月　　日
携带有下列物品请在“□”划√	携带有下列物品请在“□”划√
□1. 动、植物及其产品、微生物、生物制品、人体组织、血液制品 □2. 居民旅客在境外获取总值超过人民币5000元的物品 □3. 非居民旅客拟留在境内总值超过2000元的物品 □4. 超过1500毫升的酒精饮料，或超过400支香烟，或超过100支雪茄，或超过500克烟丝 □5. 超过20000元人民币现钞或超过折合美元5000元外币现钞 □6. 分离运输行李，货物、货样、广告品 □7. 其它需要向海关申报的物品	□1. 文物、濒危动植物及其制品、生物物种资源、金银等贵重金属 □2. 居民旅客携带需复带进境的单价超过人民币5000元的照相机、摄像机、手提电脑等旅行自用物品 □3. 超过20000元人民币现钞，或超过折合5000美元外币现钞 □4. 货物、货样、广告品 □5. 其它需要向海关申报的物品

携带有上述物品的，请详细填写如下清单

品名/币种	型号	数量	金额	海关批注

我已经阅读本申报单背面所列事项，并保证所有申报属实。

旅客签名：＿＿＿＿＿＿

背面

一、重要提示：

1. 没有携带应向海关申报物品的旅客，无需填写本申报单，可选择“无申报通道”（又称“绿色通道”，标识为“●”）通关。
2. 携带有应向海关申报物品的旅客，应当填写本申报单，向海关书面申报，并选择“申报通道”（又称“红色通道”，标识为“■”）通关。海关免予监管的人员以及随同成人旅行的16周岁以下旅客可不填写申报单。
3. 请妥善保管本申报单，以便在返程时继续使用。
4. 本申报单所称“居民旅客”系指其通常定居地在中国关境内的旅客，“非居民旅客”系指其通常定居地在中国关境外的旅客。
5. 不如实申报的旅客将承担相应法律责任。

二、中华人民共和国禁止进境物品：

1. 各种武器、仿真武器、弹药及爆炸物品；
2. 伪造的货币及伪造的有价证券；
3. 对中国政治、经济、文化、道德有害的印刷品、胶卷、照片、唱片、影片、录音带、录像带、激光唱盘、激光视盘、计算机存储介质及其它物品；
4. 各种烈性毒药；
5. 鸦片、吗啡、海洛因、大麻以及其它能使人成瘾的麻醉品、精神药物；
6. 新鲜水果、茄科蔬菜、活动物（犬、猫除外）、动物产品、动植物病原体和害虫及其它有害生物、动物尸体、土壤、转基因生物材料、动植物疫情流行的国家和地区的有关动植物及其产品和其它应检物；
7. 有碍人畜健康的、来自疫区的以及其它能传播疾病的食品、药品或其它物品。

三、中华人民共和国禁止出境物品：

1. 列入禁止进境范围的所有物品
2. 内容涉及国家秘密的手稿、印刷品、胶卷、照片、唱片、影片、录音带、录像带、激光唱盘、激光视盘、计算机存储介质及其它物品；
3. 珍贵文物及其它禁止出境的文物；
4. 濒危的和珍贵的动、植物（均含标本）及其种子和繁殖材料。

小贴士 旅客的分类：

“非居民”指进境居留后仍回到境外其通常定居地者。

“居民”指出境居留后仍回到境内其通常定居地者。

“旅客”指进出境的居民或非居民。

“短期旅客”指获准进境或出境暂时居留不超过一年的旅客。

“长期旅客”指获准进境或出境连续居留时间在一年以上（含一年）的旅客。

“定居旅客”指取得中华人民共和国主管部门签发的进境或出境定居证明或批准文件，移居境内或境外的旅客。

“过境旅客”指持有效过境签证，从境外某地，通过境内，前往境外另一地的旅客。

二、其他监管物品的申报注意事项及处置办法

（一）暂时进出境物品

1. 暂时进出境物品是指海关凭担保准予暂时免税放行的物品，包括参加文化交流、体育赛事、演唱会等活动需要暂时进出境物品。

其中“担保”是指以向海关缴纳保证金或提交保证函的方式，保证在规定期限内履行其承诺的义务的法律行为。

暂时进出境物品应由旅客在规定期限（6个月）内，办结进出境手续或将原物复带出境或进境。

2. 暂时进出境物品的审批。

（1）大型文化、体育赛事活动，总担保（银行保函或保证金）至海关行邮处（也可凭行邮处意见现场收取总担保），现场凭行邮处意见、保函、清单办理暂时进出境手续。

（2）小型临时性活动，如携带少量服装、道具、乐器等演出器材，能归为个人自用合理数量的物品，按规定进行正常验放，超出自用合理数量的，现场经带班科长审批后凭相当于关税的保证金放行，物品不属于海关禁限物品的，不必加验相关单位的批文。

（3）其他暂时进出境物品，旅客提出以保函方式担保的，需请示分管处领导同意，凭分管处领导书面意见、保函、清单办理手续。

（二）记者摄影、摄像器材

1. 国宾记者指外国国家元首、政府首脑和外交部长等国宾团随行记

者，由人大常委会、政协常委会、中联部和国防部接待来访的外国正副议长、政党和军队领导人所率代表团的随行记者。

国宾记者所用采访器材，海关凭中国外交部新闻司出具的“国宾随行记者器材证明信”和器材清单，免担保查验（证明信注明免验的可免验）放行。

2. 外国常驻记者（持记者 J－1 签证），中国港澳常驻记者（持港澳新闻机构常驻内地记者证）。

海关按照《中华人民共和国海关对常驻机构进出境公用物品监管办法》（海关总署令第 115 号）办理相关手续。

3. 短期来访记者具体如下：

（1）外国记者（持记者 J－2 签证）（详见《总署 2008 年第 104 号公告》）。

可凭海关认可的邀请单位担保函、器材清单，查验放行；也可凭海关认可的银行或非银行金融机构的担保函或相当于税款的保证金、器材清单，查验放行。

（2）中国港澳记者（详见《总署 2009 年第 19 号公告》）。

海关凭全国记协出具的证明（其他接待部门，加验审批机关的批件）和保函及物品清单办理暂时进境手续。

不能提供上述证明和保函的，海关凭审批机关的批件，收取保证金后暂时免税放行。上述经海关准予暂时免税进境的物品应在规定的期限内复运出境。

（3）中国台湾记者（详见《总署 2009 年第 31 号公告》）。

凭中华全国新闻工作者协会或各省（自治区、直辖市）及深圳市、新疆生产建设兵团台办开具的器材通关批准书和担保函、采访器材清单办理暂时进境手续。不适用保证金。

采访活动结束后，记者应及时将采访器材复运出境，并办理担保函或保证金结案手续。

非采访用专业摄影摄像器材可按暂时进出境物品办理手续。

小贴士 记者采访器材的主要种类有：

（1）照相机机身；（2）各种型号专业镜头；（3）闪光灯；（4）三角架；（5）暗房用冲、印设备；（6）摄像机及镜头；（7）电视监视器；（8）录像机及录像带；（9）三角架；（10）照明设备；（11）录音机；（12）充电器和电池；（13）各种连接线；（14）传真机及附件；（15）便携式打字机和电脑打字机；（16）对讲机（须经我无线电管委会批准）。

（三）免于监管与免验

1. 免于监管是指对所携行李物品及乘坐的专用运输工具，海关不到场监管。免于监管是一种最高规格的礼遇。

我国人员免于监管的海关验放情形，由外交部，中联部，全国人大常委会办公厅等部门的通知确定。

外国人员免于监管的海关验放情形，由外交部，中共中央联络部的通知来确定。

2. 免验是指对所携行李物品给予免于查验的礼遇。

海关提醒 对确有根据证明免验人员行李中有我国禁止进出口物品或有违反海关规定情事的，海关可以进行查验（查验时，行李物品所有人或者代理人必须在场）并作查验记录。

（四）物品退运

指旅客行李物品因无法办结海关手续不能携带进/出境，或因违反海关规定被海关责令退运，需要带返的情形。

退运分为退内（即退回国内）和退外（即退回境外）两种情况。

退运可以即时带返，也可以将物品暂存指定的仓库，物品所有人在三个月内办理退运、结案手续。逾期不办的，由海关依照《海关法》第三十三条的规定处理。

（五）放弃物品

对禁止进出境或未办结海关手续的物品，在物品所有人没有违反海关规定且自愿放弃的情况下，可开具放弃物品声明，作为该物品办理海关手续的凭证。

凭旅客填写的海关申报单，开具放弃物品声明，注明放弃物品的名称和数量，并由旅客签名。

（六）旅检现场货物、货样的标准

旅检渠道“客带货”主要指旅客或企业以手提或托运形式随身携带货物、货样、广告品进出关境。旅检处客带货专窗作为空运普货报关的补充，其设立是为方便旅客或企业就近完成相关海关进出口报关手续，加快整体通关效率。

1. 旅检现场物品和货物的区分。

自用、合理数量既是海关验放进出境旅客行李物品的基本原则，也是区分货物、物品的重要标准。物品与货物的本质区别在于其是否具有贸易属性，物品具有非贸易（即合理自用）的属性，包括个人自用物品，公司及机构公用物品、礼品等。

2. 旅检现场对于客带货的认定标准。

在旅检现场，对于客带货的认定应遵循原则性和灵活性相结合的原则。

按海关规定，旅客携带超过自用合理数量的物品应视作货物，需要完成相关货物通关手续后方能携带进出境。但实际情况是部分物品虽然超量，但仍具有非贸属性，若按货物要求其办理通关手续，当事人无法提供相关报关所需材料，无法进行货物报关。对此应根据实际情况按物品进行征税手续。

当旅客携带的行李特征介于货物与物品之间，难以界定时，在征得当事人同意后，按物品从简办理。

对于低值货物、货样及广告品，若现场根据其提供发票与其他证明文件在核物后发现其未到 50 元人民币的起征点，应按照物品进行办理。

其他具有明显货物属性，数量相对较大、价值相对较高的应当按照货物进行认定，须完成相应的货物通关手续。

（七）侵犯知识产权物品

1. 认定标准：凡是涉嫌侵犯商标权、著作权、专利权及世博标志的货物、物品都属于侵犯知识产权物品范畴。

2. 备案查询：海关仅主动保护在海关备案过的知识产权，查获涉嫌侵权物品后应先查询是否在海关备案。

3. 数量认定：标有知识产权的最小商品个体为 1 件的计数标准。如假烟，每一支香烟上都有侵权商标，因此数量即为香烟的支数而非条数。

（八）违规处罚

常见违规类型及范围：

1. 人民币现钞：未主动申报的。

2. 外币现钞：未主动申报的。

3. 整根象牙、超过 2.88 公斤的象牙制品，及其他涉及公约及涉嫌走私国家Ⅰ类、Ⅱ类保护的珍贵动植物。

4. 携运涉嫌文物出境，未主动申报的。

5. 携运超量金银出境，未主动申报的，案值较大的。

6. 一般货物、物品，未主动申报的，自然人偷逃应缴税额较大的。

海关对上述主要违规案件视具体情况予以处罚。

三、后续注意事项

1. 旅客应在旅客行李物品监管时限内办结物品进出境的海关手续。旅客行李物品监管时限是指非居民本次进境之日始至最近一次出境之日止，或居民本次出境之日始至最近一次进境之日止的时间。

2. 非居民旅客返程出境时，如需要选择“申报通道”通关，可在其原进境时填写并经海关批注和签章的申报单上出境栏目内填写相关内容，或者另填写一份申报单，向海关办理出境申报手续。

3. 居民旅客回程进境时，如需要选择“申报通道”通关，可在其原进境时填写并经海关批注和签章的申报单上出境栏目内填写相关内容，或者另填写一份申报单，向海关办理进境申报手续。

第十三章　特定人员

本章所指的“特定人员”包括留学回国人员、我驻外使领馆离任馆员、高层次人才、非居民长期旅客及常驻人员等。

本章主要介绍上述人员进出境物品相关的政策法规，涉及《中华人民共和国海关对常驻机构进出境公用物品监管办法》、《中华人民共和国海关对非居民长期旅客进出境自用物品监管办法》、《中华人民共和国海关对高层次留学人才回国和海外科技专家来华工作进出境物品管理办法》、《驻外使领馆工作人员离任回国所携自用车辆进口税收的暂行规定》以及《关于回国服务的在外留学人员用现汇购买个人自用国产小汽车有关问题的通知》。

第一节　相关法律体系

海关针对不同特定人员，同样形成了包括法律、行政法规、部门规章、规范性文件等四个层次的法律体系框架，在加强对这类人员进出境行李物品监管、提高旅客通关效率、维护海关形象等方面发挥着巨大的作用。

一、法律

在以下法律中，对涉及旅客以随身携带方式进出境物品监管的方面均有明文规定，是监管现场执法的重要依据。

1.《中华人民共和国刑法》，其中涉及对毒品、麻醉药品和精神药品的海关监管规定。

2.《海关法》，其中涉及旅检部分的监管规定是海关旅检现场主要执法依据之一。

3.《全国人大常委会关于禁毒的决定》（主席令第 38 号），其中涉及海关对毒品、麻醉药品和精神药品的进出境监管、查缉的规定。

4.《中华人民共和国枪支管理法》（主席令第 72 号），对枪支进出境的海关监管作出了规定。

5.《中华人民共和国文物保护法》（主席令第 84 号），主要参照其中涉及文物进出境的海关验放规定。

二、行政法规

下列法规涉及海关对旅客非随身进出境行李物品的申报与放行标准、对禁限物品的规范和约束等，具体如下：

1.《公安部对部分刀具实行管制的暂行规定》（〔83〕公发（治）31 号）（国务院批准、公安部发布），其中涉及海关对管制刀具的监管规定。

2.《中华人民共和国无线电管理条例》（国务院、中央军事委员会令第 128 号），其中涉及海关对无线电接收设备的进出境管制规定。

3.《卫星电视广播地面接收设施管理规定》（国务院令第 129 号），是海关对卫星电视广播地面接收设施进出境监管的执法依据。

4.《中华人民共和国知识产权海关保护条例》（国务院令第 179 号），是海关对侵犯知识产权物品进出境监管及处罚的执法依据。

5.《麻醉药品和精神药品管理条例》（国务院令第 442 号），其中涉及海关对麻醉药品和精神药品的进出境监管、查缉的规定。

6.《中华人民共和国濒危野生动植物进出口管理条例》（国务院令第 465 号），主要是对濒危野生动植物进出口的管理规定。

三、部门规章

海关对旅客以分离运输方式进出境物品的监管中涉及的部门规章，是现场执法、监管的主要依据和参考，主要有以下几部：

1.《中华人民共和国海关对旅客携运和个人邮寄文物出口的管理规

定》(〔85〕署行字第93号根据监二(一)字〔1989〕167号文修改),对文物出境监管做出专门规定。

2.《中华人民共和国海关对进出境旅客行李物品监管办法》(署令第9号),其中对进出境旅客行李物品监管作出了详尽的规范。

3.《中华人民共和国海关对中国籍旅客进出境行李物品的管理规定》(署令第58号),其中对中国籍旅客进出境行李物品监管作出了具体全面的规范。

4.《中华人民共和国海关对进出境旅客旅行自用物品的管理规定》(署令第35号),对自用物品的范围、限量以及监管作出了规定。

5.《中华人民共和国禁止进出境物品表》和《中华人民共和国限制进出境物品表》(署令第43号),对禁限物品的种类及监管办法作出了规定。

6.《文物进出境审核管理办法》(文化部令第42号),对文物出境监管作出了专门规定。

7.《中华人民共和国海关关于〈中华人民共和国知识产权海关保护条例〉的实施办法》(海关总署令第183号),是海关对侵犯知识产权物品进出境监管的执法依据之一。

8.《中华人民共和国海关对于常驻机构进出境公用物品监管办法》(海关总署令第115号;第193号),主要是为了规范海关对常驻机构进出境公用物品的管理。

9.《中华人民共和国海关对非居民长期旅客进出境自用物品监管办法》(海关总署令第116号;第194号),主要是为了规范海关对非居民长期旅客进出境自用物品的管理。

10.《中华人民共和国海关对高层次留学人才回国和海外科技专家来华工作进出境物品管理办法》(海关总署令第154号),主要是为了鼓励高层次留学人才和海外科技专家回国(来华)工作,推动国家科技进步,方便高层次人才携运教学、科研物品以及生活自用物品进出境,简化通关手续。

四、规范性文件

海关对旅客进出境行李物品的监管执法依据,相关公告条文主要有以下几部：

1. 海关总署《关于对20种商品停止减免关税和进口环节增值税的公告》（2004年第7号）。

2.《国家濒管办、海关总署关于重新调整“野生动植物允许进出口证明书”和“非进出口野生动植物种商品目录物种证明”签发机关及其管辖范围、联系方式的公告》（2005年第5号）。

3.《濒危物种进出口管理办公室、海关总署关于公布〈进出口野生动植物种商品目录〉的公告》（2009年第3号）。

4.《国家食品药品监督管理局、海关总署关于麻醉药品和精神药品海关商品编号的联合公告》（2009年第87号），是海关对麻醉药品和精神药品进出境监管的执法依据之一。

5.《海关总署关于办理外国常驻新闻机构、外国记者采访器材进出境手续的公告》（2008年第104号）。

6.《海关总署关于港澳常驻新闻机构和港澳记者采访器材进出境海关手续的公告》（2009年第19号）。

7.《海关总署关于台湾记者采访器材进出境海关手续的公告》（2009年第31号）。

8.《海关总署关于境外记者办理异地返还采访器材保证金海关手续的公告》（2009年第59号）。

五、其他规范性文件

各部门出台的其他规范性文件，是海关进出境监管执法的重要依据，也是海关监管现场维护正常通关秩序、确保通关效率的重要法律支持。主要有以下几部：

1.《海关总署关于实施〈中华人民共和国海关对常驻机构进出境公用物品监管办法〉和〈中华人民共和国海关对非居民长期旅客进出境自用物品监管办法〉的通知》（署监发〔2004〕259号）。

2.《海关总署关于实施〈中华人民共和国海关对高层次留学人才回国和海外科技专家来华工作进出境物品管理办法〉有关问题的通知》（署监

发〔2006〕0622 号）。

3.《关于海外高层次留学人才回国工作绿色通道有关入出境及居留便利问题的通知》（人社部发〔2009〕0113 号）。

4.《海关总署关于对出境文物凭国家文物局颁发的〈文物出境许可证〉验放问题的通知》（署监〔1995〕126 号）。

5.《关于将仿真武器列为禁止进出境物品的通知》（署监二〔1993〕50 号）。

6.《关于加强麻醉药品精神药品进出口管理有关问题的通知》（国药监安〔2001〕585 号），是海关对麻醉药品精神药品进出口监管的执法依据之一。

7.《进口无线电发射设备的管理规定》（国无管〔1995〕15 号）。

8.《关于进一步加强无线广播电视发射设备管理的通知》（广发技字〔2002〕585 号）。

9.《监管司关于对旅客携运进境卫星电视接收设备加强管理的通知》（监管〔1999〕2 号），对卫星电视接收设备的出入境监管作出了规定。

10.《关于回国服务的在外留学人员用现汇购买个人自用国产小汽车有关问题的通知》（署监二〔1992〕1600 号）。

第二节 《中华人民共和国海关对常驻机构进出境公用物品监管办法》

【文　　号】海关总署令第 115 号；第 193 号

【发布日期】2004－06－16；2010－11－01

【生效日期】2004－08－01；2010－12－05

《中华人民共和国海关对常驻机构进出境公用物品监管办法》（以下简称《常驻机构监管办法》）是根据《海关法》和其他有关法律、行政法规制定的。其目的是为了规范海关对常驻机构进出境公用物品的管理。

《常驻机构监管办法》对不同种类的常驻机构享有的征免税权利、进出境公用物品的种类、常驻机构的海关备案、进出境物品及车辆监管、应承担的法律责任都作了详细的规定。该办法是海关对常驻机构进出境物品监管的基本规章。

《常驻机构监管办法》共六章二十四条，包括总则、进境公用物品监管、出境公用物品监管、进境免税机动车辆后续监管、法律责任、附则六部分。

一、主要内容

1. 明确了制定《常驻机构监管办法》的目的以及相关的法律依据。

2. 规定了常驻机构进出境公用物品的条件和要求、对进境公用物品征税的法律依据，明确了不同种类的常驻机构进出境物品的征免税权利。

小贴士 常驻机构进境公用物品应照章征税，但是根据政府间协议设立的常驻机构，经主管海关审核无误后，准予免税进境。

二、常驻机构进境物品的监管

（一）常驻机构备案须提交的五份材料

《常驻机构监管办法》规定，常驻机构首次申请进境公用物品前，应当向主管海关办理备案手续。在办理机构备案时，常驻机构应当向海关提交以下材料：

1. 设立常驻机构审批机关的批准文件正本和复印件；

2. 主管部门颁发的注册证明正本和复印件；

3. 常驻机构报关印章式样；

4. 常驻机构负责人签字式样、身份证件正本和复印件；

5. 常驻机构中常驻人员名册，名册含常驻人员姓名、性别、国籍、有效进出境证件号码、长期居留证件号码、到任时间、任期、职务及在中国境内的住址等内容。

《常驻机构监管办法》规定，常驻机构如果申请进境公用物品，须先进行海关备案。但是，进行海关备案并不是强制性的，如果机构不准备进出境任何物品，可以不办理备案手续。

小贴士 《常驻机构监管办法》中有关设立常驻机构的审批机关的批准文件，是根据不同的主管部门而定的。比如，一般的经贸企业、机构，其审批机关就是商务部主管部门，而航空公司的常驻机构，则需要由民航总局审批，旅游机构的常驻机构由国家旅游局审批，律师事务所由司法部主管部门审批，保险公司、银行、证券机构的常驻机构分别由保监会、银监会和证监会等相关部门的主管单位审批。

（二）常驻机构进境公用物品须交验的单证

《常驻机构监管办法》规定，常驻机构申请进境公用物品，须向海关交验下列单证：

1. 常驻机构备案证；
2. 中华人民共和国海关进出境公用物品申请表；
3. 提（运）单、发票和装箱单等相关单证。

（三）常驻机构进境机动车辆总数的限定

《常驻机构监管办法》规定，常驻机构进境机动车辆，海关按照该机构常驻人员的实际人数核定其进境车辆的总数：

1. 常驻人员在 5 人以下的，进境车辆总数为 1 辆；
2. 常驻人员在 6 人以上 10 人以下的，进境车辆总数不超过 2 辆；
3. 常驻人员在 11 人以上 20 人以下的，进境车辆总数不超过 3 辆；
4. 常驻人员在 21 人以上 30 人以下的，进境车辆总数不超过 4 辆；
5. 常驻人员在 31 人以上的，进境车辆总数不超过 6 辆。

海关提醒 2010 年 5 月 25 日，海关总署发布第 32 号公告，自 2010 年 7 月 1 日起，常驻机构及常驻人员不得进境旧机动车。对其旧机动车辆进境申请，海关不予受理。因此，有进境自用车辆需求的常驻机构在申请时要特别注意。

（四）常驻机构进境机动车辆的转让和出售

《常驻机构监管办法》规定，常驻机构征税进境的机动车辆有丢失、被盗、转让或出售给他人、超出监管期限等情形的，常驻机构不得重新申请进境机动车辆；但是常驻机构进境的机动车辆如果因事故、不可抗力等原因遭受严重损毁或因损耗、超过使用年限等原因丧失使用价值，经报废处理后，常驻机构凭公安交通管理部门出具的机动车辆注销证明，经主管海关同意办理机动车辆结案手续后，可按结案数量重新申请进境机动车辆。

（五）常驻机构进境货样、广告品的规定

《常驻机构监管办法》规定，常驻机构为开展业务进境的货样、广告品及暂时进口货物，经主管海关核准后，按照海关相关法规办理手续。

三、常驻机构出境公用物品的监管

以下对常驻机构申请出境公用物品和车辆分别作一一说明。

（一）公用物品出境的申报和通关

常驻机构申请将原进境的公用物品复运出境，应当持常驻机构备案证、进出境公用物品申请表等有关单证向主管海关提出申请。常驻机构在出境地海关办理公用物品报关手续时，应当填写出口货物报关单，并提交经主管海关批注的申请表等相关单证。出境地海关应当将物品验放结果在申请表回执联上批注，并退回主管海关备核。

（二）公用车辆出境的申报和通关

常驻机构申请将原进境的机动车辆复运出境的，主管海关在审核批准后开具中华人民共和国海关监管车辆进/出境领/销牌照通告书（以下简称领/销牌照通知书），常驻机构凭此向公安交通管理部门办理注销牌

照手续。主管海关收到领/销牌照通知书回执联后应将牌照注销情况在申请表上批注。常驻机构在出境地海关办理机动车辆报关手续时，应当填写出口货物报关单，并提交经主管海关批注的申请表等相关单证。出境地海关应当将车辆验放结果在申请表回执联上批注，并退回主管海关备核。

四、进境免税机动车辆的后续监管

1. 常驻机构依据《常驻机构监管办法》免税进境的机动车辆，属于海关监管车辆，主管海关对其实施后续监管，监管期限为自海关放行之日起6年。未经海关批准，进境机动车辆在海关监管期限内不得擅自转让、出售、出租、抵押、质押或者进行其他处置。

2. 监管车辆的年审制度。

根据《常驻机构监管办法》的规定，海关对常驻机构进境监管机动车辆实行年审制度。常驻机构应当根据主管海关的公告，在规定的时间内，将进境监管机动车辆驶至指定地点，持监管车辆登记证、机动车辆行驶证、常驻机构海关备案证到主管海关办理机动车辆海关年审手续，年审合格后主管海关在监管车辆登记证上加盖年审印章。

3. 监管车辆的转让和补税。

（1）根据《常驻机构监管办法》的规定，常驻机构监管机动车辆自海关放行之日起超过4年的，经主管海关批准，可以按规定将监管机动车辆转让给其他常驻机构或者常驻人员，或者出售给特许经营单位。受让方机动车辆进境指标相应扣减。机动车辆受让方同样享有免税进境机动车辆权利的，受让机动车辆予以免税，受让方主管海关在该机动车辆的剩余监管年限内实施后续监管。

（2）常驻机构转让进境监管机动车辆时，应当由受让方向主管海关提交经出、受让双方签章确认的中华人民共和国海关公/自用车辆转让申请表（以下简称转让申请表）及其他相关单证。受让方主管海关审核批注后，将转让申请表转至出让方主管海关。出让方主管海关批准后，出让方凭其主管海关开具的领/销牌照通知书向公安交通管理部门办理机动车辆牌照注销手续；出让方主管海关办理机动车辆结案手续后，将机动车辆进境原始档案及转让申请表回执联转至受让方主管海关。受让方凭其主管海关出具的领/销牌照通知书向公安交通管理部门办理机动车辆牌照申领手续。应当补税的机动车辆由受让方向其主管海关依法补缴税款。

（3）常驻机构进境监管机动车辆出售时，应当由特许经营单位向常驻机构的主管海关提交经常驻机构盖章确认的转让申请表，主管海关审核无误后，由特许经营单位参照前款规定办理机动车辆注销牌照等结案手续，并依法向主管海关补缴税款。

4. 监管车辆的解除监管手续。

监管机动车辆的海关监管期限届满的，常驻机构应当持中华人民共和国海关公/自用车辆解除监管申请表、监管车辆登记证、机动车辆行驶证和海关备案证向主管海关申请解除监管。主管海关核准后，开具中华人民共和国海关监管车辆解除监管证明书，常驻机构凭此向公安交通管理部门办理有关手续。

五、法律责任

对常驻机构未按照本办法规定向海关办理监管机动车辆年审手续，擅自转让、出售监管机动车辆，或者有其他走私、违反海关监管规定行为的，海关将依照《海关法》、《中华人民共和国海关法行政处罚实施条例》予以处罚；构成犯罪的，依法追究刑事责任。

六、附则主要内容

本章对《常驻机构监管办法》中的专用术语及含义进行了解释。包括：

1. “常驻机构”是指境外企业、新闻机构、经贸机构、文化团体及其他境外法人经中华人民共和国政府主管部门批准，在境内设立的常设机构。

2. “主管海关”是指常驻机构所在地的直属海关或者经直属海关授权

的隶属海关。

3. “公用物品”是指常驻机构开展业务所必需的办公设备、办公用品及机动车辆。

4. “机动车辆”是指小轿车、越野车、9座及以下的小客车。

七、海关总署令第193号相关修改内容

为进一步提升海关的信息化管理水平，提高通关效率，海关总署于2011年1月1日起在全国海关推广使用计算机系统对驻华外交机构和人员、常驻机构和非居民长期旅客办理备案、物品和车辆进出境手续，驻外使领馆离任回国人员办理车辆进境手续，留学生办理购买国产免税车手续，旅客办理进境分离运输行李物品手续进行管理。为适应计算机管理的要求，海关总署发布了《海关总署关于修改〈中华人民共和国海关对常驻机构进出境公用物品监管办法〉的通知》（海关总署令第193号），对中华人民共和国海关进出境公用物品申请表的部分内容和格式进行调整。

1. 在表头部分增加申请机构名称及海关代码、物品批文号、进/出境、起运/运抵国（地区）、装货/指运港、运输方式（水路 铁路 汽车 航空 邮政 其他）、运输工具名称、航次（班）号、提运单号、件数、毛重（千克）、备注共12个项目，删除国籍、地址、登记证号码共3个项目。

2. 增加“可由受托方填写”项目栏，具体包括进/出境日期、包装种类、体积、标箱数、内包装件数、受托方名称及海关代码（身份证件号码）共6个项目。

3. 在表体部分增加项号、物品税号、规格/型号、币制、备注共5项，删除进出境地海关批注、有效期2个项目。

案例 2012年6月11日，某外国新闻常驻机构的工作人员持常驻机构海关备案证、提单、发票、装箱单及进出境自用物品申请表等，到海关业务现场办理机构公用物品的进境申请手续。海关关员审核相关单证后未予马上办理，这是什么原因？

海关关员在审核后发现，该常驻机构确实已在海关备案，但是由于机构工作人员的疏忽，未能在常驻机构备案证有效期到期前及时办理延期手续，从而影响其进境公用物品的使用，同时由于无法及时通关，机构还有可能要额外支付一定的仓储费用和滞报费用。在此特别提醒各常驻机构，机构备案证有效期到期要及时办理延期手续，以免造成不必要的损失。

第三节 《中华人民共和国海关对非居民长期旅客进出境自用物品监管办法》

【文　　号】海关总署令第116号；第194号

【发布日期】2004-06-16；2010-11-01

【生效日期】2004-08-01；2010-12-05

《中华人民共和国海关对非居民长期旅客进出境自用物品监管办法》(以下简称《非居民监管办法》) 是根据《海关法》和其他有关法律、行政法规制定的，其目的是为了规范海关对非居民长期旅客进出境自用物品的管理。

《非居民监管办法》对非居民长期旅客、常驻人员的界定、不同种类常驻人员应享有的征免税权利、非居民长期旅客进出境自用物品征免税规定、免税进境物品和车辆的后续监管以及需承担的法律责任等都作了详细的规定。该办法是海关对非居民长期旅客进出境物品监管的基本规章。

《非居民监管办法》共六章二十一条，包括总则、进境自用物品监管、出境自用物品监管、进境免税机动车辆后续监管、法律责任和附则。

一、主要内容

1. 明确制定《非居民监管办法》的目的以及相关的法律依据。

2. 规定了非居民长期旅客进出境自用物品的条件和要求和进境应税自

用物品的法律依据，规定了不同类型的非居民长期旅客进出境物品的征免税权利。

二、非居民长期旅客进境自用物品

（一）非居民长期旅客进境自用物品应提交的单证

根据《非居民监管办法》的相关规定，非居民长期旅客申请进境自用物品，应当向主管海关交验下列单证：

1. 本人的身份证件；
2. 长期居留证件；
3. 进出境自用物品申请表；
4. 提（运）单、装箱单等相关单证。

海关提醒 根据规定，非居民长期旅客办理进境自用物品申请手续时，应提交本人的身份证件中包括：进出境使用的护照、港澳居民来往内地通行证、台湾居民来往大陆通行证以及常驻人员在境内工作应办理的劳动就业证、常驻人员工作证、专家证等。

非居民长期旅客在进境地海关办理自用物品报关手续时，应当由本人或其委托的报关企业提交经主管海关审批的申请表，并交验提（运）单、装箱单等相关单证。

（二）常驻人员申请进境机动车辆应交验的单证

根据《非居民监管办法》的相关规定，非居民长期旅客中的常驻人员可以申请进境机动车辆。申请时应向海关交验下列单证：

1. 本人的身份证件及复印件；
2. 长期居留证件及复印件；
3. 进出境自用物品申请表；
4. 提（运）单、装箱单等相关单证；

5. 所在常驻机构的中华人民共和国海关常驻机构备案证或者所在外商投资企业的进出口货物收发货人报关注册登记证书。

（三）常驻人员征税进境机动车辆的报废及出售规定

根据《非居民监管办法》的相关规定，常驻人员征税进境的机动车辆丢失、被盗、转让或出售给他人、超出监管期限等情形的，常驻人员不得重新申请进境机动车辆。

常驻人员征税进境的机动车辆因事故、不可抗力等原因遭受严重损毁或因损耗、超过使用年限等原因丧失使用价值，经报废处理后，常驻人员凭公安交通管理部门出具的机动车辆注销证明，经主管海关同意办理机动车辆结案手续后，可重新申请进境机动车辆 1 辆。

（四）常驻人员自用车辆的转让规定

根据规定，常驻人员征税进境的机动车辆自向公安交通管理部门办结车辆登记手续之日起 1 年后，方可准予转让过户。常驻人员机动车辆转让过户时，应当向其主管海关提出书面申请，并交验下列单证：

1. 常驻人员的身份证件；
2. 长期居留证件；
3. 机动车辆行驶证；
4. 常驻人员所在常驻机构的中华人民共和国海关常驻机构备案证或者所在外商投资企业的进出口货物收发货人报关注册登记证书。

小贴士 根据规定，海关对常驻人员依据《非居民监管办法》征税进境的自用小汽车不再实施后续监管。常驻人员如果需转让征税进境的自用机动车辆，应按照海关总署 2006 年第 30 号公告规定，可自向公安交通管理部门办结机动车辆登记手续之日起 1 年后，向主管海关提出申请并交验相关材料。主管海关审核批准后，为常驻人员签发海关监管车辆解除监管证明书用以办理车辆过户转让手续。

三、非居民长期旅客出境自用物品

（一）非居民长期旅客出境物品的通关手续

非居民长期旅客申请将原进境的自用物品复运出境，应当持身份证件、长期居留证件、进出境自用物品申请表等有关单证向主管海关提出申请。非居民长期旅客在出境地海关办理自用物品报关手续时，应当提交经主管海关批注的申请表等相关单证。出境地海关应当将物品验放结果在申请表回执联上批注，并退回主管海关备核。

（二）常驻人员出境自用车辆的通关手续

常驻人员申请将原进境的机动车辆复运出境的，主管海关在审核批准后开具领/销牌照通知书，常驻人员凭此向公安交通管理部门办理注销牌照手续。主管海关收到领、销牌照通知书回执联后应将牌照注销情况在申请表上批注。常驻人员在出境地海关办理机动车辆报关手续时，应当填写出口货物报关单，并提交经主管海关批注的申请表等相关单证。出境地海关应当将车辆验放结果在申请表回执联上批注，并退回主管海关备核。

四、进境免税机动车辆的后续监管

（一）免税车辆的监管年限

常驻人员依据《非居民监管办法》免税进境的机动车辆，属于海关监管车辆，主管海关对其实施后续监管，监管期限为自海关放行之日起6年。未经海关批准，进境机动车辆在海关监管期限内不得擅自转让、出售、出租、抵押、质押或者进行其他处置。

（二）监管车辆的年审制度

根据《非居民监管办法》的规定，海关对常驻人员进境监管机动车辆实行年审制度。常驻人员应当根据主管海关的公告，在规定的时间内，将进境监管机动车辆驶至指定地点，持本人身份证件、长期居留证件、监管车辆登记证、机动车辆行驶证到主管海关办理机动车辆海关年审手续，年审合格后主管海关在监管车辆登记证上加盖年审印章。

（三）监管车辆的转让和补税规定

1. 根据《非居民监管办法》的有关规定，常驻人员任期届满后，经主管海关批准，可以按规定将监管机动车辆转让给其他常驻人员或者常驻机构，或者出售给特许经营单位。受让方的机动车辆进境指标相应扣减。机动车辆受让方同样享有免税进境机动车辆权利的，受让机动车辆予以免税，受让方主管海关在该机动车辆的剩余监管年限内实施后续监管。

任期届满的常驻人员，应当在离境前向主管海关办理海关监管机动车辆的结案手续。

2. 常驻人员转让进境监管机动车辆时，应当由受让方向主管海关提交经出、受让双方签章确认的转让申请表及其他相关单证。受让方主管海关审核批注后，将转让申请表转至出让方主管海关。出让方主管海关批准后，出让方凭其主管海关开具的领/销牌照通知书向公安交通管理部门办理机动车辆牌照注销手续；出让方主管海关办理机动车辆结案手续后，将机动车辆进境原始档案及转让申请表回执联转至受让方主管海关。受让方凭其主管海关出具的领/销牌照通知书向公安交通管理部门办理机动车辆牌照申领手续。应当补税的机动车辆由受让方向其主管海关依法补缴税款。

3. 常驻人员进境监管机动车辆出售时，应当由特许经营单位向常驻人员的主管海关提交经常驻机构盖章确认的转让申请表，主管海关审核无误后，由特许经营单位参照前款规定办理机动车辆注销牌照等结案手续，并依法向主管海关补缴税款。

（四）监管车辆的解除海关监管手续

监管机动车辆的海关监管期限届满的，常驻人员应当持中华人民共和国海关公/自用车辆解除监管申请表、本人身份证件、长期居留证件、监管车辆登记证、机动车辆行驶证向主管海关申请解除监管。主管海关核准后，开具中华人民共和国海关监管车辆解除监管证明书，常驻人员凭此向公安交通管理部门办理有关手续。

五、法律责任

常驻人员未按照本办法规定向海关办理监管机动车辆年审手续，擅自转让、出售监管机动车辆，或者有其他走私、违反海关监管规定行为的，海关将依照《海关法》、《中华人民共和国海关法行政处罚实施条例》予以处罚；构成犯罪的，依法追究刑事责任。

六、附则主要内容

对《常驻机构监管办法》中的专用术语及含义进行了解释。包括：

1. “非居民长期旅客”是指经公安部门批准进境并在境内连续居留1年以上（含1年），期满后仍回到境外定居地的外国公民、中国港澳台地区人员、华侨。

小贴士 需特别注意，由于公安出入境管理部门的办理外国人居留许可有5个工作日的时限以及其他一些原因，并非所有非居民旅客取得的“外国人居留许可”都是满1年的。如果居留时间的起止日期不足1年，这类旅客将不符合海关总署规定中关于非居民长期旅客的解释，不能认作非居民长期旅客。

2. “常驻人员”是指非居民长期旅客中的下列人员：

（1）境外企业、新闻机构、经贸机构、文化团体及其他境外法人经中华人民共和国政府主管部门批准，在境内设立的并在海关备案的常设机构内的常驻人员；

（2）在海关注册登记的外商投资企业内的人员；

（3）入境长期工作的专家。

3. “身份证件”是指中华人民共和国主管部门颁发的外国（地区）企业常驻代表机构工作证、中华人民共和国外国人就业证、中华人民共和国外国专家证等证件，以及进出境使用的护照、港澳居民来往内地通行证、台湾居民来往大陆通行证等。

4. “长期居留证件”是指中华人民共和国主管部门签发的中华人民共和国外国人长期居留证、华侨、港澳地区人员暂住证等准予在境内长期居留的证件。

5. “主管海关”是指非居民长期旅客境内居留所在地的直属海关或者经直属海关授权的隶属海关。

6. “自用物品”是指非居民长期旅客在境内居留期间日常生活所必需的《中华人民共和国海关旅客进出境行李物品分类表》所列物品（烟酒除外）及机动车辆。

7. “机动车辆”是指摩托车、小轿车、越野车、9 座及以下的小客车。

8. “20 种商品”是指电视机、摄像机、录像机、放像机、音响设备、空调器、电冰箱（柜）、洗衣机、照相机、复印机、程控电话交换机、微型计算机、电话机、无限寻呼系统、传真机、电子计算器、打印机及文字处理机、家具、灯具和餐料。

七、海关总署令第 194 号修改内容

为进一步提升海关的信息化管理水平，提高通关效率，海关总署于 2011 年 1 月 1 日起在全国海关对驻华外交机构和人员、常驻机构和非居民长期旅客办理备案、物品和车辆进出境手续，驻外使领馆离任回国人员办理车辆进境手续，留学生办理购买国产免税车手续，旅客办理进境分离运输行李物品等推广应用计算机系统管理。为适应计算机管理的要求，发布了《海关总署关于修改〈中华人民共和国海关对非居民长期旅客进出境自用物品监管办法〉的通知》（海关总署令第 194 号），对中华人民共和国海关进出境自用物品申请表的部分内容和格式进行调整。

1. 在表头部分增加申请人姓名（中英文）、性别、出生年月、物品批文号、进/出境、起运/运抵国（地区）、装货/指运港、运输方式（水路

铁路 汽车 航空 邮政 其他）、运输工具名称、航次（班）号、提运单号、件数、毛重（千克）、备注共 14 个项目，删除职衔、身份选项 2 个项目。

2. 增加“可委托代理公司填写”项目栏，具体包括申请人身份类别、进/出境日期、包装种类、体积、标箱数、内包装件数、受托方名称及海关代码共 7 个项目。

3. 在表体部分增加项号、物品税号、规格/型号、币制、备注共 5 个项目，删除进出境地海关批注、有效期 2 个项目。

第四节 《中华人民共和国海关对高层次留学人才回国和海外科技专家来华工作进出境物品管理办法》

【文　　号】海关总署令第 154 号

【发布日期】2006 - 12 - 26

【生效日期】2007 - 01 - 01

为促进国家经济、科学、技术的发展，贯彻落实国务院有关《国家中长期科学和技术发展规划纲要》通知精神，鼓励高层次留学人才和海外科技专家（以下简称高层次人才）回国（来华）工作，推动国家的科学技术进步，方便高层次人才携运教学、科研物品以及生活自用物品进出境，简化通关手续，海关总署制定并发布了《中华人民共和国海关对高层次留学人才回国和海外科技专家来华工作进出境物品管理办法》（以下简称《高层次人才管理办法》）。

《高层次人才管理办法》共十四条，分别对高层次人才的身份确定、进出境科研教学用品、自用生活物品、机动车辆等的申请和通关作了规定，明确了法律责任。

《高层次人才管理办法》是根据《海关法》和国家有关法律、行政法规及其他有关规定制定的，其目的是贯彻落实国务院有关文件精神，鼓励高层次人才回国（来华）工作，推动国家的科学技术进步，方便高层次人才携运教学、科研物品以及生活自用物品进出境，简化通关手续。

一、适用范围

考虑到高层次人才的实际和需要，《高层次人才管理办法》除适用高层次人才以随身携带、分离运输行李、邮递、快递等非贸易渠道方式进出境工作用科研、教学物品外，也适用于其进出境生活自用物品。

二、高层次人才身份认定的主管部门

根据《高层次人才管理办法》的有关规定，国家人力资源和社会保障部、教育部或其授权部门是高层次人才身份认定的主管部门，其中北京地区的由人力资源和社会保障部专业技术人员管理司和教育部由国际交流与合作司负责确认，地方的由各省、自治区和直辖市人民政府人事、教育主管部门负责确认。

三、高层次人才进出境教学、科研用品征免税规定

（一）进境科研教学用品的规定

根据《高层次人才管理办法》第三条的有关规定，回国定居或者来华工作连续1年以上（含1年）的高层次人才，进境工作需要合理数量的科研、教学物品（见本节第九部分内容），海关依据有关规定予以免税验放。

（二）进境个人生活用品的规定

《高层次人才管理办法》第四条同时对回国定居或者来华工作连续1年以上（含1年）的高层次人才，进境合理数量的个人生活用品（见本节第九部分内容，机动车辆和国家规定应当征税的20种商品除外），海关将依据有关规定予以免税验放。

四、高层次人才进出境物品通关手续

《高层次人才管理办法》第五条对高层次人才进境科研教学物品、自用物品的通关手续作了明确，具体包括以下 3 种：

1. 以随身携带、分离运输方式进境科研、教学物品的，应当如实向海关书面申报，并提交本人有效入出境身份证件；

2. 以邮递、快递方式进境科研、教学用品的，应当如实向海关申报，并提交本人有效入出境身份证件；

3. 回国定居或者来华工作连续 1 年以上的高层次人才进境自用物品的，应当填写中华人民共和国海关进出境自用物品申请表，并提交本人有效入出境身份证件、境内长期居留证件或者回国（来华）定居专家证，由本人或者委托他人向主管海关提出书面申请。经主管海关审核批准后，进境地海关凭主管海关的审批单证和其他相关单证对上述物品予以验放。

五、特殊情况下高层次人才进出境物品的通关规定

（一）可以后补长期居留证件

《高层次人才管理办法》第七条规定，已获人事部、教育部或者其授权部门批准回国定居或者来华工作连续 1 年以上，但尚未取得境内长期居留证件或者回国（来华）定居专家证的高层次人才，海关对其已经运抵口岸的自用物品，可以先凭人力资源和社会保障部、教育部或者其授权部门出具的书面说明文件先予放行。

高层次人才应当在物品进境之日起 6 个月内补办有关海关手续。

（二）高层次人才进出境的随身物品予以免验

《高层次人才管理办法》第十一条规定，高层次人才进出境时，海关给予通关便利。对其随身携带的进出境物品，除特殊情况外，海关可以不予开箱查验。

（三）高层次人才进境物品的预约通关规定

海关在办理高层次人才进出境物品审批、验放等手续时，应当由指定的专门机构和专人及时办理。对在节假日或者非正常工作时间内以分离运输、邮递或者快递方式进出境的物品，有特殊情况需要及时验放的，海关可以预约加班，在约定的时间内为其办理物品通关手续。

六、高层次人才进境机动车辆的管理

高层次人才依据有关规定从境外运进的自用机动车辆，属于海关监管车辆，依法接受海关监管。高层次人才监管车辆自海关放行之日起 1 年后，可以向主管海关申请解除监管。

对高层次人才进境自用机动车辆的其他监管事项，按照《非居民监管办法》的有关规定办理。

七、应办理科教用减免税审批的物品及暂时进境物品

根据《高层次人才管理办法》的有关规定，高层次人才回国（来华）后，因工作需要从境外运进少量消耗性的试剂、原料、配件等，应当由其所在单位按照《科学研究和教学用品免征进口税收规定》办理有关手续。

高层次人才因工作需要从境外临时运进少量非消耗性科研、教学物品的，可以由其所在单位向海关出具保函，海关按照暂时进境物品办理有关手续，并监管其按期复运出境。

八、法律责任

尽管国家给予高层次人才进出境物品及通关以极大的便利，但是高层次人才也需要遵纪守法。海关同时也要对他们进行必要的法规宣讲，提醒其遵守法律法规。对利用国家给予的特殊政策违反相关规定的，海关将依照国家有关法规予以处理；构成犯罪的，依法追究刑事责任。

九、《高层次人才管理办法》附件内容

（一）附件1　免税科研、教学物品清单

下列物品可以按照《高层次人才管理办法》的规定，免税进境：

1. 科学研究、科学试验和教学用的少量的小型检测、分析、测量、检查、计量、观测、发生信号的仪器、仪表及其附件；

2. 为科学研究和教学提供必要条件的少量的小型实验设备；

3. 各种载体形式的图书、报刊、讲稿、计算机软件；

4. 标本、模型；

5. 教学用幻灯片；

6. 实验用材料。

（二）附件2　免税自用物品清单

下列物品可以按照《高层次人才管理办法》的规定，免税进境：

1. 首次进境的个人生活、工作自用的家用摄像机、照相机、便携式收录机、便携式激光唱机、便携式计算机每种1件；

2. 日常生活用品（衣物、床上用品、厨房用品等）；

3. 其他自用物品（国家规定应当征税的20种商品除外）。

案例　2011年5月25日，经教育部国际合作司确认的“千人计划”特聘专家、高层次人才尤先生来到海关办理其自用物品的进境申报手续。在审核尤先生提交的材料时，海关关员发现，尤先生所持美国护照上只有公安部门签发的5年多次出入境签证，而非《高层次人才管理办法》规定的“长期居留证件”。由于没有取得长期居留证件，海关无法立即为其办理进境自用物品的审批手续。后经关员进一步了解得知，尤先生已经通过聘用单位向公安出入境管理部门申请办理了长期居留许可，预计一个月内即可取得。而此次进境的自用物品中有他2岁大女儿急需用品，他对此十分着急。鉴于此，关员立即与尤先生所在单位负责人取得联系，告知海关

可以按照《高层次人才管理办法》第七条的规定，凭教育部出具书面说明后对进境物品先予审批放行，并在六个月内补办有关海关手续。第二天，在尤先生提交了教育部国际合作司出具的书面说明后，海关为尤先生进境自用物品实施了快速通关。

第五节 《驻外使领馆工作人员离任回国所携自用车辆进口税收的暂行规定》

【文　　号】海关总署公告 2005 年第 41 号

【发布日期】2005－06－02

【生效日期】2005－06－02

经国务院批准，我驻外使领馆车辆管理制度自 2005 年 2 月 1 日起试行改革，海关总署为此于 2005 年 6 月 2 日发布了《驻外使领馆工作人员离任回国所携自用车辆进口税收的暂行规定》（以下简称《暂行规定》）。《暂行规定》对驻外馆员的任职要求、带进车辆规格、折旧、后续监管以及转让和补税等都作了详细规定和说明。

一、对馆员带进车辆作出的三点限定

1. 根据《暂行规定》的要求，适用人员仅限于参加车辆管理制度改革试点的驻外使领馆中享受常驻人员待遇的工作人员（以下简称馆员），不包括驻港澳地区内派机构的工作人员和其他我国常驻境外机构的工作人员。

2. 驻外馆员在第 1 至第 2 个任期内，且累计任职时间在 2 年以上（含 2 年）的，可以携带进境 1 辆小轿车（含越野车）；从第 3 个任期开始，每个标准任期（4 年）任满可以进境 1 辆小轿车。

3. 馆员带进的车辆，必须是其任内使用 1 年及以上的左舵小轿车，或在使用右舵车国家（地区）工作的馆员，其在任时所购右舵车处置后所购的左舵小轿车。

二、离任馆员进境车辆的通关规定

馆员离任回国进境自用车辆，应该按照公告和《暂行规定》的要求，办理有关海关手续。

1. 馆员应当自本人入境后6个月内向其国内居住地的直属海关或者经直属海关授权的隶属海关提交书面申请，同时进行电子数据信息的录入、提交下列单证：

（1）护照、居民身份证件；

（2）我驻外使领馆出具的驻外使领馆人员身份证明；

（3）国内外派主管部门出具的“我国驻外使领馆人员离任回国证明书”；

（4）提（运）单、购车发票、装箱单等相关单证；

（5）中华人民共和国海关进出境自用物品申请表。

2. 主管海关审核批准后，进境地海关凭主管海关的审批单证和其他相关单证办理验放手续，并将车辆放行结果批注于申请表回执联后退主管海关备核。

3. 馆员应当自进境地海关放行车辆之日起20个工作日内，向主管海关申领领/销牌照通知书，依法在公安机关交通管理部门办理机动车注册登记手续，公安机关交通管理部门核发小型汽车号牌。

三、离任馆员进境免税小汽车的后续监管

馆员离任回国进境的免税自用车辆属于海关监管车辆，监管期限为自海关放行之日起3年。在监管期限内，馆员进境的海关监管车辆不得擅自转让、出售或者进行其他处置。如馆员需转让、出售或者处置其进境的海关监管车辆，应报经主管海关批准，并持本人身份证和机动车行驶证向主管海关提交书面申请。主管海关审核并对有关车辆依法补征税款后，开具中华人民共和国海关监管车辆解除监管证明书（以下简称解除监管证明书），馆员凭此依法在公安机关交通管理部门办理有关手续。

四、解除监管和法律责任

1. 馆员进境自用车辆的海关监管期限届满的，应持中华人民共和国海关公/自用车辆解除监管申请表、本人身份证件和机动车行驶证向主管海关提出解除监管的申请。主管海关核准后，开具解除监管证明书，馆员凭此依法在公安机关交通管理部门办理有关手续。

2. 馆员在监管期内擅自转让、出售进境的监管车辆，或者有其他走私、违反海关监管规定行为的，海关依照《海关法》、《中华人民共和国海关行政处罚实施条例》予以处罚。

案例 2007 年 4 月 5 日，我驻某国大使馆外交人员瞿先生离任回国，携运进境自用汽车 1 辆。7 月 25 日，瞿先生的车辆运抵天津新港，随即持相关单证来到海关办理其进境车辆的申请手续。按照《暂行规定》，使用右舵车的国家或地区工作的驻外馆员，其任内所购右舵车处置后，可以购买左舵小汽车 1 辆，同时不受任内使用 1 年的限制。瞿先生本次任职所在的国家属于英联邦国家，是使用右舵车的国家，因此瞿先生在离任后购买了一辆左舵车并携带回国。海关关员在审核瞿先生提交的相关单证时还是发现了问题。原来，瞿先生 2007 年 4 月 5 日离任回国，但其购车发票上的购买日期是 2007 年 5 月 22 日，距离其离任回国的入境日期已经过了一个多月，应该属于回国后所购的车辆，而非《暂行规定》中要求的“在任内将所购车辆处置后购买的左舵小轿车”携运进境。因此海关未予受理其申请。经进一步了解，原来瞿先生此次是提前奉命回国，因时间较为紧张，没来得及将右舵车处理掉。于是就委托使馆同事帮助处理，左舵车也是其离任回国后委托驻外使馆同事帮助订购的。

尽管此次情况较为特殊，但我们在此还要特别提醒使用右舵车国家和地区的馆员注意，一定要在离任前做好相关车辆的处置和更换工作，以免造成经济上的损失。

第六节 《关于回国服务的在外留学人员用现汇购买个人自用国产小汽车有关问题的通知》

【文　　号】署监二〔1992〕1600号

【发布日期】1992－10－12

【生效日期】1992－10－12

为贯彻落实中央、国务院有关出国留学工作等文件精神，解决留学人员回国服务的实际问题，保护和促进发展国产汽车工业，海关总署等国务院七个部委于1992年10月联合下发《关于回国服务的在外留学人员用现汇购买个人自用国产小汽车有关问题的通知》，对留学人员购买自用小汽车作出规定，明确留学人员购车的须符合的条件、减免税费的种类、留学人员申请时需提交的材料、海关后续监管的要求等。

一、留学回国人员

按照相关规定，留学回国人员（以下简称为留学人员）指以学习和进修为目的，在境外正规大学（学院）注册学习和进修（包括出国进修、合作研究）1学年（含1学年）以上，毕（结）业后回到国内定居、工作的中国籍留学人员。

小贴士 我们前面提到的"在境外正规大学学习"中的"境外"，指的是《海关法》所表述的"关境"，而非国境。因此，留学人员购买免税国产小汽车的优惠政策，同样适用于在我国香港、澳门地区学习的人员。

二、购买免税国产汽车须具备的六个条件

海关对留学回国人员购买国产小汽车的规定，是基于1992年10月海

关总署、财政部、国税总局等国务院七个部委联合发文基础上制定的。留学人员是否符合购买规定应看他是否具备以下条件：

1. 在外学习、进修时间不少于 1 学年；
2. 学成后在外实习、工作，停留时间不超过 2 年；
3. 在学期间临时进出境的，在境内停留时间不超过 30 天；
4. 应自学成后首次入境之日起 1 年内申请；
5. 已办妥境内长期居留证明；
6. 已取得了国外大学颁发的毕（结）业证书。

海关提醒 留学人员在外学习时间是指自注册入学之日起到毕（结）业之日止。按照海关规定并经商国家教育主管部门后确认，所谓“1 学年”，海关一般按照学习、进修时间不少于 9 个月掌握。

三、购买国产小汽车应注意的四点要求

（一）在外留学时间的要求

留学人员在外学习、进修 1 学年以上（含 1 学年）的，可在其免税限量内购买 1 辆国家定点轿车生产厂家生产的轿车，其免税限量的计算，海关按其实际在外学习时间（从注册入学之日起至毕结业之日止）予以验放。对在外学习期间临时进出境的留学回国人员，其在境内停留时间不超过 30 天的，按连续在境外计算验放时间。

（二）购车需提交相关的证明文件

留学人员须凭我驻外使、领馆出具的留学回国人员证明或在港澳地区学习证明、本人有效出入境证件、公安部门出具的境内居留证明（户口本和身份证）等到所在地海关办理有关申请手续。留学人员因特殊情况本人不能亲自到生产厂家办理购车手续的，应提前向主管地海关提出申请，并出具正式委托书。经主管海关批准并商有关海关同意后，方可由受托人代办。

（三）购车的时限要求

留学人员学成后应该在境外停留时间不超过 2 年，并自入境之日起 1 年内向海关提出购买国产免税汽车的申请，逾期海关不予受理。

（四）需要开具留学回国人员证明

留学人员所在国家（地区）没有我驻外使、领馆或因其他特殊情况不能开具留学回国人员证明的，其回国后可商教育部国际合作司出具盖有“国家教育委员会留学人员认证专用章”的留学回国人员证明，海关验凭按规定给予办理购车手续。

四、购买车辆的种类范围

按照规定，凡国家定点轿车生产厂家生产的轿车，留学人员均可购买。不过，留学人员如果选择在汽车交易市场购买或者选择全部国产化的小汽车，则不属于海关监管的范围，留学人员可以就其他减免税费咨询相关主管部门。

五、购买小汽车的免除税项

留学人员购买的国产免税小汽车所免的税项是指免征其关键件或成套散件进口环节的关税、增值税和车辆购置税等。

根据有关规定，供留学人员购买的国产汽车视为免税进口，不进入流通领域和商业环节。因此留学人员如果到汽车市场直接购买，则不属于海关监管的范围。

小贴士 不同型号和档次的汽车，由于国产化率不同，整车上的进口零部件比例也不尽相同，因此减免的税费也就相应不同。国产化率低的车，免税的价格就可能比市场价低很多，相应的享受减免税优惠的程度就多一些；反之，免税价格与市场价的价差就小一些。

六、申请购买国产汽车时须提交的五种单证

留学人员购买国产免税汽车需持下列有关证件及材料向主管地海关提出申请，办理审批手续：

1. 申请人本人的有效出入境证件（护照）；
2. 留学回国人员证明或在港澳地区学习证明；
3. 公安部门出具的境内居留证明（户口簿、身份证）；
4. 备案地海关要求提供的其他证明文件（毕、结业证书或进修证明等）；
5. 中华人民共和国海关进出境自用物品申请表。

七、申请购买国产免税汽车的流程

留学人员应首先向其居住地或者工作地主管地海关提出申请，主管海关审核通过后，留学人员持主管海关核发的回国人员购买国产汽车准购单等直接向生产厂家购车。

留学人员应在规定的期限内向主管地海关提交上述单证，主管地海关审查申请人提交的有关单证，符合购车条件的，主管地海关予以核批签章。

留学人员持主管地海关签发的关封直接到汽车生产厂家的所在地海关备案后再到汽车生产厂家或其指定的销售部门购车。

案例 2011年9月1日，留学回国人员小李持准备好的材料，来到海关办理其购买免税国产小汽车手续。海关关员认真审核了他提交的材料。在审核时关员发现，小李出境时间是2010年6月28日，在学期间于当年12月23日回国休假，在境内停留超过30天，并于2011年2月3日出境。2011年7月2日毕业回国。按照海关规定，留学人员可在其免税限量内购

买国产小汽车1辆。留学人员在外每满180天，有一个免税指标。对于在学期间临时进出境的留学人员，在境内不超过30天的，按连续在境外计算验放时间。小李在境内停留时间超过了30天，按规定不能连续计算，而他前后的两段学习时间也都分别不足180天，没有免税指标，因此也就不能享受购买免税国产小汽车的政策。

第十四章　行邮税

海关按规定对应予征税或超出免税限量的自用、合理数量范围内的物品征收行邮税。行邮税是多税种合并后的简称，包括旅客行李物品和个人邮递物品进口税、关税、增值税和消费税。行邮税的征收是一种简化的计征税手续。

本章介绍的行邮税征管政策包括《旅客进出境行李物品分类表》、《中华人民共和国进境物品进口税率表》、《中华人民共和国进境物品归类表》和《中华人民共和国进境物品完税价格表》。

第一节　相关法律体系

行邮税征管政策主要涉及的部门规章以及规范性文件具体如下：

一、部门规章

1996 年发布，1996 年开始实施的《旅客进出境行李物品分类表》，是海关在对行李物品进行征税时确定归类的重要依据。

二、规范性文件

1. 2011 年发布，2011 年开始实施的《中华人民共和国进境物品进口税率表》，是海关在对行李物品进行征税时确定物品税率的重要依据。

2. 2012 年发布，2012 年开始实施的《中华人民共和国进境物品归类表》，海关对应税个人自用物品按照此表归类计征。

3. 2012 年发布，2012 年开始实施的《中华人民共和国进境物品完税价格表》。

第二节 《旅客进出境行李物品分类表》

【文　　号】海关总署文件署监〔1996〕652 号

【发布日期】1996－08－10

【生效日期】1996－08－15

《旅客进出境行李物品分类表》是海关在对行李物品进行征税时确定归类的重要依据。详见下表：

旅客进出境行李物品分类表

第一类物品	第二类物品	第三类物品
衣料、衣着鞋、帽、工艺美术品和价值人民币 1 000 元以下（含 1 000元）的其他生活用品	烟草制品 酒精饮料	价值人民币 1 000 元以上，5 000 元以下（含 5 000 元）的生活用品

注：1. 本表所称进境物品价值以海关审定的完税价格为准，出境物品价值以国内法定商业发票所列价格为准；

2. 准许各类旅客携运本表所列物品进出境的具体征、免税限量由中华人民共和国海关总署另行规定；

3. 本表第一、二类列名物品不再按值归类、除另有规定者外，超出本表所列最高限值的物品不视为旅客行李物品。

小贴士 以下 20 种商品为不予免税物品，无 5 000 元人民币免税额度：电视机、摄像机、录像机、放像机、音响设备、空调器、电冰箱（电冰柜）、洗衣机、照相机、复印机、程控电话交换机、微型计算机及外设、电话机、无线寻呼系统、传真机、电子计数器、打字机及文字处理机、家具、灯具和餐料。

第三节 《中华人民共和国进境物品进口税率表》

【文　　号】总署公告〔2011〕6 号

【发布日期】2011－01－26

【生效日期】2011－01－26

自用、合理数量既是海关验放进出境旅客行李物品的基本原则，也是区分货物、物品的重要标准，还是认定携运人是否违法、违法程度轻重的基本依据。《中华人民共和国进境物品进口税率表》是海关在对行李物品进行征税时确定物品税率的重要依据。

一、税目调整

据中华人民共和国海关总署 2011 年第 6 号公告，自 2011 年 1 月 27 日起，对进境物品税税目税率进行调整。主要事项有：

1. 将《中华人民共和国进境物品进口税率表》（见下表）中原归入税号 2 的计算机、视频摄录一体机、数字照相机等信息技术产品和照相机归入税号 1 中，税率相应地从 20% 降到 10% 。

2. 将原归入税号 2 中的“摄像机”更名为“电视摄像机”，税率维持不变。

中华人民共和国进境物品进口税率表（2011 年修订）

税号	物品名称	税率
1	书报、刊物、教育专用电影片、幻灯片、原版录音带、录像带金、银及其制品、计算机、视频摄录一体机、数字照相机等信息技术产品和照相机、食品、饮料、本表税号 2、3、4 税号及备注不包含的其他商品	10%

续表

税号	物品名称	税率
2	纺织品及其制成品、电视摄像机及其他电器用具、自行车、手表、钟表（含配件、附件）	20%
3	高尔夫球及球具、高档手表	30%
4	烟、酒、化妆品	50%

上表中的高档手表是指每块完税价格在 10 000 元人民币及以上的手表。

海关提醒 避孕用具和避孕药品，超过海关规定的自用合理数量部分按有关规定予以退运或按货物进口程序办理报关及验放手续。

二、行邮税计征

1. “征免税”是指征收或减免进出口关税（即进口旅客行李物品和个人邮递物品税）。

2. 进境物品的纳税义务人可以自行办理纳税手续，也可以委托他人办理纳税手续。接受委托的人应当遵守对纳税义务人的各项规定。

3. 进口税从价计征。

进口税的计算公式为：进口税税额 = 完税价格 × 进口税税率。

进境物品适用海关填发税款缴款书之日实施的税率和完税价格。

第四节 《中华人民共和国进境物品归类表》和《中华人民共和国进境物品完税价格表》

【文　　号】总署公告〔2012〕15 号

【发布日期】2012 - 03 - 26

【生效日期】2012 - 04 - 15

为适应市场发展需要，根据《中华人民共和国进出口关税条例》和国务院2011年1月批准调整的《中华人民共和国进境物品进口税率表》，海关总署重新修订了《中华人民共和国进境物品归类表》与《中华人民共和国进境物品完税价格表》，自2012年4月15日起执行。海关总署2007年6月修订的《入境旅客行李物品和个人邮递物品进口税税则归类表》及《入境旅客行李物品和个人邮递物品完税价格表》（海关总署公告2007年第25号公布）同时废止。海关对应税个人物品按照《中华人民共和国进境物品归类表》（以下简称《进境物品归类表》）归类计征，该表详见本书附件二。《中华人民共和国进境物品完税价格表》（以下简称《完税价格表》），该表详见本书附件三。

一、进境物品归类原则

1. 《进境物品归类表》列明物品按具体列名归类；
2. 《进境物品归类表》未列明物品按其主要功能（或用途）归入相应类别；
3. 不能按照上述原则归入相应类别的物品，归入“其他物品”类别。

案例 小张出境旅游过程中购买登喜路烟斗一支，发票价格折算人民币超过10 000元，入境时是否应该征税，应如何归类？

分析：小张为短期旅客，故携带超过5 000元人民币的商品应该征税，烟斗在《中华人民共和国进境物品归类表》中未具体列名，按照归类规则应该归入“27000000　其他物品”，适用10%的税率。

二、进境物品完税价格的确定

进境物品的完税价格由海关依法遵循以下原则确定：

1. 《完税价格表》已列明完税价格的物品，按照《完税价格表》确定。

完税价格是指海关根据有关规定对进出口货物进行审定或估定后通过估价确定的价格，它是海关征收关税的依据。通常完税价格就是发票上表明的成交价格，但只有当进出口商申报的价格被海关接受后才能成为进出口货物的完税价格。

2. 对《完税价格表》中未列名物品和明确另行确定完税价格的物品，仍实行估价制度。

物品估价原则：对《完税价格表》中未列名物品和明确另行确定完税价格的物品，仍实行估价制度。估价依次参考：相同物品相同来源地最近时间市场零售价格、行邮物品资料管理子系统中价格资料、有效购物凭证。相同物品按就低不就高原则选用。

3. 实际购买价格是《完税价格表》列明完税价格的 2 倍及以上，或是《完税价格表》列明完税价格的 1/2 及以下的物品，进境物品所有人应向海关提供销售方依法开具的真实交易的购物发票或收据，并承担相关责任。海关可以根据物品所有人提供的上述相关凭证，依法确定应税物品完税价格。

4. 边疆地区民族特需商品的完税价格按照海关总署另行审定的完税价格表执行。

5. 纳税义务人对进境物品的归类、完税价格的确定持有异议的，可以依法提请行政复议。

小贴士

如果物品审定价格是列明的完税价格的 2 倍以下或 1/2 倍以上，需按完税价格计征行邮税；反之，如果物品审定价格是列明的完税价格的 2 倍及以上或 1/2 倍及以下，需将审定价格作为该物品的完税价格。

三、参考案例

案例 1 旅客张某在境外购买了一台戴尔笔记本电脑携带入境，海关工作人员参考相同物品相同来源地最近时间市场零售价格后，认定其审定价格折合为4 500元人民币。键盘式笔记本电脑的海关完税价格是2 000元人民币，但因为审定价格超过了2 000元的2倍，因此，4 500元的审定价格才是这台电脑的完税价格。故海关按照4 500元的10%即450元对张某的笔记本电脑进行征税放行。

案例2 小王是中国籍居民旅客，在美国旅游时购买了一台家用小型摄像机，折合人民币4 500元。他在旅途中就开始使用这台摄像机并把它随身带回国，在入境过海关时，被告知这台摄像机需要征税。理由如下：

首先，摄像机属于20种必征税商品的范围，所以不享有5 000元人民币的免税额。

其次，海关对物品进行征税，是不论物品新旧的，只要是境外获取的应税物品，都需要征税，所以虽然这台摄像机小王已经使用过，仍然需要征税。

最后，这台摄像机的审定价格（4 500元）没有超过海关完税价格（4 000元）的2倍，所以按照4 000元的10%即400元人民币征税放行。

案例3 旅客刘某携带境外购买的香烟5条（200支/条）、威士忌（750毫升/瓶）3瓶、笔记本电脑（键盘式，境外购买价格为3 000元）1台入境，海关对其携带的香烟免税2条放行，其余3条征税；对其携带的威士忌免税2瓶放行，其余1瓶征税；笔记本电脑属于20种必征税商品范畴，故不享有5 000元人民币的免税额，全额征税放行。具体税额如下：

香烟的完税价格是0.5元/支，所以对刘某携带的香烟征税额为300元的50%即150元。威士忌的完税价格为300元/瓶，故对其所带威士忌征税额为300元的50%即150元。笔记本电脑的境外购买价格3 000元没有超过海关完税价格2 000元的2倍，故按照2 000元的10%即200元征税。

第十五章　邮递物品、印刷品、美术品

本章介绍的邮递物品、印刷品、美术品通关政策主要有《中华人民共和国禁止进出境物品表》、《中华人民共和国限制进出境物品表》、《中华人民共和国海关进出境印刷品及音像制品监管办法》、《美术品进出口管理的暂行规定》、《关于调整进出境个人邮递物品管理措施有关事宜》以及《音像制品进口管理办法》。

第一节　相关法律体系

本章介绍的政策法规主要涉及部门规章和规范性文件两个层次的法律体系框架，具体如下：

一、部门规章

1993 年发布，1993 年开始实施的《中华人民共和国禁止进出境物品表》和《中华人民共和国限制进出境物品表》。

二、规范性文件

1. 2007 年发布，2007 年开始实施的《中华人民共和国海关进出境印刷品及音像制品监管办法》。

2. 2009 年发布，2009 年开始实施的《美术品进出口管理的暂行规定》。

3. 2010 年发布，2010 年开始实施的《关于调整进出境个人邮递物品管理措施有关事宜》。

4. 2011 年发布，2011 年开始实施的《音像制品进口管理办法》。

第二节 《中华人民共和国禁止进出境物品表》和《中华人民共和国限制进出境物品表》

【文　　号】海关总署令第 43 号

【发布日期】1993－03－01

【生效日期】1993－03－01

禁限物品是国家禁止进出境物品和国家限制进出境物品的简称。涉及禁限物品管理的主要法规是海关规章《中华人民共和国禁止进出境物品表》和《中华人民共和国限制进出境物品表》（以下简称“两表”）。为适应形势发展和海关执法工作需要，根据国家有关法律、法规规定，海关总署对“两表”进行了修订，从 1993 年 3 月 1 日起重新对外公布执行。此“两表”主要对进出境禁止、限制携带物品进行了详细的明文规定，对进出境旅客携带物品起到十分重要的规范作用。

一、限制进境物品的范围

1. 无线电收发信机、通信保密机。

旅客行李物品、邮件、快件渠道禁止任何个人携带、邮寄卫星电视接收设施及配件（包括天线、高频头、接收机、编码器、解码器、解压及接收一体化装置）入境。

卫星电视广播地面接收设施是指接收卫星传送的电视节目的天线、高频头、接收机、编码器、解码器、解压及接收一体化装置。“网络共享”设备（影音盒、影音棒、DM 类共享盒、有线电视插播设备也属此类）。

对旅客携运上述设施进境主动申报的，海关一律不予放行，限期退运出境，逾期由海关依法处理；未向海关申报的，一经发现，依法予以收缴。

海关提醒 个人携运自用无线电发射设备入境，须由当地国家无线电管理委员会办公室核发“无线电设备进关审查批件”。大型赛事等活动电视转播设备需验凭国家广电总局的批件办理验放手续。

2. 烟、酒。

限量外超出部分海关予以征税放行。数量特别巨大的立案处理。

3. 濒危的和珍贵的动物、植物（均含标本）及其种子和繁殖材料。

凭我国出具的“野生动植物允许进出口证明书”（目录物种）和“非进出口野生动植物种商品目录物种证明”（非目录物种）验放。进口或者出口濒危野生动植物及其产品的，应当主动向海关提交允许进出口证明书，接受海关监管，并自海关放行之日起30日内，将海关验讫的允许进出口证明书副本交国家濒危物种进出口管理机构备案。

旅客携带濒危动植物入境时，如其持有出境国出具的CITES证书（野生动植物允许进出口证明书）的，其需到国家濒危办驻市内办事处办理我国出具的野生动植物允许进出口证明书，海关凭此验放。

4. 国家货币。

中国境内银行对外挂牌收兑的可自由兑换货币应纳入携带外币现钞出入境管理范围，目前主要有英镑、港币、美元、瑞士法郎、新加坡元、瑞典克朗、丹麦克朗、挪威克朗、日元、加拿大元、澳大利亚元、欧元、澳门元、菲律宾比索、新西兰元、韩国元属于外币现钞管理的范围，台币参照外币现钞管理。

外币现钞应按当日中国银行公布的外汇现钞牌价折合成美元计算限额。

旅客随身携带外币纪念币或纪念票据出入境的，海关根据自用、合理数量原则进行验放，超过自用、合理数量的，不视为个人物品，应办理货物报关手续。

5. 海关限制进境的其他物品。

图书及音像制品按下表数量验放，超量需按货物处理的，应全部按货物办理。

验放标准	免税验放	按物品征税	按货物报关
单行本图书类	10	11 - 50	>50
单碟音像制品	20	21 - 100	>100
成套发行图书或音像制品	3	4 - 10	>10

注：以上数字单位为物品的册（份）数、盘数及套数。

企业进口具有企业标识的挂历、台历等无书刊号、无定价、无商业价值的印刷品，可不受指定进口经营单位的限制，径予办理货物通关手续。

超出自用合理数量的进境宗教类印刷品及音像制品，海关凭省级以上政府宗教事务管理部门或国务院其他行政主管部门出具的证明，征税验放。无相关证明的，扣除自用数量后，海关劝其放弃或予以收缴。

旅客携带工业、农业用化学品进境应办理进口手续。携带化学品进境，但不能提交有关准许进口批准证明的，应责令当事人将物品即时退运。对退运确有困难的，应加强保管措施，防止污染和意外事故，并及时联系有关部门处理。

二、限制出境物品的范围

1. 金银等贵重金属及其制品。

携带、佩戴出境黄金饰品 50 克（含 50 克）、白银饰品 500 克（含 500 克）、银制器皿 1 000 克（含 1 000 克）以下的，海关不作为重点管理，免予验核签章；携带、佩戴黄金制品超出 50 克的，凭中国人民银行出具的证明或者原入境时的申报单登记的数量查验放行。

小贴士 入境旅客带进金银及其制品，数量不受限制。国家管理金银的主管机关为中国人民银行。旅客携带属于金银质地的文物，按照《中华人民共和国文物法》的规定管理。

2. 国家货币。

国家对货币出入境实行限额管理制度。中国公民出入境、外国人出入境，每人每次携带的人民币不得超出20 000元限额。

3. 外币及其有价证券。

出境人员携带不超过等值5 000美元（含5 000美元）的外币现钞出境的，无须申领携带证，海关予以放行。

出境人员携带外币现钞金额在等值5 000美元以上至10 000美元（含10 000美元）的，应向外汇指定银行申领携带证，海关凭加盖外汇并凭银行印章的携带证验放。

出境人员携出金额在等值10 000美元以上的，应当向存款或购汇银行所在地国家外汇管理局各分支局申领携带证，海关凭加盖外汇局印章的携带证验放。

4. 无线电收发信机、通信保密机。

相关解读参阅限制进口物品相同内容。

5. 贵重中药材。

旅客携带中药材、中成药出境，前往港澳地区的，总值限人民币150元；前往国外的，限人民币300元。

麝香不准携带或邮寄出境。

6. 一般文物。

出境文物凭文物出境许可证验放。

北京、上海、天津、广东、江苏、浙江、福建、云南8个国家文物局文物进出境审核管理处经授权可开具文物出境许可证、文物复仿制品证明，但均需加盖“国家文物局文物进出境审核专用章”。

不能交验许可证明的但向海关申报的，不准出口，予以退运。限3个月内由当事人或其代理人领回；过期不领，海关按有关规定处理。未向海关申报的，予以立案处理。

7. 海关限制出境的其他物品。

三、禁止进出境物品的范围

（一）禁止进境物品

1. 各种武器、仿真武器、弹药及爆炸物品。

经批准携带枪支入境的，入境时，应当凭批准文件在入境地边防检查站办理枪支登记，申请领取枪支携运许可证件，向海关申报，海关凭枪支携运许可证件放行。

经批准携带枪支出境的，出境时，应当凭批准文件向出境地海关申报，边防检查站凭批准文件放行。

外国交通运输工具携带枪支入境或者过境的，交通运输工具负责人必须向边防检查站申报，由边防检查站加封，交通运输工具出境时予以启封。

2. 管制刀具、仿真武器禁止进出境。

管制刀具，凭县以上公安机关颁发的“匕首佩带证”验放。

弩具有枪支、管制刀具的部分功能和特性。凭省级公安机关开具的携运证明验放。

仿真枪凭公安部印发的《仿真枪认定标准》认定并验放。

无相关证明，主动申报的，予以退运；未向海关申报的，旅客自愿放弃或海关予以收缴。

海关收缴或主动放弃的，海关均按程序制作“海关收缴清单”或“放弃物品申明”。

3. 伪造的货币及伪造的有价证券。

4. 对中国政治、经济、文化、道德有害的印刷品、胶卷、照片、唱片、影片、录音带、录像带、激光视盘、计算机存储介质及其他物品。

散发性宗教类印刷品及音像制品，禁止进境。

载有下列内容之一的印刷品、音像制品、美术品，禁止进境：

（1）反对宪法确定的基本原则的；

（2）危害国家统一、主权和领土完整的；

（3）危害国家安全或者损害国家荣誉和利益的；

（4）攻击中国共产党，诋毁中华人民共和国政府的；

（5）煽动民族仇恨、民族歧视，破坏民族团结，或者侵害民族风俗、习惯的；

（6）宣扬邪教、迷信的；

（7）扰乱社会秩序、破坏社会稳定的；

（8）宣扬淫秽、赌博、暴力或者教唆犯罪的；

（9）侮辱或者诽谤他人、侵害他人合法权益的；

（10）危害社会公德或者民族优秀文化传统的；

（11）国家主管部门认定禁止进境的；

（12）法律、行政法规和国家规定禁止的其他内容。

列名禁止进出境印刷品及音像制品：海关劝其放弃或予以收缴，主动申报的，可以予以退运。

对个人携带、邮寄美术品进出境，进出境海关认为内容性质难以确定时，可要求携带人、收件人将拟进出境美术品的相关材料送美术品进出口口岸所在地省、自治区、直辖市文化行政部门审查。

海关提醒 危害国家统一、主权和领土完整的地图禁止进出境。

5. 各种烈性毒药。

携带化学品进境主动向海关申报，但不能提交有关准许进口批准证明的，责令当事人将物品即时带返；未向海关申报，并构成逃避海关监管的，根据有关规定罚款后即时退运。

6. 鸦片、吗啡、海洛因、大麻以及其他能使人成瘾的麻醉品、精神药物。

因治疗疾病需要，个人凭医疗机构出具的医疗诊断书、本人身份证明，可以携带单张处方最大用量以内的麻醉药品和第一类精神药品。携带麻醉药品和第一类精神药品出入境的，由海关根据自用、合理的原则放行。

医务人员为了医疗需要携带少量麻醉药品和精神药品出入境的，应当持有省级以上人民政府药品监督管理部门发放的携带麻醉药品和精神药品证明。海关凭“携带麻醉药品、精神药品证明”放行。

进出境人员随身携带《易制毒化学品管理条例》第一类中的药品类易制毒化学品药品制剂和高锰酸钾的，应当以自用且数量合理为限，并接受海关监管。

进出境人员不得随身携带前款规定以外的易制毒化学品。

7. 带有危险性病菌、害虫及其他有害生物的动物、植物及其产品。

8. 有碍人畜健康的、来自疫区的以及其他能传播疾病的食品、药品或其他物品。

（二）禁止出境物品

1. 列入禁止进境范围的所有物品。

2. 内容涉及国家秘密的手稿、印刷品、胶卷、照片、唱片、影片、录音带、录像带、激光视盘、计算机存储介质及其他物品。

国家主管部门认定禁止出境的印刷品及音像制品，同样列入禁止出境之范围。

禁止非法携运属于国家秘密的文件、资料和其他物品出境。

携运国家秘密文件、资料和其他物品出境的人员，出境时应当主动向海关申报，海关凭“中华人民共和国国家秘密载体出境许可证”验放。

3. 珍贵文物及其他禁止出境的文物。

海关提醒 凡在 1949 年以前（含 1949 年）生产、制作的具有一定历史、艺术、科学价值的文物，原则上禁止出境。其中，1911 年以前（含 1911 年）生产、制作的文物一律禁止出境。

案例 小王热衷于野战游戏，希望在游戏中拥有自己的私家枪，就通过互联网从美国网购了 3 支不同型号的野战仿真枪，邮递进境。结果被海关关员查获，移交至海关缉私警察并立案处理，不仅仿真枪被没收，小王还受到了罚款等行政处罚。

第三节 《中华人民共和国海关进出境印刷品及音像制品监管办法》

【文　　号】海关总署第 161 号令

【发布日期】2007 - 04 - 13

【生效日期】2007－06－01

《中华人民共和国海关进出境印刷品及音像制品监管办法》是海关对进出境印刷品及音像制品的监管规章。本办法的出台，对维护我国文化安全、促进正常的文化交流、规范海关执法工作等起到了更加积极的作用，为现场统一、规范执法提供了有效保障，有利于提高海关的行政效率，且对维护海关形象起到了积极的作用。

一、适用范围

该办法适用于海关对运输、携带、邮寄进出境的印刷品及音像制品的监管。

印刷品，是指通过将图像或者文字原稿制为印版，在纸张或者其他常用材料上翻印的内容相同的复制品。进出境摄影底片、纸型、绘画、剪贴、手稿、手抄本、复印件及其他含有文字、图像、符号等内容的货物、物品的，海关按照本办法有关进出境印刷品的监管规定进行监管。

音像制品，是指载有内容的唱片、录音带、录像带、激光视盘、激光唱盘等。进出境载有图文声像信息的磁、光、电存储介质的，海关按照本办法有关进出境音像制品的监管规定进行监管。

小贴士 海关监管的印刷品和音像制品，不但包括常见的书籍、报纸、期刊、DVD、录像带等，还包括印有文字图案的货物物品、公司广告宣传页、计算机光盘、U 盘、移动硬盘等。但电影胶片不在此范围内，主要是因为电影是音像制品的上位产品，国家对电影进出口业务采取专营的管理办法，有别于对进出境印刷品及音像制品的管理，国家专门制定、公布和实施了《电影管理条例》和《音像制品管理条例》。

二、监管要点

（一）申报

进出境印刷品及音像制品的收发货人、所有人及其代理人，应当依法如实向海关申报，并且接受海关监管。

（二）内容审查

1. 载有下列内容之一的印刷品及音像制品，禁止进境：

（1）反对宪法确定的基本原则的；

（2）危害国家统一、主权和领土完整的；

（3）危害国家安全或者损害国家荣誉和利益的；

（4）攻击中国共产党，诋毁中华人民共和国政府的；

（5）煽动民族仇恨、民族歧视，破坏民族团结，或者侵害民族风俗、习惯的；

（6）宣扬邪教、迷信的；

（7）扰乱社会秩序、破坏社会稳定的；

（8）宣扬淫秽、赌博、暴力或者教唆犯罪的；

（9）侮辱或者诽谤他人、侵害他人合法权益的；

（10）危害社会公德或者民族优秀文化传统的；

（11）国家主管部门认定禁止进境的；

（12）法律、行政法规和国家规定禁止的其他内容。

2. 载有下列内容之一的印刷品及音像制品，禁止出境：

（1）禁止进境中所列内容；

（2）涉及国家秘密的；

（3）国家主管部门认定禁止出境的。

3. 印刷品及音像制品进出境，海关难以确定是否载有上述规定内容的，依据国务院有关行政主管部门或者其指定的专门机构的审查、鉴定结论予以处理。

印刷品音像制品进出境，海关将暂留货物、物品，对内容进行审读。

（三）数量规定及相关手续

1. 个人自用进境印刷品及音像制品在下列规定数量以内的，海关予以免税验放：

（1）单行本发行的图书、报纸、期刊类出版物每人每次 10 册（份）

以下；

（2）单碟（盘）发行的音像制品每人每次20盘以下；

（3）成套发行的图书类出版物，每人每次3套以下；

（4）成套发行的音像制品，每人每次3套以下。

2. 超出上述规定的数量，但是仍在合理数量以内的个人自用进境印刷品及音像制品，不属于本办法第九条规定情形的，海关应当按照《中华人民共和国进出口关税条例》有关进境物品进口税的征收规定对超出规定数量的部分予以征税放行。

3. 有下列情形之一的，海关对全部进境印刷品及音像制品按照进口货物依法办理相关手续：

（1）个人携带、邮寄单行本发行的图书、报纸、期刊类出版物进境，每人每次超过50册（份）的；

（2）个人携带、邮寄单碟（盘）发行的音像制品进境，每人每次超过100盘的；

（3）个人携带、邮寄成套发行的图书类出版物进境，每人每次超过10套的；

（4）个人携带、邮寄成套发行的音像制品进境，每人每次超过10套的；

（5）其他构成货物特征的。

有前款所列情形的，进境印刷品及音像制品的收发货人、所有人及其代理人可以依法申请退运其进境印刷品及音像制品。

小贴士 海关对个人自用的印刷品音像制品数量进行了量化明确，规定了征免个人行邮税范围，以及超量不再征收行邮税应办理的相关手续。例如，个人自用单行本图书、报纸、期刊类每人每次小于等于10册（份）免税，大于10册但小于等于50册的征收行邮税，大于50册（份）的全部按照进口货物依法办理相关手续。

案例 2007年9月14日，音乐发烧友王某旅游归国，随身携带在国外购买的CD 120张，价值42 000元人民币，从北京首都机场进境，如实填写了中华人民共和国进出境旅客行李申报单。海关关员核对了王某携带的CD数量以及购买凭据显示的价格后，告知其应向文化部申领中华人民共和国文化部进口音像制品批准单，凭该批准单向海关照章纳税后方可带进。王某反复解释这些CD并非用于商业目的，纯属个人爱好收藏，并且全部为古典音乐作品，绝无不良内容。之后王某还是颇费周折地拿到文化部批准单，办理了有关进口手续，缴纳了9 960元进口关税及海关代收增值税。

王某查阅了《海关法》后认为：根据《海关法》的规定，个人携带进出境的行李物品在自用、合理数量范围以内应当免征关税。既然自己携带进境的CD全部为自用，并非用于出租、出售，属于自用、合理数量范围，应当予以免征关税，遂向首都机场海关的上一级海关北京海关提起行政复议申请。

2007年10月19日，王某向北京海关递交了行政复议申请，要求复议机关撤销首都机场海关的征税决定，退还已征税款。复议机关经审查认定，王某进境携带CD 120张，价值42 000元人民币，根据《中华人民共和国海关进出境印刷品及音像制品监管办法》第九条的规定，个人携带单碟（盘）发行的音像制品进境，每人每次超过100盘的，海关对全部进境音像制品按照进口货物依法办理相关手续。因此，首都机场海关要求王某按照进口货物办理所携带光盘征税进口手续于法有据，其征税决定认定事实清楚，程序合法。据此，复议机关作出复议决定，维持原征税决定。

本案例中，王某携带的全部是不同内容音乐的CD，所以不属于禁止和限制进出境物品，数量上已达到按进口货物办理报关手续数量，所以需要办理货物报关手续。海关提醒有需要运输印刷品音像制品的当事人在进出境印刷品音像制品时要特别关注以下几个方面：1. 禁止和限制进出境物品：所有列入《中华人民共和国禁止进出境物品表》和《中华人民共和国限制进出境物品表》的物品都应按照禁限物品进行管理，不能以自用合理数量作为能否放行的标准；2. 数量：不同数量需要依法办理不同的海关手续。《中华人民共和国海关进出境印刷品音像制品监管办法》中对规定数量作出了明确的规定。此外，《中华人民共和国海关进出境印刷品音像制品监管办法》规定“其他构成货物特征的”是指即使数量未超过自用、合理数量范围，但是如果具有贸易性质，如出售或者出租，海关也需对其全部按照进口货物办理相关手续。

三、特殊印刷品与音像制品进出境手续

1. 个人携带、邮寄进境的宗教类印刷品与音像制品在自用、合理数量范围内的，准予进境。

超出个人自用、合理数量进境或者以其他方式进口的宗教类印刷品及音像制品，海关凭国家宗教事务局、其委托的省级政府宗教事务管理部门或者国务院其他行政主管部门出具的证明予以征税验放。无相关证明的，海关按照《中华人民共和国海关行政处罚实施条例》的有关规定予以处理。

散发性宗教类印刷品及音像制品，禁止进境。

小贴士 散发性宗教类印刷品及音像制品，是指运输、携带、邮寄进境，不属于自用、合理数量范围并且具有明显传播特征，违反国家宗教事务法规及有关政策的印刷品及音像制品。

2. 随机器设备同时进口，以及进口后随机器设备复出口的记录操作系统、设备说明、专用软件等内容的印刷品及音像制品进口时，进口单位应当按照海关的要求交验合同、发票、有关报关单证及其他需要提供的文件，但是可以免领批准单等批准文件。

3. 境外赠送进口的印刷品及音像制品，受赠单位应当向海关提交赠送方出具的赠送函和受赠单位的接受证明及有关清单。

接受境外赠送的印刷品超过 100 册或者音像制品超过 200 盘的，受赠单位除向海关提交上述单证外，还应当提交国务院有关行政主管部门的批准文件。

4. 出口印刷品及音像制品，相关单位应当依照有关法律、法规的规定，向海关办理出口手续。

5. 用于展览、展示的印刷品及音像制品进出境，主办或者参展单位应当按照国家有关规定向海关办理暂时进出境手续。

6. 进入保税区、出口加工区及其他海关特殊监管区域和保税监管场所的印刷品及音像制品的通关手续，依照有关规定办理。

7. 享有外交特权和豁免的外国驻中国使馆、领馆及人员，联合国及其专门机构以及其他与中国政府签有协议的国际组织驻中国代表机构及人员进出境印刷品及音像制品，依照有关规定办理。

8. 各类境外企业或者组织在境内常设代表机构或者办事处（不包括外国人员子女学校）及各类非居民长期旅客、留学回国人员、短期多次往返旅客进出境公用或者自用印刷品及音像制品数量的核定和通关手续，依照有关规定办理。

四、海关对经营进口印刷品及音像制品的管理

（一）国家指定经营进口业务

印刷品及音像制品的进口业务，由国务院有关行政主管部门批准或者指定经营。未经批准或者指定，任何单位或者个人不得经营印刷品及音像制品进口业务。

其他单位或者个人进口印刷品及音像制品，应当委托国务院相关行政主管部门指定的进口经营单位向海关办理进口手续。

（二）相关手续

1. 除国家另有规定外，进口报纸、期刊、图书类印刷品，经营单位应当持国务院新闻出版行政主管部门的进口批准文件、目录清单、有关报关单证及其他需要提供的文件向海关办理进口手续。

2. 进口音像制品成品或者用于出版的音像制品母带（盘）、样带（盘），经营单位应当持“中华人民共和国文化部进口音像制品批准单”（以下简称批准单）、有关报关单证及其他需要提供的文件向海关办理进口手续。

3. 非经营音像制品性质的单位进口用于本单位宣传、培训及广告等目的的音像制品，应当按照海关的要求交验批准单、合同、有关报关单证及其他需要提供的文件；数量总计在200盘以下的，可以免领批准单。

五、法律责任

1. 运输、携带、邮寄国家禁止进出境的印刷品及音像制品进出境，如实向海关申报的，予以收缴，或者责令退回，或者在海关监管下予以销毁或者进行技术处理。

运输、携带、邮寄国家限制进出境的印刷品及音像制品进出境，如实向海关申报，但是不能提交许可证件的，予以退运。

2. 下列进出境印刷品及音像制品，由海关按照放弃货物、物品依法予以处理：

（1）收货人、货物所有人、进出境印刷品及音像制品所有人声明放弃的；

（2）在海关规定期限内未办理海关手续或者无人认领的；

（3）无法投递又无法退回的。

3. 构成走私行为、违反海关监管规定行为或者其他违反《海关法》行为的，由海关依照《海关法》和《中华人民共和国海关行政处罚实施条例》的有关规定予以处理；构成犯罪的，依法追究刑事责任。

第四节 《美术品进出口管理暂行规定》

【文　　号】文市发〔2009〕第21号

【发布日期】2009－06－17、2009－07－10

【生效日期】2009－08－01

根据《国务院对确需保留的行政审批项目设定行政许可的决定》（国务院412号令）、《美术品经营管理办法》（文化部第29号令），文化部、海关总署印发了《美术品进出口管理暂行规定》，委托美术品进出口口岸所在地省、自治区、直辖市文化行政部门负责本辖区美术品的进出口审批。

一、适用范围

1. 本规定所称美术品，是指艺术创作者以线条、色彩或者其他方式创作的具有审美意义的造型艺术作品，包括绘画、书法、雕塑、摄影、装置等作品，以及艺术创作者许可并签名的，数量在200件以内的复制品。不包括工业化批量生产的工艺美术产品，不包括文物。

2. 本规定所称美术品进出口经营活动，是指从境外进口或向境外出口美术品的经营活动。

3. 本规定所称涉外商业性美术品展览活动，是指以销售、商业宣传为目的在境内公共展览场所举办的，有境外艺术创作者或者境外艺术作品参加的各类展示活动。

同一批已经批准进口或出口的美术品复出口或复进口，进口单位可持原批准文件正本到原进口或出口口岸海关办理相关手续，文化行政部门不再重复审批。上述复出口或复进口的美术品如与原批准文件内容不符，进出口单位应当到文化行政部门重新办理审批手续。

4. 本规定所称美术品进出口单位，是指在商务部门备案登记，取得进出口资质的企业。

5. 从中国香港特别行政区、中国澳门特别行政区和中国台湾地区进口或者向上述地区出口美术品，参照本公告执行。

二、审批部门

文化部委托美术品进出口口岸所在地省、自治区、直辖市文化行政部门负责本辖区美术品的进出口审批。文化部对各省、自治区、直辖市文化行政部门的审批行为进行监督、指导，并依法承担审批行为的法律责任。

美术品进出口口岸所在地省、自治区、直辖市文化行政部门的审批行为应对文化部负责，并每季度一次报送文化部审查备案。

任何单位和个人不得销售、展览、展示或者利用其他商业形式传播未经文化行政部门批准进口的美术品。

三、管理要求

1. 国家鼓励进口和出口有利于传播世界优秀文化艺术、有利于提升人民群众思想、道德、文化、欣赏水平的美术品。

2. 禁止含有下列内容的美术品进出境:

（1）违反宪法确定的基本原则的;

（2）危害国家统一、主权和领土完整的;

（3）泄露国家秘密、危害国家安全或者损害国家荣誉和利益的;

（4）煽动民族仇恨、民族歧视，破坏民族团结，或者侵害民族风俗习惯的;

（5）宣扬或者传播邪教、迷信的;

（6）扰乱社会秩序、破坏社会稳定的;

（7）宣扬或者传播淫秽、色情、赌博、暴力、恐怖或者教唆犯罪的;

（8）侮辱或者诽谤他人、侵害他人合法权益的;

（9）蓄意篡改历史、严重歪曲历史的;

（10）危害社会公德或者有损民族优秀文化传统的;

（11）法律、行政法规和国家规定禁止的其他内容。

3. 美术品进出口口岸所在地的省、自治区、直辖市文化行政部门，在美术品进出口和涉外商业性美术品展览活动审批过程中，对申报美术品内容有疑义的，可提交文化部进行复核，文化部接到申请之日起15日内提出复核意见。复核时间不计入省、自治区、直辖市文化行政部门的审批时限。

四、进出口审批流程

（一）一般情况进出口审批流程

1. 美术品进出口单位应当在美术品进出口前，向美术品进出口口岸所在地的省、自治区、直辖市文化行政部门提出申请，并报送以下材料：

（1）美术品进出口单位的企业法人营业执照、对外贸易经营者备案登记表；

（2）进出口美术品的来源、目的地、用途；

（3）艺术创作者名单、美术品图录和介绍；

（4）审批部门要求提供的其他材料。

2. 文化行政部门自收到申请之日起 15 日内作出决定。批准的，发给批准文件，批准文件中应附美术品详细清单。申请单位持批准文件到海关办理手续。不批准的，文化行政部门书面通知申请单位并说明理由。

（二）境内举办涉外商业性美术品展览的审批流程

1. 在境内举办涉外商业性美术品展览活动，应当由举办涉外商业性美术品展览活动的单位，于展览日 45 日前，向展览举办地省、自治区、直辖市文化行政部门提出申请，并报送以下材料：

（1）主办或承办单位的企业法人营业执照、对外贸易经营者备案登记表；

（2）展览活动方案；

（3）举办单位与其他相关单位签订的合同或者协议；

（4）经费预算及资金来源证明；

（5）场地使用协议；

（6）境外来华参展艺术创作者或参展单位的情况介绍；

（7）境外来华参展美术品的名录、图片和介绍；

（8）审批部门要求的其他材料。

2. 文化行政部门应在申请单位自申请之日起 20 日内，作出审核决定。申请单位持批准文件到海关办理有关手续；不批准的，文化行政部门书面通知申请单位并说明理由。展品超过 120 件的，由所在地省、自治区、直辖市文化行政部门初审后，报文化部审批。

（三）非经营性用途美术品进出境的审批流程

以研究、教学参考、馆藏、公益性展览等非经营性用途的美术品进出境，应当委托美术品进出口单位参照一般情况办理进出口手续。

（四）个人携带、邮寄美术品进出境

个人应主动向海关申报。超过自用、合理数量的，应当委托美术品进出口单位参照一般情况办理进出口手续。

海关提醒 对个人携带、邮寄美术品进出境，进出境海关认为内容性质难以确定时，可要求携带人、收件人将拟进出境美术品的相关材料送美术品进出口口岸所在地省、自治区、直辖市文化行政部门审查，文化行政部门在接受上述材料15日之内出具审查意见。海关根据审查意见决定是否验放。

（五）复出口或复进口美术品

同一批已经批准进口或出口的美术品复出口或复进口，进出口单位可持原批准文件正本到原出口或出口口岸海关办理相关手续，文化行政部门不再重复审批。上述复出口或复进口的美术品如与原批准内容不符，进出口单位应当到文化行政部门重新办理审批手续。

五、法律责任

1. 美术品进出口单位，不得擅自更改、增减批准进出口的美术品数量、作品名称和其他资料。如有更改，应当及时将变更事项向审批部门申报，经审批部门批准确认后，方可变更。文化行政部门的批准文件，不得伪造、涂改，不得出租、出借、出售或者以其任何形式转让。

2. 进出口经营活动中含有国家禁止内容的美术品，或者擅自销售、展览、展示，以及利用其他商业形式传播未经文化行政部门批准进口的美术品的，由所在地县级以上文化行政部门责令改正，并视情节轻重予以警告，没收违法物品，或者并处5 000元以上30 000元以下罚款。

3. 擅自更改、增减批准进出口的美术品数量、作品名称和其他资料，伪造、涂改，出租、出借、出售或者以其他任何形式转让文化行政部门批准文件，由所在地县级以上文化行政部门视情节轻重予以警告、撤销原批准文件，并处2 000元以上10 000元以下罚款。

4. 构成走私行为，违反海关监管规定行为或者其他违反海关法行为的，由海关依照《海关法》和《中华人民共和国海关行政处罚实施条例》的有关规定处理；构成犯罪的，依法追究刑事责任。对海关作出的行政处罚决定，当事人逾期不履行的，由海关按照《中华人民共和国海关行政处罚实施条例》第六十条规定进行处理。

5. 文化和海关行政部门根据本规定作出行政处罚决定时，出具行政处罚决定书。当事人对文化和海关行政部门的行政处罚决定不服时，可以依法申请复议或者依法向人民法院提起诉讼。对文化行政部门作出的行政处罚决定，当事人逾期不申请复议，不向人民法院提起诉讼又不履行的，由作出行政处罚决定的行政部门申请人民法院强制执行。

六、相关用表

美术品进出口申请表

进口代理公司			
公司地址			
联 系 人			
电　　话			
原进口单位/个人			
进口国家或地区		入境口岸	
进口用途			
进口日期			
美术品类别			
美术品数量			
申请人签字/盖章	年　　月　　日		

美术品进/出口名录

序号	作品名称	作者	类别	尺寸（cm）	材质	数量（幅/件）	作品图片
1							
2							
3							
4							
5							
6							
7							
8							
9							
10							
11							
12							
13							
14							
15							

（此页报审单位可自行复制，也可以电子版形式申报）

××××年××月××日

第五节 《关于调整进出境个人邮递物品管理措施有关事宜》

【文　　号】总署公告〔2010〕43号

【发布日期】2010－07－02

【生效日期】2010－09－01

《关于调整进出境个人邮递物品管理措施有关事宜》主要是为了进一步规范对进出境个人邮递物品的监管，照顾收件人、寄件人的合理需要。

为了方便正常往来，照顾个人的合理需要，限制走私违法活动，海关规定了个人每次邮寄物品的限值、免税额和禁止、限制邮寄物品的品种。

1. 个人邮寄进境物品，海关依法征收进口税，但应征进口税税额在人民币50元以下（含50元）的，海关予以免征。

小贴士 个人进口物品行邮税由关税以及进口环节海关代征税合并为进口税。起征点为50元，个人邮递进境物品应缴进口税超过50元的一律按商品价值全额征税。

2. 个人寄自或寄往中国港澳台地区的物品，每次限值为800元人民币；寄自或寄往其他国家和地区的物品，每次限值为1 000元人民币。

3. 个人邮寄进出境物品超出规定限值的，应办理退运手续或者按照货物规定办理通关手续。邮包内仅有一件物品且不可分割的，虽超出规定限值，但经海关审核确属个人自用的，可以按照个人物品规定办理通关手续。

4. 邮运进出口的商业性邮件，应按照货物规定办理通关手续。

海关提醒 海关对邮递进出境的物品监管较严，在办理邮递前了解相关的规定，可以使手续办理更为顺利，也可以避免不必要的损失。

案例 小李托朋友在美国花900美元购买了一台笔记本电脑，邮寄进境时申报为计算机。海关经过查验，通知小李办理海关纳税手续。虽然笔记本电脑的价格超过了邮包的限值1 000元，但是由于包内仅有一件不可分割的物品，且属于个人自用，经海关审定，可以按照个人物品规定办理通关手续。键盘式笔记本电脑的海关认定完税价格为2 000元，税率为10%，进口税为200元，由于已超过起征点，所以小李需要全额缴纳行邮税200元。

第六节 《音像制品进口管理办法》

【文　　号】新闻出版总署、海关总署令第53号

【发布日期】2011－04－06

【生效日期】2011－04－06

《音像制品进口管理办法》是根据《音像制品管理条例》及国家的有关规定而制定的，主要是为了加强对音像制品进口的管理，促进国际文化交流与合作，丰富人民群众的文化生活。

一、适用范围

本办法所称音像制品，是指录有内容的录音带、录像带、唱片、激光唱盘、激光视盘等。所称出版，包括利用信息网络出版。

1. 凡从外国进口音像制品成品和进口用于出版及其他用途的音像制品，适用本办法。

2. 音像制品用于广播电视播放的，适用广播电视法律、行政法规。

3. 从中国香港特别行政区、中国澳门特别行政区、中国台湾地区进口音像制品以及电子出版物的进口参照本办法执行。

二、管理部门

1. 新闻出版总署负责全国音像制品进口的监督管理和内容审查等工作。

2. 县级以上地方人民政府新闻出版行政部门依法负责本行政区域内的进口音像制品的监督管理工作。

3. 各级海关在其职责范围内负责音像制品进口的监督管理工作。

三、管理要求

1. 音像制品进口经营活动应当遵守宪法和有关法律、法规，坚持为人民服务和为社会主义服务的方向，传播有益于经济发展和社会进步的思想、道德、科学技术和文化知识。

2. 国家禁止进口有下列内容的音像制品：

（1）反对宪法确定的基本原则的；

（2）危害国家统一、主权和领土完整的；

（3）泄露国家秘密、危害国家安全或者损害国家荣誉和利益的；

（4）煽动民族仇恨、民族歧视，破坏民族团结，或者侵害民族风俗、习惯的；

（5）宣扬邪教、迷信的；

（6）扰乱社会秩序、破坏社会稳定的；

（7）宣扬淫秽、赌博、暴力或者教唆犯罪的；

（8）侮辱或者诽谤他人、侵害他人合法权益的；

（9）危害社会公德或者民族优秀文化传统的；

（10）法律、行政法规和国家规定禁止的其他内容的。

四、音像制品进出口单位的管理要求

国家对设立音像制品成品进口单位实行许可制度。

（一）进口经营单位

音像制品成品进口业务由新闻出版总署批准的音像制品成品进口单位经营；未经批准，任何单位或者个人不得从事音像制品成品进口业务。

1. 音像制品成品进口经营单位必须具备以下条件：

（1）有音像制品进口经营单位的名称、章程；

（2）有符合新闻出版总署认定条件的主办单位及其主管机关；

（3）有确定的业务范围；

（4）具有进口音像制品内容初审能力；

（5）有与音像制品进口业务相适应的资金；

（6）有固定的经营场所；

（7）法律、行政法规和国家规定的其他条件。

2. 申请设立音像制品成品进口经营单位。

该单位应当向新闻出版总署提出申请，经审查批准，取得新闻出版总署核发的音像制品进口经营许可证件后，持证到工商行政管理部门依法领取营业执照。还应当依照对外贸易法律、行政法规的规定办理相应手续。

（二）其他单位

图书馆、音像资料馆、科研机构、学校等单位进口供研究、教学参考的音像制品成品，应当委托新闻出版总署批准的音像制品成品进口经营单位办理进口审批手续。

音像出版单位可以在批准的出版业务范围内从事进口音像制品的出版业务。

五、进口审查

国家对进口音像制品实行许可管理制度，应在进口前报新闻出版总署进行内容审查，审查批准取得许可文件后方可进口。

（一）审查单位

新闻出版总署设立音像制品内容审查委员会，负责审查进口音像制品的内容。委员会下设办公室，负责进口音像制品内容审查的日常工作。

（二）审查申请

1. 进口音像制品成品，由音像制品成品进口经营单位向新闻出版总署提出申请并报送以下文件和材料：

（1）进口录音或录像制品报审表；

（2）进口协议草案或订单；

（3）节目样片、中外文歌词；

（4）内容审查所需的其他材料。

2. 进口用于出版的音像制品，应当向新闻出版总署提出申请并报送以下文件和材料：

（1）进口录音或录像制品报审表；

（2）版权贸易协议中外文文本草案，原始版权证明书，版权授权书和国家版权局的登记文件；

（3）节目样片；

（4）中外文曲目、歌词或对白；

（5）内容审查所需的其他材料。

3. 进口用于展览、展示的音像制品，由展览、展示活动主办单位提出申请，并将音像制品目录和样片报新闻出版总署进行内容审查。海关按暂时进口货物管理。

海关提醒 进口单位不得擅自更改报送新闻出版总署进行内容审查样片原有的名称和内容。

（三）审查批准

新闻出版总署自受理进口音像制品申请之日起30日内作出批准或者不批准的决定。批准的，发给进口音像制品批准单；不批准的，应当说明理由。

海关提醒 进口音像制品批准单内容不得更改，如需修改，应重新办理。进口音像制品批准单一次报关使用有效，不得累计使用。其中，属于音像制品成品的，批准单当年有效；属于用于出版的音像制品的，批准单有效期限为1年。

六、需要关注的九个要点

1. 未经审查批准进口的音像制品，任何单位和个人不得出版、复制、批发、零售、出租和营业性放映。

2. 任何单位和个人不得将供研究、教学参考或者用于展览、展示的进口音像制品进行经营性复制、批发、零售、出租和营业性放映。

用于展览、展示的进口音像制品确需在境内销售、赠送的，在销售、赠送前，必须依照本办法按成品进口重新办理批准手续。

3. 进口单位与外方签订的音像制品进口协议或者合同应当符合中国法律、法规的规定。

4. 出版进口音像制品，应当符合新闻出版总署批准文件要求，不得擅自变更节目名称和增删节目内容，要使用经批准的中文节目名称；外语节目应当在音像制品及封面包装上标明中外文名称；出版进口音像制品必须在音像制品及其包装的明显位置标明国家版权局的登记文号和新闻出版总署进口批准文号；利用信息网络出版进口音像制品必须在相关节目页面标明以上信息。

5. 在经批准进口出版的音像制品版权授权期限内，音像制品进口经营单位不得进口该音像制品成品。

6. 出版进口音像制品使用的语言文字应当符合国家公布的语言文字规范。

7. 进口单位持新闻出版总署进口音像制品批准单向海关办理音像制品的进口报关手续。

8. 个人携带和邮寄音像制品进出境，应以自用、合理数量为限，并按照海关有关规定办理。个人携带和邮寄音像制品进出境按《中华人民共和国海关进出境印刷品及音像制品监管办法》的相关规定监管。

9. 随机器设备同时进口以及进口后随机器设备复出口的记录操作系统、设备说明、专用软件等内容的音像制品，不适用本办法，海关审核进口单位提供的合同、发票等有效单证后验放。

随机器设备同时进口以及进口后随机器设备复出口的记录操作系统、

设备说明、专用软件等内容的音像制品按《中华人民共和国海关进出境印刷品及音像制品监管办法》的相关规定要求办理海关手续。

七、法律责任

1. 未经批准，擅自从事音像制品成品进口经营活动的，依照《音像制品管理条例》第三十九条的有关规定给予处罚。

2. 有下列行为之一的，由县级以上新闻出版行政部门责令停止违法行为，给予警告，没收违法音像制品和违法所得；违法经营额 10 000 元以上的，并处违法经营额 5 倍以上 10 倍以下的罚款；违法经营额不足 10 000 元的，并处 50 000 元以下罚款；情节严重的，并责令停业整顿或者由原发证机关吊销许可证：

（1）出版未经新闻出版总署批准擅自进口的音像制品；

（2）批发、零售、出租或者放映未经新闻出版总署批准进口的音像制品的；

（3）批发、零售、出租、放映供研究、教学参考或者用于展览、展示的进口音像制品的。

3. 出版进口音像制品未标明本办法规定内容的，由省级以上新闻出版行政部门责令改正，给予警告，情节严重的，并责令停业整顿或者由原发证机关吊销许可证。

4. 违反本办法，有下列行为之一的，由省级以上新闻出版行政部门责令改正，给予警告，可并处 30 000 元以下的罚款：

（1）出版进口音像制品使用语言文字不符合国家公布的语言文字规范的；

（2）出版进口音像制品，违反本办法擅自变更节目名称、增删节目内容的。

擅自增删经审查批准进口的音像制品内容导致其含有本办法第六条规定的禁止内容的，按照《音像制品管理条例》有关条款进行处罚。

5. 违反海关法及有关管理规定的，由海关依法处理。

案例 某音像公司从日本一家电影公司进口3张电影母盘，打算在国内找一家出版单位复制出版，该公司业务员小王从日本将3张母盘携带进境，在机场过海关时，未进行申报，经海关查验发现这3张母盘夹藏在一本字典中。经海关关员多次询问小王后，小王承认是公司让其夹带回国的。现场海关将案件移交缉私警察作进一步处理。

国家对进口音像制品实行许可管理制度，应在进口前报新闻出版总署进行内容审查，审查批准取得许可文件后方可进口。本案例中，某音像公司没有事先报国家主管部门进行内容审查，而且采用夹藏手段，瞒报进口，违反《音像制品管理条例》、《音像制品进口监管办法》的相关规定，根据《海关法》、《中华人民共和国海关行政实施条例》等的相关规定，将予以处罚。构成犯罪的，依法追究刑事责任。

第十六章　海南岛离岛免税及离境退税

为了全力支持海南国际旅游岛建设，积极推进离岛免税购物政策实施，海关总署先后制定发布了《关于海南国际旅游岛境外旅客购物离境退税监管事宜》和《中华人民共和国海关对海南省离岛旅客免税购物监管暂行办法》。本章介绍的特殊政策即指海南岛特殊政策，也称离岛免税购物政策。该政策是在充分考虑海南特殊的地理环境和产业结构、发展思路的前提下制定的特殊优惠政策，不具有普适性。

第一节　相关法律体系

海南岛特殊政策规范了海关对海南省离岛旅客免税物的监管，为海南省旅游业的进一步发展发挥了积极作用，其涉及的规范性文件如下：

1. 2010 年发布，2011 年开始实施的《关于海南国际旅游岛境外旅客购物离境退税监管事宜》，主要是为了规范海关对境外旅客在海南省购物后办理离境退税业务的监管。

2. 2011 年发布，2011 年开始实施的《中华人民共和国海关对海南省离岛旅客免税购物监管暂行办法》，包括四章十六条，由总则、免税品销售、运送和提取、法律责任以及附则组成，其主要目的是规范海关对海南省离岛旅客免税购物业务的监管，促进海南省旅游业的发展。

第二节　《关于海南国际旅游岛境外旅客购物离境退税监管事宜》

【文　　号】海关总署公告2010年第82号

【发布日期】2010－12－24

【执行日期】2011－01－01

该公告主要是为了规范海关对境外旅客在海南省购物后办理离境退税业务的监管。境外旅客在办理离境退税业务时应注意以下关键事项：

一、境外旅客办理购物离境退税手续的三个前提条件

1. 在我国境内连续居住不超过183天的外国人和港澳台同胞；

2. 同一日在同一退税定点商店购买退税物品金额达到人民币800元，并且按规定取得“境外旅客购物离境退税申请单”；

3. 离境日距退税物品购买日不超过90天。

海关提醒　符合退税条件的境外旅客出境时，应当主动向海关申报，并提交境外旅客购物离境退税申请单、本人有效身份证件和退税物品。境外旅客办理退税手续后，应当立即将退税物品全部携运出境。

二、海关不予办理购物离境退税签章手续的情形

1. 境外旅客购物离境退税申请单所列物品与交验物品不相符的；

2. 单证不相符的；

3. 超出自用、合理数量范围的；

4. 不符合本公告第一条规定条件的（即上述三个前提条件）；

5. 其他不符合离境退税规定的。

海关提醒 境外旅客所购退税物品属于中华人民共和国禁止出境物品范围内的，不得携运出境；境外旅客所购退税物品依照国家有关规定应当提交出境许可证件（证明）的，应当向海关提交相关证件（证明）。

第三节 《中华人民共和国海关对海南省离岛旅客免税购物监管暂行办法》

【文　　号】海关总署公告2011年第20号

【发布日期】2011－03－23

【执行日期】2011－04－20

该公告主要是为了规范海关对海南省离岛旅客免税购物业务的监管，促进海南省旅游业的发展。

一、离岛旅客需要关注的“四限”要求

“四限”即离岛免税政策对乘飞机离岛（不包括离境）旅客实行限次、限值、限量和限品种免进口税购物。

1. 限次。离岛旅客中的岛内居民每个公历年度最多可以享受1次离岛免税购物政策，非岛内居民最多可以享受2次离岛免税购物政策。海关对境内人员以居民身份证签发机关为依据认定岛内居民、非岛内居民身份，对境外人员则以其所持进出境有效证件认定身份。

小贴士 离岛旅客是指年满18周岁，乘坐飞机离开海南本岛但不离境的境内外旅客，包括海南岛内居民。身份证件是指境内旅客居民身份证、港澳居民来往内地通行证、台湾居民来往大陆通行证和外国旅客护照等。

2. 限值。离岛旅客购买免税商品，每人每次金额累计限人民币5 000元（含5 000元）。但是在全额缴纳进境物品进口税的前提下，离岛旅客每

人每次还可以购买1件单价在人民币5 000元以上的免税品。离岛旅客购买免税品后，乘机携运离岛记为1次免税购物。

3. 限量和限品种。离岛旅客购买免税商品，每人每次可购买单一品种数量范围详见下表。

离岛旅客每人每次购买单一品种数量范围表

免税品品种名称	数量范围（件）
首饰	2
工艺品	2
手表	2
香水	2
化妆品	5
笔	5
眼镜（含太阳镜）	2
丝巾	2
领带	2
毛织品	2
棉织品	2
服装服饰	5
鞋帽	2
皮带	2
箱包	2
小皮件	4
糖果	5
体育用品	2

案例 张女士是在海口工作的海南本地居民，计划2012年3月16日下午从三亚机场乘飞机去长沙出差。张女士在乘飞机前得知自己1年有1

次机会可以享受离岛免税购物政策，于是在3月16日上午去三亚免税店购买化妆品。在三亚免税店国际知名品牌专柜，张女士先挑选了洗面乳、爽肤水、1瓶粉底液和1支唇彩共4件商品。张女士还想再购买眼霜、乳液和精华，忽然想到按照规定化妆品最多只能购买5件，正在犹豫时，货柜专员向张女士推荐了一套3件套的套装，其中包括单品中的眼霜、乳液和精华。这样的话，张女士所购买的化妆品就在限定的件数内，而且总价格正好也没有超过限定的5 000元，比在外面买便宜了好几百元。

小贴士 购买免税店商品要打好“组合拳”，套装免税品只算1件免税品！

二、提取免税品的两点注意事项

1. 离岛旅客进入机场隔离区后，应当在免税商店设立的提货点办理所购免税品提取手续。免税商店应当验凭离岛旅客有效身份证件、提货单据和登机牌等单证无误后交付相应免税品。

小贴士 离岛旅客购买免税品时，应当主动出示本人有效身份证件（包括临时身份证），并详实提供离岛航班信息以及其他相关信息等。

2. 离岛旅客在提取免税品后，因航班延误、取消等原因需要离开隔离区的，应当将免税品交由免税商店（包括提货点）代为保管，待实际乘机离岛再次进入隔离区后提取。

海关提醒 因航班延误、取消造成实际离岛航班日期与原离岛航班日期不在同一日的，以原离岛航班日期记为离岛日期。

三、法律责任

1. 离岛旅客有下列情形之一的，在3年内不得享受离岛免税购物政策：

（1）未按照规定将免税品携运离岛的；

（2）提供虚假身份证件或者离岛航班等信息的；

（3）违反其他规定的。

案例 海口美兰机场离岛免税店开业后，某旅客在海口美兰机场离岛免税店购买了一块西铁城牌手表，在乘飞机离岛前将手表交给其朋友欲携带出隔离区，被海关现场检查人员查获。海口海关在监管信息管理系统内录入该旅客的违规信息，并根据《中华人民共和国海关对海南省离岛旅客免税购物监管暂行办法》的规定，限制其本人在3年内不得享受离岛免税购物政策；同时，海口海关还将此情况向其朋友所在工作单位通报。

2. 违反本暂行办法规定，构成走私行为或者违反海关监管规定行为的，由海关依照《海关法》和《中华人民共和国海关行政处罚实施条例》的有关规定予以处理；构成犯罪的，依法追究刑事责任。

附　录

附件一　中华人民共和国海关监管场所设置标准

一、码头类监管场所设置标准

（一）一般型码头（如综合货运码头、集装箱码头、散杂货码头等）设置标准

1. 具有独立的封闭区域；

2. 设立隔离围网（墙），高度不低于2.5米；

3. 建立通道出入卡口，配置符合海关监管要求的卡口设备（电子栏杆、电子读写设备、电子识别设备、电子监控设备、电子地磅等）并与海关联网；

4. 配备电子计算机管理系统，并与海关电子计算机联网，能按照海关要求的格式实现相关电子数据的传送、交换，海关可进入监管场所电子计算机管理系统查询、统计运输工具、货物的停靠、存储位置及相关处理情况；

5. 安装具有存储功能（存储时间不少于3个月）的视频监控系统，供海关对监管场所进行监控，监管场所灯光及监控系统应当满足海关实施全方位24小时监控需要；

6. 具有专门储存、堆放、装卸海关监管货物的仓库、场地及设施，并设置明显区分标志；

7. 提供满足海关查验货物要求的场地，并配备便于海关实施查验的相关设备；

8. 根据海关需要，提前预留大型集装箱检查设备等所需的场地和设施；

9. 提供存放海关扣留货物的仓库；

10. 为海关提供必要的办公场所。办公场所应具备网络、通信、取暖、降温、休息和卫生等条件。

（二）专用型码头（如化工品专用码头、粮油专用码头、煤炭专用码头、散装水泥专用码头、散装矿产品专用码头、船舶修理专用码头等）设置标准

1. 具有独立的封闭区域；

2. 设立隔离围网（墙），高度不低于2.5米；

3. 建立出入通道卡口，配置符合海关监管要求的设备（电子栏杆、电子监控设备、电子地磅等）并与海关联网；

4. 配备电子计算机管理系统，并与海关电子计算机联网，能按照海关要求的格式实现相关电子数据的传送、交换，海关可进入监管场所电子计算机管理系统查询、统计运输工具、货物的停靠、存储位置及相关处理情况；

5. 安装具有存储功能（储存时间不少于3个月）的视频监控系统，供海关对监管场所进行监控，监管场所灯光及监控系统应当满足海关实施全方位24小时监控需要；

6. 具有储存、堆放、装卸海关监管货物的专用设施，并设置明显区分标志；

7. 为海关监管提供相应的安全防护设备；

8. 为海关提供必要的办公场所。办公场所应具备网络、通信、取暖、降温、休息和卫生等条件。

二、公路转关监管点（如陆路口岸车检场、直通式监管点、转关车检场、国际物流中心等）设置标准

（一）具有独立的封闭区域；

（二）设立隔离围网（墙），高度不低于2.5米；

（三）建立通道出入卡口，配置符合海关监管要求的卡口设备（电子栏杆、电子读写设备、电子识别设备、电子监控设备、电子地磅等）并与海关联网；

（四）配备电子计算机管理系统，并与海关电子计算机联网，能按照海关要求的格式实现相关电子数据的传送、交换，海关可进入监管场所电子计算机管理系统查询、统计运输工具、货物的停靠、存储位置及相关处理情况；

（五）安装具有存储功能（储存时间不少于3个月）的视频监控系统，供海关对监管场所进行监控，监管场所灯光及监控系统应当满足海关实施全方位24小时监控需要；

（六）具有专门储存、堆放、装卸海关监管货物的仓库、场地及设施，并设置明显区分标志；

（七）提供满足海关查验货物要求的场地，并配备便于海关实施查验的相关设备；

（八）提供存放海关扣留货物的仓库；

（九）根据海关需要，提前预留大型集装箱检查设备等所需的场地和设施；

（十）为海关提供必要的办公场所。办公场所应具备网络、通讯、取暖、降温、休息和卫生等条件。

三、陆路边境口岸监管场所（如陆路边境口岸车检场、陆路边境口岸海关监管点、陆路边境口岸海关查验场等）设置标准

（一）设立在国家正式批准对外开放的陆路边境口岸海关监管区内，并具有独立的封闭区域；

（二）建立通道出入卡口，配置符合海关监管要求的卡口设备（电子栏杆、电子监控设备、电子地磅等）并与海关联网；

（三）配备电子计算机管理系统，并与海关电子计算机联网，能按照海关要求的格式实现相关电子数据的传送、交换，海关可进入监管场所电

子计算机管理系统查询、统计运输工具、货物的停靠、存储位置及相关处理情况；

（四）具有专门储存、堆放、装卸海关监管货物的仓库、场地及设施，并设置明显区分标志；

（五）提供满足海关查验货物要求的场地，并配备便于海关实施查验的相关设备；

（六）根据海关需要，提前预留大型集装箱检查设备等所需的场地和设施；

（七）安装具有存储功能（储存时间不少于3个月）的视频监控系统，供海关对监管场所进行监控，监管场所灯光及监控系统应当满足海关实施全方位24小时监控需要；

（八）提供存放海关扣留货物的仓库；

（九）为海关提供必要的办公场所。办公场所应具备网络、通讯、取暖、降温、休息和卫生等条件。

四、货栈类监管场所设置标准

（一）空运货栈设置标准

1. 具有独立的封闭区域；

2. 设立隔离围网（墙），高度不低于2.5米；

3. 建立通道出入卡口，配置符合海关监管要求的卡口设备（电子栏杆、电子读写设备、电子识别设备、电子监控设备、电子地磅等）并与海关联网；

4. 配备电子计算机管理系统，并与海关电子计算机联网，能按照海关要求的格式实现相关电子数据的传送、交换，海关可进入监管场所电子计算机管理系统查询、统计运输工具、货物的停靠、存储位置及相关处理情况；

5. 安装具有存储功能（储存时间不少于3个月）的视频监控系统，供海关对监管场所进行监控，监管场所灯光及监控系统须满足海关实施全方位24小时监控需要；

6. 具有储存、堆放、装卸海关监管货物的仓库、场地及设施，监管货物按照进口、出口、暂扣、特殊库进行分类存放，不同类别货物应当隔离，并设置明显区分标志；

7. 提供满足海关查验货物要求的场地，并配备便于海关实施查验的相关设备；

8. 为海关提供必要的办公场所。办公场所应具备网络、通讯、取暖、降温、休息和卫生等条件。

（二）铁路货栈设置标准

1. 具有独立的封闭区域；

2. 设立隔离围网（墙），高度不低于2.5米；

3. 建立通道出入卡口，配置符合海关监管要求的设备（电子栏杆、电子监控设备、电子地磅等）并与海关联网；

4. 配备电子计算机管理系统，并与海关电子计算机联网，能按照海关要求的格式实现相关电子数据的传送、交换，海关可进入监管场所电子计算机管理系统查询、统计运输工具、货物的停靠、存储位置及相关处理情况；

5. 安装具有存储功能（储存时间不少于3个月）的视频监控系统，供海关对监管场所进行监控，监管场所灯光及监控系统应当满足海关实施全方位24小时监控需要；

6. 具有专门储存、堆放、装卸海关监管货物的仓库、场地及设施，并设置明显区分标志；

7. 提供满足海关查验货物要求的场地，并配备便于海关实施查验的相关设备；

8. 根据海关需要，提前预留大型集装箱检查设备等所需的场地和设施；

9. 提供存放海关扣留货物的仓库；

10. 为海关提供必要的办公场所。办公场所应具备网络、通讯、取暖、降温、休息和卫生等条件。

五、堆场类监管场所设置标准

（一）综合性货运堆场（如集装箱堆场、散杂货堆场等）设置标准

1. 具有独立的封闭区域；

2. 设立隔离围网（墙），高度不低于 2.5 米；

3. 建立通道出入卡口，配置符合海关监管要求的卡口设备（电子栏杆、电子读写设备、电子识别设备、电子监控设备、电子地磅等）并与海关联网；

4. 配备电子计算机管理系统，并与海关电子计算机联网，能按照海关要求的格式实现相关电子数据的传送、交换，海关可进入监管场所电子计算机管理系统查询、统计运输工具、货物的停靠、存储位置及相关处理情况；

5. 安装具有存储功能（储存时间不少于 3 个月）的视频监控系统，供海关对监管场所进行监控，监管场所灯光及监控系统应当满足海关实施全方位 24 小时监控需要；

6. 具有专门储存、堆放、装卸海关监管货物的仓库、场地及设施，并设置明显区分标志；

7. 提供满足海关查验货物要求的场地，并配备便于海关实施查验的相关设备；

8. 提供存放海关扣留货物的仓库；

9. 根据海关需要，提前预留大型集装箱检查设备等所需的场地和设施，自行安装的货物检查设备应与海关联网；

10. 为海关提供必要的办公场所。办公场所应具备网络、通讯、取暖、降温、休息和卫生等条件。

（二）新造集装箱专用堆场设置标准

1. 具有独立的封闭区域；

2. 设立隔离围网（墙），高度不低于 2.5 米；

3. 建立通道出入卡口，配置符合海关监管要求的卡口设备（电子栏杆、电子监控设备等）并与海关联网；

4. 配备电子计算机管理系统，并与海关电子计算机联网，能按照海关要求的格式实现相关电子数据的传送、交换，海关可进入监管场所电子计算机管理系统查询、统计运输工具、货物的停靠、存储位置及相关处理情况；

5. 安装具有存储功能（储存时间不少于 3 个月）的视频监控系统，供海关对监管场所进行监控，监管场所灯光及监控系统应当满足海关实施全方位 24 小时监控需要；

6. 为海关提供必要的办公场所。办公场所应具备网络、通讯、取暖、降温、休息和卫生等条件。

六、仓库类监管场所（如综合性仓库、航空食品供应库、进口分拨库、出口拼装库、展览品监管仓库等）设置标准

（一）具有独立的封闭区域；

（二）建立通道出入卡口，配置符合海关监管要求的卡口设备（电子栏杆、电子读写设备、电子识别设备、电子监控设备、电子地磅等）并与海关联网；

（三）配备电子计算机管理系统，并与海关电子计算机联网，能按照海关要求的格式实现相关电子数据的传送、交换，海关可进入监管场所电子计算机管理系统查询、统计运输工具、货物的停靠、存储位置及相关处理情况；

（四）安装具有存储功能（储存时间不少于 3 个月）的视频监控系统，供海关对监管场所进行监控，监管场所灯光及监控系统应当满足海关实施全方位 24 小时监控需要；

（五）提供满足海关查验货物要求的场地，并配备便于海关实施查验的相关设备；

（六）提供存放海关扣留货物的仓库；

（七）为海关提供必要的办公场所。办公场所应具备网络、通讯、取

暖、降温、休息和卫生等条件。

七、储罐类监管场所（如液/气体专用储罐堆场等）设置标准

（一）具有独立的封闭区域；

（二）建立通道出入卡口，配置符合海关监管要求的卡口设备（电子栏杆、电子监控设备等）并与海关联网；

（三）配备电子计算机管理系统，并与海关电子计算机联网，能按照海关要求的格式实现相关电子数据的传送、交换，海关可进入监管场所电子计算机管理系统查询、统计运输工具、货物的停靠、存储位置及相关处理情况；

（四）安装具有存储功能（储存时间不少于3个月）的视频监控系统，供海关对监管场所进行监控，监管场所灯光及监控系统应当满足海关实施全方位24小时监控需要；

（五）储罐应当安装符合海关要求的测量仪器，确保采集数据原始、真实、准确，并与海关联网；

（六）为海关监管提供相应的安全防护设备；

（七）为海关提供必要的办公场所。办公场所应具备网络、通讯、取暖、降温、休息和卫生等条件。

八、快件类监管场所设置标准

（一）具有独立的封闭区域；

（二）建立通道出入卡口，配置符合海关监管要求的设备（电子栏杆、电子读写设备、电子识别设备、电子监控设备、小型电子地磅等）并与海关联网；

（三）配备电子计算机管理系统，并与海关电子计算机联网，能按照海关要求的格式实现相关电子数据的传送、交换，海关可进入监管场所电子计算机管理系统查询、统计运输工具、货物的停靠、存储位置及相关处理情况；

（四）具备自动传输和分拣设备；

（五）安装具有存储功能（储存时间不少于3个月）的视频监控系统，供海关对监管场所进行监控，监管场所灯光及监控系统应当满足海关实施全方位24小时监控需要；

（六）具有专门储存、堆放、装卸海关监管货物的仓库、场地及设施，并设置明显区分标志；

（七）提供满足海关查验货物要求的场地，并配备便于海关实施查验的相关设备；

（八）根据海关需要，提前预留海关监管设备所需的场地和设施；

（九）提供存放海关扣留货物的仓库；

（十）为海关提供必要的办公场所。办公场所应具备网络、通讯、取暖、降温、休息和卫生等条件。

九、边民互市贸易类监管场所（如边民互市点、边民互市区、边贸市场等）设置标准

（一）具有明确的界线，建有隔离围网（墙），高度不低于2.5米；

（二）建立通道出入卡口，具备条件时应当配置符合海关监管要求的卡口设备（电子栏杆、电子地磅、电子监控设备等）并与海关联网；

（三）具备条件时应当安装具有存储功能（储存时间不少于3个月）的视频监控系统，供海关对监管场所进行监控，监管场所灯光及监控系统应当满足海关实施全方位24小时监控需要；

（四）为海关提供适当的办公场所和条件。办公场所应当具备网络、通讯、取暖、降温、休息和卫生等条件。

十、台轮停泊点类监管场所设置标准

（一）具有独立的封闭区域；

（二）设立隔离围网（墙），高度不低于2.5米；

（三）建立通道出入卡口，具备条件时应当配置符合海关监管要求的

卡口设备（电子栏杆、电子地磅、电子监控设备等）并与海关联网；

（四）具备条件时应当安装具有存储功能（储存时间不少于3个月）的视频监控系统，供海关对监管场所进行监控，监管场所灯光及监控系统应当满足海关实施全方位24小时监控需要；

（五）为海关提供相应的办公场所和条件。办公场所应具备网络、通讯、取暖、降温、休息和卫生等条件。

十一、旅客通关类监管场所（如出入境旅客陆运、海运、空运港站旅检现场）设置标准

（一）具有独立的封闭区域；

（二）在出境或者入境封闭区域建立出入通道，并分别设置“申报通道”、“无申报通道”、“外交礼遇通道”和“工作人员通道”；

（三）各通道之间相互隔离，符合海关监管要求；各通道内应预留必要的电源、网络接口；

（四）“申报通道”和“无申报通道”纵向划分为申报区、查验区和处理区；

（五）安装具有存储功能（储存时间不少于3个月）的视频监控系统，供海关对监管场所进行监控，监管场所灯光及监控系统应当满足海关实施全方位24小时监控需要；

（六）为海关提供旅客行李查验台、海关法规公告栏（包括电子公告屏），安装海关通道标识及现场隔离设施等；

（七）在出港实行开放式布局，配备具有远程判图和操控的行李系统和五级安检系统；建有相应的网络、设备，实时、准确提供中转旅客电子信息；

（八）为海关提供存放扣留货物、物品的库房；

（九）为海关提供专门开展海关征税、询问、视频监控、毒品检测、印刷品音像制品审查的工作场所及设施。办公场所应当具备网络、通讯、取暖、降温、休息和卫生等条件。

十二、国际邮件类监管场所（如国际邮件互换局、国际邮件交换站等）设置标准

（一）具有独立的封闭区域；

（二）配备电子计算机管理系统，并与海关电子计算机联网，能按照海关要求的格式实现相关电子数据的传送、交换，海关可进入监管场所电子计算机管理系统查询、统计运输工具、货物的停靠、存储位置及相关处理情况；

（三）安装具有存储功能（储存时间不少于 3 个月）的视频监控系统，供海关对监管场所进行监控，监管场所灯光及监控系统应当满足海关实施全方位 24 小时监控需要；

（四）具有专门储存、堆放、装卸海关监管邮件的仓库、场地及设施，并设置明显区分标志；

（五）有满足海关查验邮件要求的场地；

（六）邮件分拣及 X 光机检查设备应当与海关联网；

（七）根据海关需要，提供海关检查设备所需的场地和设施；

（八）为海关提供存放扣留邮件的库房；

（九）为海关提供接受报关、视频监控、毒品检测、印刷品音像制品审查的工作场所。办公场所应当具备网络、通讯、取暖、降温、休息和卫生等条件。

附件二　中华人民共和国进境物品归类表

（中华人民共和国海关总署2012年3月修订）

税号	物品类别	范　围	税率
01000000	食品、饮料	食品：包括水产品、乳制品、糖制品、调味品、燕窝、冬虫夏草、高丽参、红参、西洋参、人参、鹿茸、阿胶、奶粉及其他保健品、补品等； 饮料：包括茶叶、咖啡等其他非酒精类饮料。	10%
02000000	酒	包括啤酒、葡萄酒（香槟酒）、黄酒、果酒、清酒、米酒、白兰地、威士忌、伏特加、朗姆酒、金酒、白酒、药酒、保健酒、鸡尾酒、利口酒、龙舌蓝、柯迪尔酒、梅子酒等用粮食、水果等含淀粉或糖的物质发酵或配制而制成的含乙醇的酒精饮料。	50%
03000000	烟草	包括卷烟、雪茄烟、烟丝、烟叶、碎烟、烟梗、烟末等。	50%
04000000	纺织品及其制成品	衣着：包括外衣、外裤、内衣裤、衬衫/T恤衫、其他衣着等； 配饰：包括帽子、丝巾、头巾、围巾、领带、腰带、手套、袜子、手帕等； 家纺用品：包括毛毯、被子、枕头、床罩、睡袋、幔帐等； 其他：包括毛巾、浴巾、桌布、窗帘、地毯等。	20%
05000000	皮革服装及配饰	包括各式皮革服装及皮质配饰。	10%
06000000	箱包及鞋靴	箱：包括各种材质的箱子； 挎包、背包、提包：包括各种材质的挎包、背包、提包； 钱包、钥匙包：包括各种材质的钱包、钥匙包、卡片包； 其他：包括化妆包、包装袋（盒、箱）等。	10%

续表

税号	物品类别	范 围	税率
06000000	箱包及鞋靴	鞋靴：包括皮鞋、皮靴、运动鞋、其他鞋靴等。	10%
07000000	表、钟及其配件、附件	高档手表：审定价格在人民币 10000 元及以上的手表。	30%
		表：包括高档手表外其他各种表； 钟：包括座钟、挂钟、台钟、落地钟等； 配件附件：包括各种表、钟的配件、附件。	20%
08000000	金、银、珠宝及其制品、艺术品、收藏品	包括金、银、珠宝及其制品，艺术品、收藏品。	10%
09000000	化妆品	芳香类化妆品：包括各种香水、香体棒、止汗露、走珠香露等； 清洁/护理类化妆品：洗面奶（乳、皂）、洁面霜（露、蜜、粉、者哩）、卸妆水（乳、膏、液、油）、鼻贴膜、去黑头膏（液）、剃须膏（泡沫）、洗甲液，面霜、眼霜、日霜、晚霜、冷霜、防晒霜、祛斑霜、护肤膏（霜、露、乳液、喷雾）、磨砂膏、按摩膏、精油、化妆水（含爽肤水、柔肤水、紧肤水、护肤水、收缩水）、须后水、隔离霜、面膜、面膜膏（粉）、眼膜、颈膜、护手霜、护甲水（霜、油）、指甲硬化剂、润唇膏、去角质膏（粉）、发乳、发油、发蜡、焗油膏、花露水、痱子粉、爽身粉等； 美容/修饰类化妆品：包括粉底、粉饼、胭脂、眼影、眼线笔（液）、眉笔、睫毛膏（液）、唇膏、唇彩、唇线笔、指甲油、发胶、发泥、定型水（啫哩、摩丝）等； 特殊功能类化妆品：丰（美、健）乳霜、纤体霜（膏）、健美霜、紧致霜、除臭露（剂）等。	50%

续表

税号	物品类别	范　围	税率
10000000	家用医疗、保健及美容器材	医疗器材：包括呼吸器具、矫形器具、夹板及其他骨折用具，血糖计、血糖试纸、电动洗眼器、红外线耳探热针、空气制氧机、治疗用雾化机、电动血压计、病人用拐杖、病人用轮椅等及上述物品的配件、附件； 保健器材：包括按摩床、按摩椅等及上述物品的配件、附件； 美容器材：包括蒸汽仪、喷雾器、化妆/美容专用工具等及上述物品的配件、附件。	10%
11000000	厨卫用具及小家电	厨房用具：包括各种材料制的餐具、刀具、炊具、灶具，锅、壶、盘、碗、筷子、勺、铲、餐刀、餐叉、切菜刀、案板、削皮刀、手动绞肉机、手动食品研磨机、搅拌器、净水器、煤气灶、煤气点火器等； 卫生用具、洁具：包括水龙头、淋浴用具等； 其他家庭用具：包括电话机、传真机、游戏机、手动缝纫机或编织机等及上述物品的配件、附件。	10%
		电器类厨房用具：包括电饭煲、微波炉、电磁炉、抽油烟机、消毒碗柜、家用洗碗机、电烤箱、面包机、电炉灶、豆浆机、酸奶机、电动榨汁机、咖啡机、制冰机、饮水机、食品调理机、电动食品研磨机、煮蛋器等电器用具； 电器类卫生用具、洁具：包括电热水器等电器用具。 其他小家电：包括灯具、电动缝纫机或编织机、电动剪草机、便携式复印机、电风扇、电烫斗、电吹风机、电动剃须刀、电动毛发推剪器，地板打蜡机、增湿机、除湿机、增除湿一体机、电暖器、电热毯、空气清新机、家用吸尘器、家用地毯洗涤机等电器及上述物品的配件、附件等。	20%

续表

税号	物品类别	范　围	税率
12000000	家具	包括各种材料制的沙发、组合式家具、柜、橱、台、桌、椅、书架、床、床垫、坐垫等。	10%
13000000	空调及其配件、附件	包括空气调节器及其配件、附件等。	20%
14000000	电冰箱及其配件、附件	包括各式电冰箱、冰柜、红酒柜及其配件、附件等。	20%
15000000	洗衣设备及其配件、附件	包括波轮式洗衣机、滚筒式洗衣机、干衣机/烘干机等及上述物品的配件、附件。	20%
16000000	电视机及其配件、附件	包括各式电视机、电视收音联合机、电视收音录音联合机、电视录像联合机等及上述物品的配件、附件。	20%
17000000	摄影（像）设备及其配件、附件	包括照相机、摄像机、照相制版机、放大机，数码相框、存储卡、胶卷、胶片、感光纸、镜箱、闪光灯、滤色镜、测光表、曝光表、遮光罩、水下摄影罩、半身镜、接镜环、取景器、自拍器、洗像盒、显影罐等。	10%
		电视摄像机	20%
18000000	影音设备及其配件、附件	包括录音笔、录音机、收音机、MP3 播放机、MP4 播放机、收录音机、数码录放音器、电唱机、激光电唱机、放像机、录像机、激光视盘机、（单）功能座、音箱、自动伴唱机、卡拉 OK 混音器等及上述物品的配件、附件。	20%
19000000	计算机及其外围设备	包括个人计算机及其存储、输入、输出设备和附件、零部件。	10%
20000000	书报、刊物及其他各类印刷品	包括书报、刊物及其他各类印刷品。	10%

续表

税号	物品类别	范　围	税率
21000000	教育专用的电影片、幻灯片、原版录音带、录像带	包括教育专用的电影片、幻灯片、原版录音带、录像带、地球仪、解剖模型、人体骨骼模型、教育用示意牌等。	10%
22000000	文具用品及玩具	包括各种书写用具及材料、照相簿、集邮簿、印刷日历、月历、放大镜、望远镜、眼镜、绘图用具、绘图用颜料、装订用具、削铅笔器、算盘、电子计算器、电子字典/记事簿、电子（纸）书、誊写钢板等各种文具用品及玩具。	10%
23000000	邮票	包括中国大陆及境外各种邮票、小型张、纪念封等。	10%
24000000	乐器	包括各种键盘类、弓弦类、拨弦类、打击类、管乐类等乐器及节拍器、音叉、定音器等器具及上述乐器的配件、附件。	10%
25000000	体育用品	高尔夫球及球具：包括高尔夫球杆、高尔夫球、高尔夫球包、高尔夫球手套、高尔夫球鞋。	30%
		除高尔夫球以外各种球类，各种棋类、健身器具、航空和航海模型、钓具等，一般体育活动、体操、竞技、游泳、滑冰、滑雪及其他户内外活动用具及其配件、附件。	10%
26000000	自行车、三轮车、童车及其配件、附件	包括不带发动机、电动机的自行车、三轮车、童车等，及上述物品的配件、附件。	20%
27000000	其他物品	其他不能归入上述类别的物品。	10%

附件三　中华人民共和国进境物品完税价格表

（中华人民共和国海关总署 2012 年 3 月修订）

税号	品名及规格	单位	完税价格（人民币：元）	税率
01000000	食品、饮料			
01010000	－食品			
01010100	－－水产品			
01010110	－－－干鱼翅	千克	3 000	10%
01010120	－－－干鲍鱼	千克	5 000	10%
01010130	－－－干海参	千克	1 500	10%
01010140	－－－干瑶柱	千克	700	10%
01010150	－－－干海马、干海龙	千克	1 500	10%
01010160	－－－鱼肚（花胶）	千克	1 500	10%
01010190	－－－其他水产品	千克	另行确定	10%
01010200	－－燕窝			
01010210	－－－燕盏	千克	30 000	10%
01010220	－－－燕饼（燕丝、燕条）	千克	15 000	10%
01010230	－－－燕碎	千克	5 000	10%
01010290	－－－其他燕窝制品	千克	另行确定	10%
01010300	－－冬虫夏草	千克	100 000	10%
01010400	－－参	千克	1 500	10%
01010500	－－鹿茸	千克	2 000	10%
01010600	－－阿胶	千克	250	10%
01010700	－－奶粉	千克	200	10%
01010800	－－调味品	千克	200	10%
01019900	－－其他食品	千克	另行确定	10%

续表

税号	品名及规格	单位	完税价格（人民币：元）	税率
01020000	－饮料			
01020100	－－茶叶	千克	200	10%
01020200	－－咖啡	千克	200	10%
01029900	－－其他饮料	千克	另行确定	10%
02000000	酒			
02010000	－啤酒			
02010100	——12 度以下（不含 12 度）	瓶（不超过750 毫升）	5	50%
02010200	——12 度至 22 度（不含 22 度）	瓶（不超过750 毫升）	10	50%
02020000	－葡萄酒			
02020100	——12 度以下（不含 12 度）	瓶（不超过750 毫升）	100	50%
02020200	——12 度至 22 度（不含 22 度）	瓶（不超过750 毫升）	200	50%
02030000	－清酒			
02030100	——12 度以下（不含 12 度）	瓶（不超过750 毫升）	30	50%
02030200	——12 度至 22 度（不含 22 度）	瓶（不超过750 毫升）	50	50%
02030300	——22 度及以上	瓶（不超过750 毫升）	80	50%
02040000	－白兰地	瓶（不超过750 毫升）	500	50%
02050000	－威士忌	瓶（不超过750 毫升）	300	50%

续表

税号	品名及规格	单位	完税价格（人民币：元）	税率
02060000	－伏特加	瓶（不超过750毫升）	100	50%
02070000	－白酒	瓶（不超过750毫升）	300	50%
02080000	－药酒	瓶（不超过750毫升）	200	50%
02990000	－其他酒	瓶（不超过750毫升）	另行确定	50%
03000000	烟草			
03010000	－卷烟	支	0.5	50%
03020000	－雪茄烟	支	10	50%
03030000	－烟丝	克	0.5	50%
03990000	－其他烟	克、支	另行确定	50%
04000000	纺织品及其制成品			
04010000	－衣着			
04010100	－－外衣	件	300	20%
04010200	－－外裤	条	200	20%
04010300	－－内衣裤	条/件	100	20%
04010400	－－衬衫/T恤衫	件	200	20%
04019900	－－其他衣着	件	另行确定	20%
04020000	－配饰			
04020100	－－帽子	件	100	20%
04020200	－－丝巾、头巾、围巾	条	100	20%
04020300	－－领带	条	100	20%
04020400	－－腰带	条	100	20%
04020500	－－手套	双	100	20%

续表

税号	品名及规格	单位	完税价格（人民币：元）	税率
04029900	－－其他配饰	件	另行确定	20%
04030000	－家纺用品			
04030100	－－毛毯、被子、床罩、睡袋	床、件	400	20%
04030200	－－枕头、床单、毛巾被、被套	条、件	100	20%
04030300	－－地毯	平方米	200	20%
04030400	－－窗帘	千克	100	20%
04039900	－－其他家纺用品	件	另行确定	20%
04990000	－其他纺织品及其制成品	件	另行确定	20%
05000000	皮革服装及配饰			
05010000	－皮革服装			
05010100	－－裘皮衣	件	另行确定	10%
05010200	－－皮大衣	件	2 000	10%
05010300	－－皮上衣	件	1 500	10%
05010400	－－皮背心	件	1 000	10%
05010500	－－皮裤	件	1 000	10%
05010600	－－皮裙	件	1 000	10%
05019900	－－其他皮革服装	件	另行确定	10%
05020000	－皮革配饰			
05020100	－－皮帽	件	200	10%
05020200	－－皮带	条	100	10%
05020300	－－皮手套	双	100	10%
05029900	－－其他皮革配饰	件	另行确定	10%
05990000	－其他皮革制品（箱包和鞋靴除外）	件	另行确定	10%
06000000	箱包和鞋靴			
06010000	－箱包			
06010100	－－箱	个	500	10%

续表

税号	品名及规格	单位	完税价格（人民币：元）	税率
06010200	－－挎包、背包、提包	个	200	10%
06010300	－－钱包、钥匙包	个	100	10%
06019900	－－其他箱包	个	另行确定	10%
06020000	－鞋靴			
06020100	－－皮鞋	双	300	10%
06020200	－－皮靴	双	400	10%
06020300	－－运动鞋	双	200	10%
06029900	－－其他鞋靴	双	另行确定	10%
07000000	表、钟及其配件、附件			
07010000	－表			
07010100	－－高档手表（审定价格在人民币10000元及以上）	块	另行确定	30%
07010200	－－其他表			
07010210	－－－石英表（电子表）	块	200	20%
07010220	－－－机械表	块	500	20%
07010290	－－－其他表	块	另行确定	20%
07020000	－钟			
07020100	－－座钟、挂钟、台钟	个、台	200	20%
07020200	－－落地钟	台	600	20%
07029900	——其他钟	台	另行确定	20%
07030000	－钟表配件、附件	件	另行确定	20%
08000000	金、银、珠宝及其制品、艺术品、收藏品			
08010000	－金、银及其制品	件	另行确定	10%
08020000	－珠、宝及其制品	件	另行确定	10%
08030000	－艺术品、收藏品	件	另行确定	10%

续表

税号	品名及规格	单位	完税价格（人民币：元）	税率
09000000	化妆品			
09010000	－芳香类化妆品			
09010100	－－香水	瓶	300	50%
09019900	－－其他芳香类化妆品	件	另行确定	50%
09020000	－清洁/护理类化妆品			
09020100	－－洗面奶/洁面霜	支、瓶	100	50%
09020200	－－眼霜	支、瓶	200	50%
09020300	－－面霜及乳液	支、瓶	200	50%
09020400	－－精华液/素	支、瓶	300	50%
09020500	－－润唇膏	支	20	50%
09020600	－－面膜	张、瓶	20	50%
09020700	－－爽肤水	支、瓶	150	50%
09020800	－－护手霜	支、瓶	50	50%
09020900	－－防晒霜（露、乳液）	支	150	50%
09029900	－－其他清洁/护理类化妆品	支	另行确定	50%
09030000	－美容/修饰类化妆品			
09030100	－－粉底及粉底液	盒、支	200	50%
09030200	－－睫毛液（膏）	支、瓶	100	50%
09030300	－－指甲油	瓶	20	50%
09030400	－－唇膏	支	150	50%
09039900	－－其他美容/修饰类化妆品	件	另行确定	50%
09040000	－特殊功能类化妆品	件	另行确定	50%
10000000	家用医疗、保健及美容器材			
10010000	－家用医疗器材			
10010100	－－血糖计	个	500	10%
10010200	－－血糖试纸	张	5	10%

续表

税号	品名及规格	单位	完税价格（人民币：元）	税率
10010300	––红外线耳探热针	个	200	10%
10010400	––家用雾化机	台	2 000	10%
10010500	––血压计	个	500	10%
10019900	––其他家用医疗器材	件	另行确定	10%
10020000	–家用保健器材			
10020100	––按摩床	张	10 000	10%
10020200	––按摩椅	张	5 000	10%
10029900	––其他家用保健器材	件	另行确定	10%
10030000	–家用美容器材			
10030100	––蒸汽仪	台	200	10%
10030200	––喷雾器	台	400	10%
10039900	––其他家用美容器材	台	另行确定	10%
11000000	厨卫用具及小家电			
11010000	–厨房用具			
11010100	––餐具/刀具	个、把	20	10%
11010200	––炊具	件	100	10%
11010300	––灶具	件	1 000	10%
11010400	––净水器（含过滤芯）	个	500	10%
11010500	––净水器过滤芯	个	200	10%
11011100	––电饭煲	个	500	20%
11011200	––微波炉	台	600	20%
11011300	––电磁炉	台	800	20%
11011400	––抽油烟机	台	1 000	20%
11011500	––家用洗碗机	台	1 500	20%
11011600	––电动榨汁机	台	100	20%
11011700	––咖啡机	台	4 000	20%

续表

税号	品名及规格	单位	完税价格（人民币：元）	税率
11019900	－－其他厨房用具			
11019910	－－－其他厨房非电动用具	件、个	另行确定	10%
11019990	－－－其他厨房小电器	台	另行确定	20%
11020000	－卫生用具、洁具			
11020100	－－卫生间非电动用具	件	另行确定	10%
11021100	－－卫生间小电器			
11021110	－－－电热水器	台	1 000	20%
11021120	－－－电吹风机	个	200	20%
11021130	－－－电动剃须刀	个	200	20%
11021140	－－－电动牙刷	个	200	20%
11021190	－－－其他卫生间小电器	台	另行确定	20%
11030000	－小家电			
11030100	－－电话机			
11030110	－－－普通电话机	台	200	10%
11030120	－－－手持移动电话机	台		
11030121	－－－－键盘式手持移动电话机	台	1 000	10%
11030122	－－－－触屏式手持移动电话机	台	另行确定	10%
11030130	－－－电话传真机	台	1 000	10%
11030140	－－－可视电话机	台	1 000	10%
11030150	－－－电话机配件、附件	件	另行确定	10%
11030190	－－－其他电话机	台	另行确定	10%
11030200	－－游戏机			
11030210	－－－便携式游戏机	台	1 000	10%
1103022	－－－游戏机配件、附件			
11030221	－－－－游戏碟、盘、卡	张、个	60	10%
11030222	－－－－游戏机遥控器、控制器	个	200	10%

续表

税号	品名及规格	单位	完税价格（人民币：元）	税率
11030229	－－－－其他游戏机配件、附件	件	另行确定	10%
11030290	－－－其他游戏机	台	另行确定	10%
11030300	－－手动缝纫机、编织机	台	400	10%
11031100	－－便携式复印机	台	1 500	20%
11031200	－－电风扇	台	400	20%
11031300	－－电熨斗	台	200	20%
11031400	－－电暖器	台	400	20%
11031500	－－增/除湿机、增除湿一体机	台	1 500	20%
11031600	－－空气清新机	台	1 000	20%
11031700	－－吸尘器	台	500	20%
11031800	－－地板打蜡机	台	500	20%
11031900	－－电动剪草机	台	2 000	20%
11032000	－－电动缝纫机、编织机	台	2 000	20%
11032100	－－灯具	台、件	另行确定	20%
11039900	－－其他家庭用具、小家电			
11039910	－－－其他家庭用具	件、个	另行确定	10%
11039990	－－－其他小家电	台	另行确定	20%
12000000	家具			
12010000	－实木家具	件	另行确定	10%
12020000	－皮质家具	件	1 000	10%
12030000	－藤、竹质家具	件	600	10%
12990000	－其他家具	件	另行确定	10%
13000000	空调及其配件、附件			
13010000	－空调			
13010100	－－1 匹及以下	台	2 000	20%
13010200	－－1 匹以上 2 匹以下（含 2 匹）	台	4 000	20%

续表

税号	品名及规格	单位	完税价格（人民币：元）	税率
13010300	－－2 匹以上 3 匹以下（含 3 匹）	台	6 000	20%
13010400	－－3 匹以上	台	另行确定	20%
13020000	－空调配件、附件	个	另行确定	20%
13990000	－其他空调	台	另行确定	20%
14000000	电冰箱及其配件、附件			
14010000	－电冰箱、冰柜			
14010100	－－100 公升及以下	台	1 000	20%
14010200	－－101－200 公升	台	2 000	20%
14010300	－－201－250 公升	台	3 000	20%
14010400	－－251－300 公升	台	5 000	20%
14010500	－－301－400 公升	台	10 000	20%
14010600	－－401－500 公升	台	15 000	20%
14010700	－－501 公升及以上	台	另行确定	20%
14020000	－红酒柜			
14020100	－－12 瓶及以下	台	1 000	20%
14020200	－－13－18 瓶	台	2 000	20%
14020300	－－19－45 瓶	台	3 000	20%
14020400	－－46－75 瓶	台	4 000	20%
14020500	－－76－120 瓶	台	5 000	20%
14020600	－－121 瓶及以上	台	另行确定	20%
14030000	－电冰箱配件、附件	件	另行确定	20%
14990000	－其他电冰箱	台	另行确定	20%
15000000	洗衣设备及其配件、附件			
15010000	－洗衣机			
15010100	－－波轮式	台	1 000	20%
15010200	－－滚筒式	台	3 000	20%

续表

税号	品名及规格	单位	完税价格（人民币：元）	税率
15020000	－干衣机/烘干机	台	2 000	20%
15030000	－洗衣设备配件、附件	件	另行确定	20%
15990000	－其他洗衣设备	台	另行确定	20%
16000000	电视机及其配件、附件			
16010000	－电视机			
16010100	－－22 英寸及以下	台	1 000	20%
16010200	－－23 英寸至 32 英寸	台	2 000	20%
16010300	－－33 英寸至 39 英寸	台	4 000	20%
16010400	－－40 英寸至 42 英寸	台	6 000	20%
16010500	－－43 英寸至 45 英寸	台	8 000	20%
16010600	－－46 英寸至 49 英寸	台	10 000	20%
16010700	－－50 英寸至 54 英寸	台	20 000	20%
16010800	－－55 英寸至 59 英寸	台	30 000	20%
16010900	－－60 英寸至 64 英寸	台	35 000	20%
16011000	－－65 英寸以上	台	另行确定	20%
16020000	－电视机配件、附件	件、个	另行确定	20%
16990000	－其他电视机	台	另行确定	20%
17000000	摄影（像）设备及其配件、附件			
17010000	－照相机			
17010100	——数码照相机			
17010110	————体式数码照相机	台	2 000	10%
17010120	———镜头可拆卸式数码照相机			
17010121	————可拆卸式数码照相机机身	台	5 000	10%
17010122	————可拆卸式数码照相机镜头	个	2 000	10%
17019900	——其他照相机	台	另行确定	10%
17020000	－摄像机			

续表

税号	品名及规格	单位	完税价格（人民币：元）	税率
17020100	——便捷式摄录一体机	台	4 000	10%
17020200	——电视摄像机	台	另行确定	20%
17030000	－摄影（像）设备配件、附件			
17030100	－－数码存储卡			
17030110	－－－存储容量 8G 及以下	个	50	10%
17030120	－－－存储容量 8G 以上	个	200	10%
17030200	－－闪光灯	个	500	10%
17030300	－－支架	个	300	10%
17030400	－－胶卷	个	20	10%
17030500	－－数码相框	台	500	10%
17039900	－－其他摄影（像）设备配件、附件	件	另行确定	10%
17990000	－其他摄影（像）设备	台、件	另行确定	10%
18000000	影音设备及其配件、附件			
18010000	－便携式影音设备			
18010100	——录音笔	台	200	20%
18010200	——录音机	台	200	20%
18010300	——收音机	台	200	20%
18010400	—— MP3 播放器（音频多媒体播放器）	台	100	20%
18010500	—— MP4 播放器（视频多媒体播放器）	台	500	20%
18019900	——其他便携式影音设备	台	另行确定	20%
18020000	－音响设备			
18020100	——电唱机（含便携式激光唱机）	台	500	20%
18020200	——放像机	台	500	20%
18020300	——录像机	台	800	20%

续表

税号	品名及规格	单位	完税价格（人民币：元）	税率
18020400	——激光视盘机（LD、VCD、DVD等）	台	500	20%
18020500	——（单）功能座（功放、调谐、均衡等）	台	1 000	20%
18020600	——音箱	个	1 000	20%
18020700	——便携式收音、录音、激光唱盘一体机	台	1 000	20%
18029900	——其他音响设备	件	另行确定	20%
18030000	–影音设备配件、附件			
18030100	——唱片	张	50	20%
18030200	——录音带（非教育专用）	盘	10	20%
18030300	——录像带（非教育专用）	盘	30	20%
18030400	——激光唱盘（CD）	张	30	20%
18030500	——激光视盘（LD、VCD、DVD等）	张	50	20%
18039900	——其他影音设备配件、附件	个、件	另行确定	20%
18990000	–其他影音设备	个、台	另行确定	20%
19000000	计算机及其外围设备			
19010000	–计算机			
19010100	––台式个人计算机主机	台	2 000	10%
19010200	––主机、显示器一体机	台	3 000	10%
19010300	––笔记本电脑（含平板电脑、掌上电脑、上网本等）	台		
19010310	–––键盘式笔记本电脑	台	2 000	10%
19010320	–––触屏式笔记本电脑	台	另行确定	10%
19010400	––计算机配件			
19010410	–––主板	块	500	10%

续表

税号	品名及规格	单位	完税价格（人民币：元）	税率
19010420	－－－中央处理器（CPU）	个	500	10%
19010430	－－－内存条			
19010431	－－－－4G 及以下	条	200	10%
19010432	－－－－4G 以上	条	300	10%
19010440	－－－功能卡	块	300	10%
19010490	－－－其他计算机配件	块、个	另行确定	10%
19019900	－－其他计算机	台	另行确定	10%
19020000	－计算机外围设备			
19020100	－－鼠标	个	50	10%
19020200	－－键盘	个	80	10%
19020300	－－音箱	个	50	10%
19020400	－－显示器			
19020410	－－－液晶显示器			
19020411	－－－－19 英寸及以下	台	800	10%
19020412	－－－－19 英寸以上，24 英寸及以下	台	1 200	10%
19020413	－－－－24 英寸以上	台	另行确定	10%
19020420	－－－显像管（CRT）显示器			
19020421	－－－－17 英寸及以下	台	300	10%
19020422	－－－－17 英寸以上	台	500	10%
19020490	－－－其他显示器	台	另行确定	10%
19020500	－－打印机			
19020510	－－－激光打印机			
19020511	－－－－黑白激光打印机	台	1 000	10%
19020512	－－－－彩色激光打印机	台	3 000	10%
19020520	－－－喷墨打印机	台	500	10%
19020530	－－－针式打印机	台	1 000	10%

续表

税号	品名及规格	单位	完税价格（人民币：元）	税率
19020540	－－－多功能一体打印机			
19020541	－－－－喷墨多功能一体打印机	台	600	10%
19020542	－－－－激光多功能一体打印机	台	1 500	10%
19020590	－－－其他打印机	台	另行确定	10%
19020600	－－扫描仪	台	1 000	10%
19020700	－－视频投影仪	台	5 000	10%
19020800	－－驱动器			
19020810	－－－CD	台	100	10%
19020820	－－－DVD	台	200	10%
19020890	－－－其他驱动器	台	另行确定	10%
19020900	－－存储器			
19020910	－－－硬盘/移动硬盘			
19020911	－－－－1T 及以下	个	300	10%
19020912	－－－－1T 以上 2T 以下（含 2T）	个	500	10%
19020913	－－－－2T 以上	个	另行确定	10%
19020920	－－－U 盘	个	50	10%
19020990	－－－其他存储器	个、盒	另行确定	10%
19029900	－－其他计算机外围设备	台	另行确定	10%
20000000	书报、刊物及其他各类印刷品		另行确定	10%
21000000	教育专用的电影片、幻灯片、原版录音带、录像带			
21010000	－幻灯片	片	10	10%
21020000	－录音带	盘	10	10%
21030000	－录像带	盘	50	10%
21990000	－其他教育专用影片、录音、录像带	件	另行确定	10%
22000000	文具用品、玩具			

续表

税号	品名及规格	单位	完税价格（人民币：元）	税率
22010000	－文具用品			
22010100	－－电子计算器	个	200	10%
22010200	－－电子字典/记事簿	个	300	10%
22010300	－－电子（纸）书	台	800	10%
22010400	－－笔	支	50	10%
22019900	－－其他文具用品	件	另行确定	10%
22020000	－玩具	件	另行确定	10%
23000000	邮票			
23010000	－中国邮票、小型张、纪念封	张	另行确定	10%
23020000	－港澳台、外国邮票	张	5	10%
23030000	－港澳台、外国小型张、纪念封	张	10	10%
24000000	乐器			
24010000	－钢琴			
24010100	－－三角钢琴	架	90 000	10%
24010200	－－立式钢琴	架	15 000	10%
24010300	－－电子钢琴	架	5 000	10%
24019900	－－其他钢琴	架	另行确定	10%
24020000	－电子琴			
24020100	－－49 键以下	台	800	10%
24020200	－－49 键及以上	台	3 000	10%
24030000	－萨克斯	把	10 000	10%
24040000	－电子吉他	把	2 000	10%
24050000	－数码小提琴	把	5 000	10%
24060000	－长、短笛	支	5 000	10%
24070000	－单簧管	支	4 000	10%
24080000	－双簧管	支	10 000	10%

续表

税号	品名及规格	单位	完税价格（人民币：元）	税率
24090000	－古筝	架	2 000	10%
24990000	－其他乐器	件	另行确定	10%
25000000	体育用品			
25010000	－高尔夫球及球具			
25010100	－－球杆	根	1 000	30%
25010200	－－球	个	20	30%
25019900	－－其他高尔夫球具	件	另行确定	30%
25020000	－运动器具			
25020100	－－网球拍	个	500	10%
25020200	－－羽毛球拍	个	300	10%
25029900	－－其他运动器具	件	另行确定	10%
25030000	－多功能健身器具			
25030100	－－跑步机	件	2 000	10%
25030200	－－健身车	件	1 000	10%
25030300	－－综合训练器	件	3 000	10%
25039900	－－其他多功能健身器具	件	另行确定	10%
25990000	－其他体育用品	件	另行确定	10%
26000000	自行车、三轮车、童车及其配件、附件			
26010000	－自行车	辆	500	20%
26020000	－三轮车	辆	500	20%
26030000	－童车	辆	200	20%
26040000	－自行车、三轮车、童车配件、附件	件	另行确定	20%
27000000[*]	其他物品	件	另行确定	10%

备注：对02000000税号项下的各类酒，单瓶容量超出750毫升的，每满750毫升按照1瓶计征税赋，超出部分不足750毫升的不予计算。

"关务通"品牌图书

书名	作者	定价	书号	出版时间

关务通·原产地系列

书名	作者	定价	书号	出版时间
1.《原产地实务操作与技巧》	"关务通·原地产系列"编委会	70.00元	978-7-80165-981-1	2013年10月第1版
2.《原产地疑难解惑470例》	"关务通·原地产系列"编委会	70.00元	978-7-80165-983-5	2013年10月第1版
3.《如何从原产地淘金》	"关务通·原地产系列"编委会	90.00元	978-7-80165-982-8	2013年10月第1版

关务通·监管通关系列

书名	作者	定价	书号	出版时间
1.《便捷通关一本通》	"关务通·监管通关系列"编委会	60.00元	978-7-80165-984-2	2013年10月第1版
2.《快速通关自查手册》	"关务通·监管通关系列"编委会	60.00元	978-7-80165-979-8	2013年10月第1版
3.《进出境物品通关攻略》	"关务通·监管通关系列"编委会	60.00元	978-7-80165-978-1	2013年10月第1版
4.《通关典型案例启示录》	"关务通·监管通关系列"编委会	60.00元	978-7-80165-980-4	2013年10月第1版
5.《监管通关政策实用指导手册》	"关务通·监管通关系列"编委会	78.00元	978-7-80165-907-1	2012年10月第1版
6.《通关实务操作与技巧——货物、运输工具篇》	"关务通·监管通关系列"编委会	48.00元	978-7-80165-909-5	2012年10月第1版
7.《通关实务操作与技巧——进出境物品篇》	"关务通·监管通关系列"编委会	26.00元	978-7-80165-905-7	2012年10月第1版
8.《通关疑难解惑720例》	"关务通·监管通关系列"编委会	48.00元	978-7-80165-903-3	2012年10月第1版

关务通·加贸系列

书名	作者	定价	书号	出版时间
1.《加工贸易实务操作与技巧》	"关务通·加贸系列"编委会	60.00元	978-7-80165-927-9	2013年3月第1版
2.《海关特殊监管区域和保税监管场所实务操作与技巧》	"关务通·加贸系列"编委会	60.00元	978-7-80165-926-2	2013年3月第1版
3.《加工贸易疑难解惑280例》	"关务通·加贸系列"编委会	60.00元	978-7-80165-928-6	2013年3月第1版

关务通·稽查系列

书名	作者	定价	书号	出版时间
《小王在海关稽查的日子——企业如何配合海关稽查》	"关务通·稽查系列"编委会	70.00元	978-7-80165-925-5	2013年3月第1版

关务通·双语系列

《国际海关新视野》	上海海关	60.00 元	978-7-80165-918-7	2012 年 12 月第 1 版

关务通·电子口岸系列

1.《电子口岸实用功能》	"关务通·电子口岸系列"编委会	32.00 元	978-7-80165-904-0	2012 年 11 月第 1 版
2.《电子口岸实务操作与技巧——通关篇》	"关务通·电子口岸系列"编委会	55.00 元	978-7-80165-906-4	2012 年 11 月第 1 版
3.《电子口岸实务操作与技巧——加贸篇》	"关务通·电子口岸系列"编委会	55.00 元	978-7-80165-908-8	2012 年 11 月第 1 版
4.《电子口岸疑难解惑 400 例》	"关务通·电子口岸系列"编委会	38.00 元	978-7-80165-910-1	2012 年 11 月第 1 版

待出系列与书目

关务通·加贸系列

1.《<中华人民共和国审定内销保税货物完税价格办法>实用指导手册》	"关务通·加贸系列"编委会
2.《加工贸易政策实用指导手册》	"关务通·加贸系列"编委会
3.《加工贸易典型案例启示录》	"关务通·加贸系列"编委会

以上图书均可在中国海关出版社网上书店（www. hgcbs. com. cn）、当当网、卓越网、京东网及各地新华书店等处购买。若有其他购书意向，请与本社发行部联系，联系电话:(010)65195616/5127/4221/4238/4246。

若想了解更多书讯，可关注中国海关出版社官方微信平台，微信号：hgbook。